보험영업 이렇게 하라

2005년 4월 27일 1판 1쇄 발행 2008년 8월 25일 개정판 발행 **지은이** |김두현 **펴낸이** |황근식 **펴낸곳** |(주)아침나라 **기획·편집** |현진희, 김수연 **디자인** |이원구 **표지·본문 디자인** |허석원 **마케팅** |정명교, 김종헌 **총무** |김미정 **출판등록** |1999년 5월 13일 제16-1888호
주소 | 121-874 서울시 마포구 염리동 173-3 www.achimnara.com **E-mail** | book@achimnara.com **전화** | (02)701-6470 **팩스** | (02)929-7337
ⓒ 2005 김두현 ISBN 978-89-5587-191-3 13320 * 잘못된 책은 바꾸어 드립니다.

개정판을 내면서

이 책의 초판이 발간된 지도 벌써 만 3년이 지났습니다. 그동안 보험과 금융 분야에 종사하는 분들의 지대한 관심으로 4쇄를 거듭하게 되었습니다. 독자 여러분의 성원에 힘입어 이번에 내용의 일부나마 수정하여 개정판을 내게 되었습니다.

특히 미국에서 20여 년 동안 보험영업 분야에서 일하면서 축적한 노하우 외에 우리나라에 와서 Fiancial Planning Center에서 일하면서 축적한 만 5년 동안의 영업 노하우(부유층을 대상으로 하는 보험영업)를 이 책에 보태어 소개하게 된 것도 필자로서는 큰 보람으로 생각합니다.

필자가 오랫동안 일해왔던 AXA ADVISORS 사의 New York City Branch에 근무하는 Ronald Langus라는 컨설턴트는 그의 할아버지가 시작해서 3대에 걸쳐 한 회사에서 130여 년간 일하고 있는 프로듀서입니다. 이 책을 쓰게 된 동기도 한국에도 이 분야가 전문직으로서의 뿌리를 내리고, 존경받는 Trusted Financial Advisor로 대물림할 수 있는 사업으로 성장할 수 있도록, 그리고 이 분야에서 일하시는 분들이 조금만 시야를 넓히면 무궁무진하게 발전할 수 있는 가능성에 대한 도전의식을 전달하는 데 일조할 수 있으리라는 기대 때문이었습니다.

이 책은 업계에서 활동한 지 4~5년 정도 된 영업인들을 대상으로 만들어졌습니다. 이 책을 통해 여러분은 영업활동을 하면서 보고 듣고 느꼈던 타인의 귀중한 경험을 업무에 실제로 적용하는 방법을 배우게 될 것이며, 이는 결국 여러분의 능력을 향상시켜 업계 정상의 자리로 이끌어 주는 길잡이가 될 것입니다. 아울러 여러분이 영업활동 중 느꼈던 스스로의 정신적, 신체적 한계에 대한 고정관념에서 벗어날 수 있도록 도와줄 것입니다.

직업을 바꾸려면 용단이 있어야 합니다. 더구나 보험 컨설턴트로 변신하려면 불안과 번민의 과정을 거쳐야 합니다. 왜냐하면 앞으로 해야 할 일이 지금까지 해온 일과는 커다란 차이가 있기 때문입니다. 적응하기까지 많은 변화를 겪으며 과연 내가 이 일에 적응하여 뛰어난 성과를 거두는 날이 올까, 하는 의구심이 수시로 듭니다. 아무리 굳은 결심으로 일을 시작했다고 해도 근본적인 생활 패턴(사람을 찾아가는 일 같은)이 달라지기 때문에 이성적·감성적 거부요소가 내재되게 마련이고, 새롭게 시작한 일의 성패가 가정생활에 지대한 영향을 미치게 되므로 주저하는 것은 당연합니다.

이전의 모든 성공한 보험 컨설턴트가 그러했고, 앞으로도 그럴 것입니다. 자기 인생의 획기적인 전환점에서 갈등이 없다면 그것이 도리어 이상한 일일 테지요. 변화는 늘 희생을 동반하나, 그 희생은 보다 큰 가치로 승화됨을 우리는 늘 보아왔습니다. 언제까지 늘 고뇌에 빠져 있을 수는 없습니다. 괴로워하든 안 하든, 올 것은 오고 갈 것은 가며, 내 몸 하나 조용히 있어도 세상은 여전히 움직이게 마련입니다. 어떤 계기와 결정이 우리로 하여금 이 길에 서게 했으면 해야 할 일은 자명합니다. "사업을 성공적으로 이끌어 나가는 것"입니다.

필자는 미국의 초일류 생명보험사인 Equitable Life(현재 AXA ADVISORS의 전신)에서 20여 년간 근무하였습니다. 초기 6년간은 고능률 영업인(Super Producer)으로 일했고, 이후 8년간은 컨설턴트들을 교육하고 육성하는 세일즈 매니저(District Manager)로 일을 하면서, 동시에 영업활동 또한 병행하여 현장감각을 유지하였습니다. 1996년에 2위에 이어 1997년에는 마침내 미국 전역의 최고 매니저(1위)에게 주어지는 'Gold National Builders Trophy'를 수상하였습니다. 마지막 5년간은 AXA ADVISORS의 가장 큰 지점인 New York City Branch에서 미국인과 공동(파트너십)으로 지점장을 맡았습니다. 16년 동안 MDRT를 지켜오면서 프로듀서와 매니저로서 현장을 두루 경험하였고 이 경험을 토대로 가르칠 수 있는 기회도 많이 가졌습니다.

10년 이상 수학(Mathematics)이라는 학문을 공부하던 제가 미국 보험회사의 영업인으로 출발한다는 사실은 실로 엄청난 도전이었습니다. 괴로울 때는 몇 번이고 가방을 던져버리고 싶기도 했지만, 좌절하기보다는 처음 시작한 회사에서 승부를 걸어 보자는 각오로 AXA의 체계적인 교육 프로그램과 시스템을 따랐고, 미국인들과 같은 조건에서 치열하게 경쟁하면서 제 자신의 목표를 향해 달렸습니다.

그러나 저와 같이 야심찬 영업인의 상당수가 좌절하는 모습을 지켜보았습니다. 지금 이 순간 여러분 중에서도 상당수가 비슷한 슬럼프에 빠져서 고민하고 있을지도 모릅니다. 매일 더 오랜 시간을 일해야만 간신히 작년 실적을 유지할 수 있거나, 매년 더 열심히 일해야 겨우 같은 등수에 들어간다든가, 다람쥐 쳇바퀴 돌듯 똑같은 일을 일상적으로 반복해야 한다는 점이 슬럼프의 원인이 될 수 있을 것입니다. 이 책은 이러한 슬럼프 해결에 도움이 되고, 영업 역량을 꾸준히 성장시키고 강화시켜줄 뿐 아니라, 여러분에게 전략적 전환점을 제공할 수 있으리라 생각합니다.

이 분야에 종사해온 다수의 영업인들이 처음 몇 년간은 '어떻게 팔 것인가' 그리고 '서비스는 어떻게 할 것인가'에 대부분의 시간을 소비했습니다. 이 책은 여러분이 핵심 전문가(Core Specialist)가 되는 데, 그리고 여러분의 Learning Curve를 향상시키는 데 큰 도움이 될 것입니다. 여기에 수록된 내용들은 입문자뿐만 아니라 MDRT의 'Top of the Table' 멤버들에게도 매우 가치 있는 내용이 될 것입니다. 핵심 전문가로 성장하는 것은 여러분의 생산성과 수익성을 동시에 증가시키는 것을 의미할 뿐만 아니라, 이러한 과정을 통하여 여러분들이 일하는 데 흥(Fun)을 가지게 되는 것을 포함합니다.

1. Target Marketing : Prospecting 대상을 특정 범위로 제한하여, 보다 집중함으로써 여러분의 영업력을 보다 효율적으로 증가시키는 여러 가지 방법을 소개합니다.
2. The Business Plan : 수익창출활동인 RPA(Revenue Producing Activity)에 최대한 시간을 할당함으로써 보험영업을 가장 효율적으로, 가장 큰 수익성을 고려하여 운영되도록 계획하는 방법을 소개합니다.
3. Human Resources : 여러분의 개인 사무실 운영방법을 소개합니다. 스태프를 선별·교육하는 일부터 시간관리와 같은 Self-Management에 관한 구체적인 자료들을 제시합니다.
4. Financial Management : 재무관리는 회계시스템, 개인기록 저장, 예산편성에 관한 가이드라인, 고용계약에 관한 서류, 기타 필수적인 보험혜택 등등, 여러분의 개인 사무실을 성공적으로 운영하는 데, 주로 재정적인 측면에서 꼭 필요한 것들을 소개합니다.
5. Business Continuity : 보험영업가치에 대한 가이드라인을 제시하고, 전문적인 보험영업을 계속 유지하기 위한 논의를 포함하여, 사업에 대한 가치의 중요성과 영속적이 되기 위한 필수 요소를 짚어줍니다.

그리고 본 업계에서 성공한 프로듀서들의 다양한 사례를 통해 이들의 통찰력과 수많은 아이디어를 접할 뿐 아니라, 어떻게 이들이 영업을 계속하여 성장시키고 발전시켜왔는지를 살펴볼 수 있습니다. 또한 영업에는 무한한 희망과 비전이 있다는 사실을 발견할 수도 있습니다. 이는 마치 거대한 산을 넘기 위해 무수히 험난한 계곡과 가파른 낭떠러지를 넘어 결국 정상에 도달하는 길을 보는 것과 같습니다.

이 책을 통해 배워야 하는 두 가지 주요 과제는 다음과 같습니다.
1. 영업에 있어 정신적으로 겪는 다양한 스트레스와 좌절을 극복하고 성공하는 방법
2. 보다 뚜렷한 전문성 개발과 미래의 이익창출을 위해 자신에게 맞고 효과적인 방식을 선택하여 영업에 적용하는 노하우

이 책에는 미국 내 상당수의 보험사가 활용하는 교재의 주요 내용이 포함되어 있습니다. 국내에서 보험영업에 오랫동안 종사해온 이에게는 자신의 한계를 극복하는 방법(without limit)을, 처음 시작하는 이에게는 성공으로 나가는 지름길(short-cut)을 안내하게 될 것입니다. 필자는 이 책 곳곳에 성공한 영업인 여러 명의 스토리를 모아 놓았으며, 이 중에는 지난해 밑바닥이던 실적을 이듬해 어떻게 극복하여 성장으로 이어지게 했는지 등에 대한 실제 사례가 많이 수록되어 있습니다.

이 책에서 기술하고 있는 것들은 보험업에 관한 마인드(Mind)적인 측면인 십(Ship)에 관해서라기보다는 보험이나 기타 세일 분야에서 더 뛰어날 수 있는 대부분 실행 가능한 부분들이 중심이 되어 있습니다. 이러한 아이디어를 실행에 옮길 때, 여러분의 영업은 한층 뛰어 도약하는 계기가 될 것입니다. 마지막으로, 나의 보험 인생을 함께 지켜보면서 응원해준 두 딸 플로렌스와 크리스탈 그리고 아내 경자에게 늘 감사하면서…….

자, 그럼 행운을 빕니다.

2008년 8월 김두현

Contents

section 1 서두 Introduction

- 2005 : 성장의 대서사시 · 014
- 존재하지 않는 장벽 · 018
- S커브 · 026

section 2 비전을 가져라, 그리고 집중하라 Vision and Focus

- 젊은이와 불가사리 · 034
- 포커스의 위력 · 040
- 독립적인 사고방식을 길러라 · 049

section 3 핵심 전문가가 되라 Core Specialist

- 전문성의 정의와 개발 · 054
- 핵심 전문분야를 선택해야 하는 이유는 무엇인가? · 058
- 전략적으로 제휴하라 · 062
- Joint Work(Commission Split) Program이란 무엇인가? · 067
- 핵심 전문분야와 관련된 실전 경험을 쌓아라 · 071
- 자신을 핵심 전문분야 시장 내에서 전략적으로 포지셔닝하라 · 074
- 핵심 전문분야에 대해 열정적이 되라 · 076
- 정상의 영업활동 · 078

section 4 골드 멘토 프로그램을 활용하라 Gold Mentor Program

- 당신의 영업을 세분화하라 · 084
- Gold Mentor Program · 087
- 갭 분석 조사 · 114

section 5 영업계획서를 작성하라 Planning

- 계획의 위력 · 120
- 훌륭한 목표란 무엇인가? · 124
- 비즈니스맨이 되라, 그렇지 않으면 매장 당할 것이다 · 129
- 60/20/20 - 증명된 성공 공식을 활용하라 · 136
- The Impact of 60/20/20 · 140
- 마케팅 프로젝트의 실행가능성 결정 방법을 활용하라 · 142
- 영업활동 강화 프로젝트 · 146
- 갭 분석 · 150
- 갭 분석 설명서 · 154
- 나의 영업계획서 · 157

section 6 팀을 만들어 일하라 — 고객 발굴자/계약 체결자/고객 관리자/고객 분석자 Finder/Binder/Minder/Grinder

- 컨설턴트의 딜레마 · 190
- 고객 발굴자 / 계약 체결자 / 고객 관리자 / 고객 분석자의 정의 · 195
- 고객 발굴자 / 계약 체결자 / 고객 관리자 / 고객 분석자의 사례 연구 · 198
- 고객 발굴자/계약 체결자/고객 관리자/ 고객 분석자 수익생산활동 · 201
- 고객들을 유지하기 위한 다섯 가지 비밀 · 204
- 스태프로부터의 작은 도움 · 207
- 고객 발굴자/계약 체결자/고객 관리자/ 고객 분석자의 성공 공식 · 212
- 계약 체결의 열 가지 단계들 · 214
- 보완적인 관계의 혜택 · 215
- 당신 활동의 공백을 메워라 · 217
- Professional Sales(Ⅰ) — 소개에 의한 고객발굴 - Finder · 221
- Professional Sales(Ⅱ) — 신뢰를 쌓는 법 - Binder/Minder · 224
- Professional Sales(Ⅲ) — 크로징 테크닉 - Binder · 229

section 7 타깃 마케팅을 포지셔닝하라 Target Marketing

- 고객의 말에 귀를 기울여라! · 234
- 타깃 마케팅 입문! · 238
- 서베이: 고객 중심의 컨설턴트가 가장 성공적 · 243
- 고객을 세분화하라 · 247
- 고객 세분화는 수익창출정도에 따라 세분화하라 · 250
- 세분화 연습 · 252
- 타깃 시장에서 스스로를 전략적으로 포지셔닝하라! · 258
- 타깃 마케팅으로 대수의 법칙을 깨뜨리자 · 262
- 적은 스트레스로 생산성을 높이기 위한 처방 · 276

section 8 소개에 의해 고객을 발굴하라 Referrals

- 소개에 의한 고객 발굴에서 지켜야 할 여섯 가지 절대적인 법칙들 · 296
- 소개를 받기 위해 영향력 있는 고객들과 일하라 · 298
- 판매통화(Cold Calls)를 하지 않는 영업 · 300
- 조언자 그룹을 활용하라 · 306

section 9 시간, 에너지, 돈을 투자하라 Time, Energy & Money

- Mutual Fund, A Grinder/Minder 중 어느 편이 더 나은 투자인가? · 314
- 더 나은 다른 어떤 투자가 있을 수 있는가? · 316
- 나에게 꼭 필요한 사람을 채용하라 · 319
- 무엇이 당신에게 진정한 보상인가? · 322
- 신속한 영업 성장 · 324
- 단순한 시간 관리 시스템 · 326

section 10 영업평가서를 작성하라 The Practice Evaluator

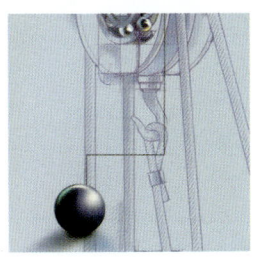

- 영업을 평가하라 · 332
- The Practice Evaluator · 335

특별부록 법인 임원 은퇴설계 CEO Plan

1

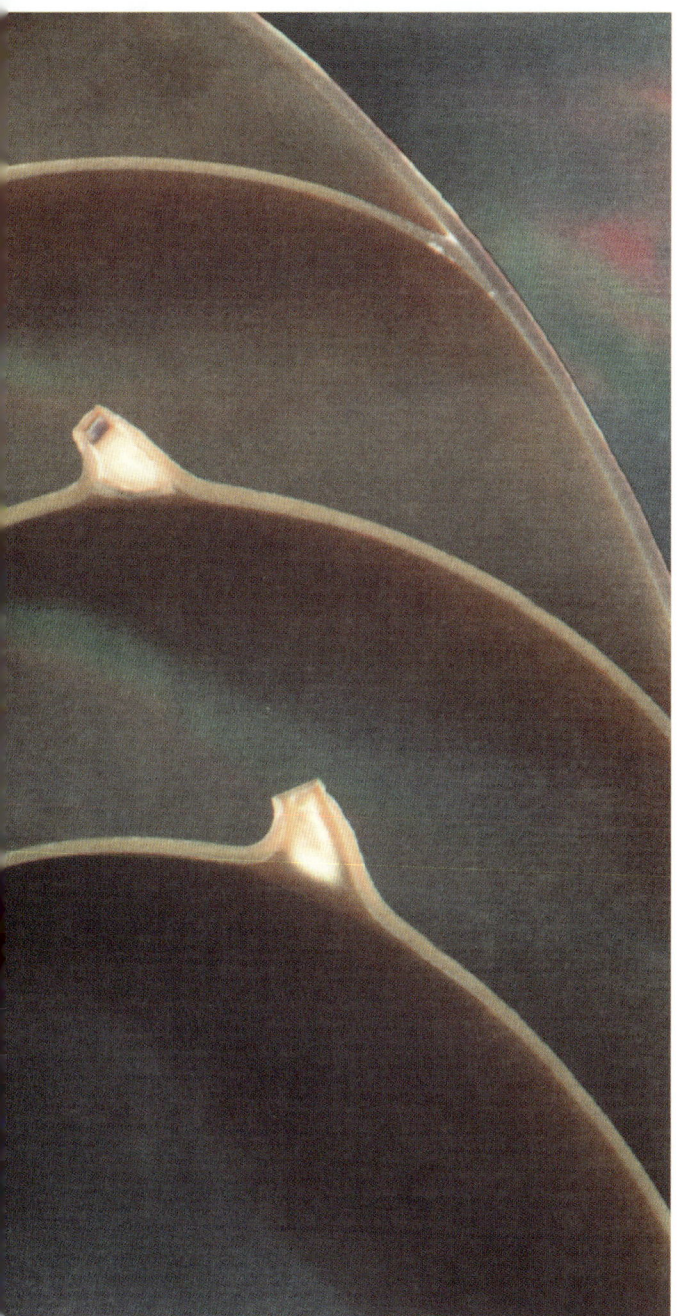

SECTION.01

태도

우리의 태도는 환경에 의해 정해지지 않는다.
대신 우리가 어떻게 환경에 대응하느냐에 의해 정해진다.
우리의 마음은 우리의 태도를 결정한다.
우리는 긍정적으로 또는 부정적으로 대응할 수 있다.
우리의 태도를 결정하는 것은 사건들 그 자체가 아닌 우리가 어떻게
그 사건들에 반응하느냐이다.

ATTITUDE

Our attitude is not determined by circumstances, but by how we respond to circumstance.
Our minds determine our attitude.
We can respond positively or negatively.
It`s how we react to events, not the events themselves that determine our attitude.

서두 Introduction

Section 1 _ Introduction

2005 : 성장의 대서사시

직업을 바꾸려면 용단이 필요하다. 특히 보험영업인으로 변신하려면 지금까지 일해온 것과는 너무나 동떨어진, 큰 변화가 기다리고 있기 때문이다. 회사에서 계속 강요하는 영업성과 증진에만 매달려, 맹목적으로 쫓아가다 보면 Long Term Base Prospecting을 소홀히 하게 된다. 그리하여 결국 오랫동안 계속해서 일을 하지 못하는 경우를 우리 주변에서 너무나 많이 볼 수 있다. 그러나 미국에서는 일찍이 많은 금융업계에 종사해온 경험이 있는 사람들이 종합금융 컨설팅 전문인으로서, 보험회사에서 승부를 건다. 그만큼 능력에 따른 보수와 평가를 받을 수 있는, 아주 매력적인 평생 직업으로 평가를 받고 있기 때문이다. 《2001년 직업백서》는 대표적 직업 250개를 선정해, 근무환경 · 소득 · 장래성 · 직업 안정성 · 스트레스 등의 기준에 따라 직업에 대한 인기도를 조사했다. 그 결과 Financial Advisor가 단연 1위로 선정되기도 했다. 그러면 어떻게 하면 Financial Advisor로서 성공할 수 있을까?

우선, 내가 하고 있는 일의 개념을 정확히 알아야 능력을 발휘할 수 있다. 특히 한국에서 금융업의 미래는 한치 앞을 내다보기 어렵다. 은행, 증권, 투신, 보험 등 전통적인 금융업종의 경계가 사라져 가기 때문이다. 은행창구에서 종신보험을 팔고, 보험사 영업사원이 정기적금 상품이나 증권사의 수익증권을 판매한다. 증권사 역시 수익증권은 물론 보험상품도 판다. 그렇다면 나는 은행원, 너는 보험맨, 나는 증권맨, 너는 투신맨 식의 구분은 더 이상 의미가 없다. 다만 일터가 은행이고, 보험사이고, 증권사일 뿐, 이들은 오로지 한 명의 고객을 앞에 두고, 서로 신뢰와 실력으로 승부를 낼 수밖에 없다.

불과 10여 년 전에 미국에서 벌어진 금융시장의 형태가 이곳 한국에서 지금 일어나고 있다. 아니 속도가 너무 빨라, 정부에서는 속도조절을 하고 있는 실정이다. 그렇다면 이 전쟁의 최종 승자는 누가 될까? 이 질문에 대한 대답은 "누가 고객을 잘 알고 있을까?" 라는 질문에 자신 있게 "나요."라고 대답할 수 있는 사람이다. 디스커버리(discovery)와 프로파일(profile) 인터뷰를 통해 얻어진 고객의 자료와 재무목표를 재무설계 프로그램으로 분석하여, 현재의 한국의 생명보험 시장은 일찍이 1989년부터 세계에서 6위권을 꾸준히 지키고 있다. 최근 한국에 많은 외자계 생보사들이 M/S에서 선두권을 차지하기 위해 치열한 경쟁을 벌이고 있으며 여기에 은행까지 합세하여 경쟁하고 있다.

Life Business Of 15 Largest Markets

1994

Rank	Country	Premiums (US $ Millions)	World Share (%)
1	Japan	477,016	42.55
2	United States	251,419	22.42
3	United Kingdom	74,786	6.67
4	France	69,741	6.22
5	Germany	51,400	4.58
6	South Korea	34,766	3.10
7	Canada	16,687	1.49
8	Switzerland	15,419	1.38
9	Netherlands	15,092	1.35
10	South Africa	12,578	1.12
11	Italy	11,551	1.03
12	Australia	11,219	1.00
13	Spain	10,753	0.96
14	Taiwan	8,655	0.77
15	Sweden	5,972	0.53

1989

Rank	Country	Premiums (US $ Millions)	World Share (%)
1	Japan	199,078	31.42
2	United States	188,287	29.71
3	Great Britain	48,650	7.68
4	France	33,744	5.32
5	West Germany	29,006	4.58
6	South Korea	17,460	2.76
7	USSR	16,872	2.66
8	Canada	14,312	2.26
9	Australia	9,727	1.54
10	Switzerland	9,023	1.42
11	Netherlands	8,957	1.41
12	South Africa	7,396	1.17
13	Sweden	6,984	1.10
14	Italy	5,760	0.91
15	Finland	4,520	0.71

문제점과 니즈를 파악한다. 그런 다음 문제에 대한 해결책(solution)을 찾고 목표를 달성하기 위한 전략회의(strategy)를 거쳐 구체적인 상품제안에 들어간다. 이러한 제안을 받은 고객은 최종 상품구입(implementation)을 하게 된다.

이렇게 고객을 위한 고객의 편에서 소위 완전판매 프로세스에 의한 Financial Planning을 능숙하게 이루어내는 보험사 직원의 영업수완을 보면, 정신이 멍할 정도로 감명을 받아 아예 굴리는 돈을 통째로 맡기고 싶을 정도가 된다.

요즘처럼 보험사 직원이 다른 금융회사의 상품을 판매할 수 있는 시대가 계속된다면, 앞으로 보험사 직원이 고객과 가장 밀접한 관계를 맺게 될 것이다. 그리고 보험사와 은행은 자기의 영역을 넓히기 위해 서로 끝없는 싸움을 벌여야 할 운명에 놓이게 된다. 자, 이렇게 되면, 여러분은 핵심전문가(Core Specialist)로서 남보다 뛰어난 그 무엇인가를 제공하지 않으면 살아남을 수 없다.

이런 맥락에서 볼 때, 보험사 직원은 은행이나 증권사, 투신사 직원보다 은행과 투신업에 대해 제대로 이해하지 않으면 안 된다. 예를 들어 요즘 인기를 끌고 있는 변액유니버셜(VUL:Variable Universal Life) 상품은 분명 보험사 상품이다. 그러나 이 상품에 대한 이해도는 보험사 직원보다 오히려 증권사나 투신사 직원이 더 높다. 앞으로 금융사의 생존 여

Section 1 _ Introduction

부는 고객의 개인자산을 누가 더 잘 관리해 줄 수 있느냐에 달려 있다. 개인 자산관리 시장에서 일인자가 되지 못하는 금융회사는 낙오자가 되고 만다는 이야기다.

필자는 여러분에게 영업활동을 하고 있으나 아직 방향을 찾지 못해 어려움을 겪는 분들이 있다면, 영업에 있어 가장 드라마틱한 충격을, 그리고 획기적인 도약(Quantum Leap)을 할 수 있도록 본 교재에 초대하고 싶다. 보험 영업의 철학적 배경과 적용 가능한 활동 숙지를 통해, 당신의 목표가 꼭 이루어질 것이라고 굳게 믿는다. 미국에서 슈퍼 프로듀서로 오랫동안 직접 영업도 해보고, 프로듀서들을 관리하고 항상 그들과 함께 호흡하면서, 최고의 프로듀서들만이 가지고 있는 노하우를 결집하여 만든 최고실행모델인 'Best Practices'를 여러분에게 소개한다. 현재의 영업에 만족하지만, 더 뛰어나고 싶은 프로듀서들이 여기 소개된 다양한 기법을 접목하여, 자신의 학습커브를 더 짧게 하고 진정한 기업가적인 사고를 재강화하여 가치 있는 자원을 창조하기를 바란다.

이러한 훈련을 통하여, 여러분은 더 프로페셔널하게 성장할 것이다. 왜냐하면 당신은 더욱 집중되고, 더욱 조직화되고, 더욱 구조화되고 그리고 당신의 경력과 일에 더욱 열정적이 될 것이기 때문이다.

- 이 교재를 통해 프로듀서들은 금융분야에 가장 뛰어난 프로듀서들로부터 최고실행모델을 배울 것이다.
- 이 교재를 통해 프로듀서들은 여기에 소개된 최고실행모델을 적용함으로써 학습 커브를 줄이고, 자신의 이력 초기에 보다 더 생산적이 될 것이다.
- 이 교재를 통해 프로듀서들은 충분한 부가가치가 있는 상품 포트폴리오와 판매기법뿐만 아니라, 그들의 활동을 성장시키고 강화하기 위한 각종 프로그램과 아이디어를 손에 잡게 될 것이다.
- 이 교재를 통해 여러분이 속한 회사는 고능률 프로듀서 채널 회사로서의 명성을 갖게 될

것이며, 무엇보다 여러분은 다른 회사의 고능률 프로듀서들을 당신이 속한 회사에 합류시키는 데에도 기여하게 될 것이다.
- 외부의 고능률 프로듀서를 섭외하여 당신이 속한 회사의 최고급 프로듀서 그룹에 많이 합류하면 할수록 여러분이 속한 회사는 더욱 강력한 회사가 될 것이다.
- 이 교재를 통해 획기적인 도약 그룹의 네트워크가 형성되어 경영, 기술적인 영업, 마케팅적인 아이디어들을 얻기 위한 프로듀서들의 내적인 자원이 될 것이다.
- 이 교재를 통해 프로듀서들은 자연스럽게 자원 및 노하우 공유 그리고 영업에 쓰일 실용적인 지식에 대한 접근을 위해 회사 내부에서 프로듀서 그룹을 형성할 것이다.

본 교재에 대한 혜택은 명확하다. 더 경쟁력 있고, 더 집중되며, 그리고 더 동기 부여된 프로듀서들로 변화할 것이다. 고객보유, 고객개발, 고객창출이 증가할 것이다.
그러나 가장 큰 혜택은 이것이다. 지금까지와는 완전히 다른, 자신의 미래에 대해 긍정적이고 새로운 아이디어와 과정에 대해 마음이 열리게 되며, 사업가와 창업가로서의 자신의 미래에 대해 진실로 낙관적인 마음―긍정적이고 개방적인 기업가의 마음―이 형성될 것이다.

당신의 비전에 도달하기 위해 당신의 상상의 장벽들을 치워 버려라.

닉 머레이의 〈존재하지 않는 장벽〉이라는 글을 다음에 소개한다. 이 글은 우리의 이상적인 사업을 발전시키는 데 우리가 가진 유일한 한계는 '우리가 우리 스스로에게 부여하는 한계'뿐이라는 것을 명확하게 말하고 있다.
이 교재에는 당신이 사업가적인 마인드로 영업을 계속해서 강화해나가는 데 도움을 줄 많은 이들의 글이 수록되어 있다. 나머지 글들을 읽기 전에 이 글을 읽어라. 이 글은 당신이, 오로지 당신만이 육체적 그리고 정신적으로 장벽을 부수고 나아가는 것을 컨트롤할 수 있다는 자신감을 불어넣음으로써 당신이 적절하게 정신력을 개발할 수 있게 도울 것이다.

Section 1 _ Introduction

존재하지 않는 장벽 By Nick Murray

최근에 나는 산전수전 다 겪은 어느 주식 중개인으로부터 한 통의 전화를 받았다. 내용인즉, 자신의 자문역으로 나를 고용하고 싶다는 것이었다. 정중히 거절 의사를 밝히면서 "제가 그 일을 할 수는 없지만 무슨 문제인지 말씀해 주시면, 적당한 사람을 소개해 드릴 수는 있습니다."라고 덧붙였다.

"나는 일 년에 40만 달러 정도는 벌고 있어요."라고 그는 말문을 열었다. 이때까지도 나는 무엇이 문제인지 파악하지 못한 상태였다. "나는 1982년 이래로 매년 40만 달러를 벌고 있소."라고 그는 말을 이었다. 그는 분명 매년 40만 달러를 버는 데는 문제가 없음을 전제하고 있다. 그러니 그는 지금보다 훨씬 뛰어넘은 영업을 간절히 원하고 있다는 뜻을 밝히는 셈이다.

또 하나의 예로, 아주 최근에 한 저명한 파이낸셜 어드바이저가 자신의 사업계획서를 검토해 달라고 내게 연락을 해왔다. 2000년까지 운용자산을 네 배로 증가시킬 목표에 관한 계획서였다.

그 사업계획서를 받아 보니, 아주 상세하게 프로세스에 입각한 활동들(가령 '어떤 고객에게 쿠키를 선물로 줄까'와 같은 문제도 언급됨)을 주로 담은 두꺼운 문서였다. 그러나 계획서 어디에서도 실제로 Prospecting Initiative(고객발굴의 의지)에 대한 것은 찾아볼 수 없었다.

바로 이러한 사람들이 파이낸셜 어드바이저 가운데 성공하고 뛰어난 회원들의 대부분이라는 점을 주목해야 한다. 이들 파이낸셜 어드바이저들은 분명 실패하지는 않았다. 이들은 자신이 지속적으로 아주 오랜 기간동안 일을 할 수 있다는 점을 증명하고 나서야, 평균 소득수준을 상회하는 수준에 도달하였다.

그리고 나서 그들은 자신들의 사업 내용에 대한 문제점을 발견하고 개선해나가는 노력을 하지 않았기 때문에 계속해서 답보상태에 머물렀다. 두 사람 다 아주 정교한(그리고 굉장히 효과적인) 장벽, 즉 자신의 사업이 결코 뛰어넘을 수 없는 장벽을 스스로 만든 것이다.

그리고 앞의 두 사람 모두 문자 그대로 '가상의' 장벽을 돌파하기 위해 나를 고용하려 했던 것이다. 그들은 자신의 상상 속에 장벽을 건설했던 것이다. 그러나 그 장벽이란 것이 실제로는 존재했던 적도 없으며, 존재하지도 않는 것이다.

2차 세계대전 직후 몇 년간, 이른바 '음속 장벽'을 돌파하려는 엄청난 노력이 있었다. 즉, 음속보다 빠르게 비행하고 살아서 귀환한 비행사가 그 경험을 이야기하도록 하는 것이다. 그러나 거의 2년간 음속돌파를 시도했던 모든 비행사는 사망했고 그럴수록 '음속 장벽'이란 것은 점점 더 깰 수 없는 신화가 되어가고 있었다. 톰 울프가 잘 표현했듯이 "천국에나 살 수 있는 농장"처럼 보였다.

당시 척 예거는 본인이 음속 장벽 돌파에 기꺼이 도전할 거라고 당당히 선언했다. 그리고 1947년 10월 14일, 예거는 마하 1을 돌파하는 데 성공했다. 엔지니어 출신이 아니었던 예거는 애초 '음속장벽'이라는 것이 존재한다고 믿은 적이 없었다. 결과는 물론 그가 옳았다.

우리는 외부적으로 가해지는 수입의 한계라는 것이 결코 없는 업종에 종사하고 있다. 이 업종을 선택하는 두 가지 큰 이유 가운데 하나가 바로 여기에 있다(또 하나의 이유는 당연히 상사가 없다는 점). 이를 통해 유추해 보건대, 우리에게 가해진 제약이 있다면 그것은 바로 우리가 스스로에게 규정한 제약이라는 점이다. 우리는 이것을 깨닫게 됨으로써 자신에게 지운 한계는 오직 자신만이 제거할 힘을 가진다는 결론에 도달하게 된다.

명심할 점은 자신이 만든 가상의 한계를 극복하기 위해서, 어떻게 그리고 왜 세워져 있는가를 알아야만 그 한계를 극복할 수 있는 것이 결코 아니라는 사실이다.

매일 저녁 소파에 누워서, 지난 어린 시절에 입었던 모든 정신적인 상처를 기억으로부터 회생시키는 일을 마음씨 좋은 의사에게 반복할 수 있다. 그러고 나면 자신의 성공에 대한 저항감이 어디서 온 것인지 정확히 알게 된다. 그리고 당신이 한계를 돌파하기 위해 무엇을 해야 하는지도 알게 된다.

다른 방법이 있는데, 그것은 이 문제를 행동의 문제로 보고 자신의 행동에 의해 그 문제에 빠졌다면, 자신의 행동에 의해 그 문제에서 빠져나올 수 있다고 믿는 것이다. 영업 심리학자 아론 헴슬리가 항상 말하듯이 "모든 만성적인 생산성 문제는 행동의 문제이다."

가상의 장벽에 부딪쳐 넘어지는 사람만큼이나, 가상의 한계를 극복하는 행동의 올바른 접근법을 알고 있는 사람도 많다. (이 사실 자체로도 당신은 상당히 용기를 얻는다. 왜냐하면 당신의 방법이 올바른 방법일 수 있는데, 그 이유는 순전히 바로 당신의 방법이기 때문이다.) 그러나 나 자신 처음 그러한 한계에 부딪치고 올해같이 최근에야 그 한계를 극복하게 된 사람으로서, 내게 도움이 되었던 그 프로세스에 대해 간략하게 설명하고 싶다.

(1) 자신에게 문제가 있다는 사실을 인정하라

앞서 언급한 연간 40만 달러를 번 사람에게 지난 15년 동안 시장은 7배 성장했고, CD 금리는 14%에서 4%로 추락하는 이야기를 하면서, 내가 '문제'라는 단어를 사용했을 때, 그가 화를 내는 것을 보았다. (요컨대 그의 입장은 본인이 잘 하고는 있지만, 더 잘할 수 있는 방법을 알고 싶다는 것이었다.) 그러나 바로 그러한 태도야말로 '정신적 해이'를 부르는 사이렌 소리일 것이다.

당신에게 문제가 있다는 사실— '뭔가가 엄청나게 심각한 잘못이 있다'는 사실을 완전히 받아들이고 인정하지 않고는, 당신이 그 문제를 해결할 수 없다. 약물 남용 치료사들이 말하듯이 해결되지 않는 문제는 항상 재발한다. 그리고 다음에는 훨씬 더 악화된 상태로 재발한다. 우리가 종사하는 직업에 있어서 이러한 문제는 특별히 긴급하다. 왜냐하면 만약 우리가 가장 길고 강세이고 가장 긍정적인 투자환경 속에서도, 당신이 지금 성취하길 원하는 모든 것을 성취하지 못하고 있다면, 시장이 1년 또는 2년간 하락세를 보일 때 당신은 무엇을 할 것인가? (또는 증권시장이 장기간 조정과 소강국면으로 가게 되어, 매달 CD가 조금 나아 보일 경우 당신은 무엇을 할 것인가?)

당신이 지금 당신에게 존재하지 않는 가상의 문제를 인정하는 것부터 시작한다면, 당신은 나중에 실제의 문제를 해결하는 데 훨씬 더 좋은 상태에 있게 될 것이다. 그리고 당신이 다음 단계를 취할 수 있는 준비가 될 것이다.

(2) 문제에 대해 완전한 책임을 져라

이 말을 자신을 학대하는 것과 혼동하지는 말라. "나 자신이 초라한 일개 머슴에 불과해."라는 자학으로는 아무 것도 성취할 수 없다. 그뿐만 아니라 다른 사람이나 다른 어떤 것을 비난해도 아무것도 이룰 수 없기는 마찬가지다. (우리 매니저는 실적만 챙기는 새가슴이야 / 우리 연구는 엉망이야 / 우리 팀 영업사원은 도무지 이해할 수 없어 등등.)

문제에 대해 전적으로 책임을 진다는 것의 좋은 점은 (비난을 하는 것과는 완전히 반대로) 당신이 그 문제의 오너십을 가진다는 것이다. 즉 다른 누구도 아닌 바로 당신이 그 문제에 책임이 있다면, 그 문제를 처리하기 위해서는 다른 사람에게 의존할 필요가 없다는 것이다.

어느 편이 문제 해결에 도움을 주는가? 내 쪽에 있다는 편으로 생각하면 좋다. 나는 나 자신이 다른 누군가를 변화시킬 능력은 없지만 거의 제한 없이 나 자신을 변화시킬 수 있다는 사실은 알았다. 그렇기 때문에 문제가 전적으로 내 책임이라면, 건전한 변화를 통해 그 문제를 극복할 수 있는 온전한 힘을 내가 가질 수 있는 것이다.

비난은 그것이 누구에게 향해지든 간에 당신의 피해의식만 가중시킬 뿐이다. 책임짐으로써 당신의 행동을 변화시킬 힘을 가지게 되고, 그리하여 그 문제를 해결할 수 있는 것이다. 문제에 대한 오너십을 가져라. 그리하면 해결책을 찾을 것이다(Own the problem, you own the solution).

(3) 만일 당신이 이미 오르고 싶은 위치에 있다면 바꾸어야 할 행동 하나를 파악하라

그리고 즉시 그 행동을 바꾸어라. 나는 나의 경력의 어떤 시점에서 거대한 도약을 하고 싶었는데, 어떻게 해야 할지 몰랐던 순간이 있었다. 그래서 나는 "내가 이미 성공을 했다면 앞으로 인생에서 바꾸어야 할 한 가지가 뭘까?"라고 자문했다.

답은 명확했다. 나는 고등학교, 대학교 그리고 직장까지 25년 동안 지하철로 다녔다. 나는 매일 점점 출퇴근길이 지겨워졌다. 그리고 나는 내가 직업적으로 목표하는 성취를 이룬다면, 출퇴근할 때 기사가 운전하는 자가용으로 할 것이라는 점을 알고 있었다. 나는 그렇게 바꾸었고, 그래서 아주 빨리 나의 목표를 이루었다. 그 목표란 것이 지금 내게는 진짜 별것 아닌 것처럼 보이는 목표지만, 당시에는 내게 엄청난 것이었다. (우리가 여기서 다루고 있는 것은 실제의 문제가 아니라 현재 현실을 인식하는 방식에 관한 것이라는 사실을 명심하라.)

'나는 다시는 이코노미석을 타지 않으리라.' 그렇다면 다음 여행부터는 일등석을 타기 시작하라. 그러면 다시는 이코노미석으로 후퇴하지는 않을 것이다. '나는 내 옷을 주문제작할 것이다.' 그렇다면 오늘 해가 지기 전에 맞춤양복점에 예약을 하라. 당신이 성공할 때까지는 마치 성공한 사람처럼 행동하라. 아니 그렇게 행세하라. 당신이 부르고 싶은 대로 부르

라. 이렇게 하면 즉시 힘이 나게 된다. 그리고 결코 실패하는 일은 없을 것이다.

(4) 최대의 골칫거리 고객을 잘라내라

나 자신이 고백하건대, 바로 이것이 모든 문제에 대한 나의 해법이다. 속 타고, 난처하고, 괴롭고, 자신이 안 설 때, 고객 가운데 그 고객을 상대하는 데 엄청난 힘을 낭비하게끔 하는 성가신 고객이 있지는 않은지 살펴본다. 당신 자신에게 이러한 고객관계가 상호존중에 근간을 둔 건강하고 생산적인 토대에 놓일 수 있는지 자문해보라.

그 고객과의 관계가 생산적인 관계가 될 수 없다고 결론이 나면, 그 고객과의 관계를 끊어라. 그러나 고객과 절연할 때도 품위를 유지해야 한다. 이런 글을 익일 배달의 편지와 팩스로 보내 보라. "저는 제 직업과 인생에 있어 상당히 큰 변화를 시도하려고 합니다. 지난 몇 년 동안 고객님과의 관계를 반추하면서, 저는 고객님께서 바랐던 바대로 서비스를 제공할 수 없다는 결론을 내렸습니다. 이러한 상황에서 제가 고객님과의 관계를 지속하는 것은 온당치 못한 것입니다. 저는 고객님의 필요를 더 잘 충족시켜드릴 수 있는 어드바이저를 찾도록 도와드릴 것을 제 매니저에게 요청해 두었습니다. 고객님의 성공을 기원합니다."

그러고 나서 한 가지 더 해야 하는 일이 있다. 그 고객이 당신을 다시 꾀어낸다고 해도 그 끈질긴 악마의 유혹을 견뎌야 한다는 것이다.

'난 훨씬 더 잘할 수 있어. 내가 하고 있는 현 수준의 사업을 하기 위해선 이 고객이 필요해' 라는 자세는 당신 스스로가 택할 수 있는 최악의 수임을 명심하라. 그렇게 되면 사업은 항상 마비상태에 이르고 따라서 스스로에 대한 자기비판은 더욱 심해질 뿐이다. 악마의 유혹을 뿌리치면서 다음과 같은 일관된 메시지를 전한다. "나는 지금보다 훨씬 더 많은 것을 누릴 자격이 있어. 나는 내 재능을 헌신할 수 있는, 이 고객보다 훨씬 나은 고객을 찾을 수 있어."

(5) 하위 1/3의 고객을 줄여라

하위 1/3의 고객은 당신에게 사업실적의 1/3에도 미치지 못하면서, 특히 세금 정산 철이 다가오면 성가신 관리업무처리의 1/3 이상을 소요하게끔 한다. 그렇다면 도대체 그런 고객을 왜 유지하는가?

당신이 복권에 당첨되기를 기다린다. 당신은 상상 속에서, 숙모 한 분이 돌아가시면서 5백만 달러의 유산을 당신에게 남기는 꿈을 꾼다. 그러나 그런 일은 결코 일어나지 않는다. 복권에 당첨되는 일은 없다. 그럼에도 불구하고 가난한 사람들은 계속해서 복권을 사는데, 그 이유는 그들에게 딱히 그 일 말고는 할 줄 아는 일이 없기 때문이다.

그러나 당신과 나는 무엇을 해야 할지 잘 안다. 책임을 지고, 더 이상 나무에 벼락이 칠 확률을 기대하지 않고, 죽은 가지를 쳐내고, 나무의 꼭대기에 도달하려는 우리의 각오를 새로이 해야 한다는 점을 잘 안다.

(6) 성전(聖戰)에 임하라

낼 수 있는 모든 시간과 에너지 그리고 자부심을 당신 장부에 있는 상위 1/3 고객에게 쏟는 노력에 집중하라. 앞으로 90일 동안, 이러한 아주 높은 가능성을 가진 고객들을 보고 '생애 면담의 위대한 목표'에 나오는 5가지 질문을 하라.(여기서는 생략함)

무언가와 사랑에 빠져라 : 가령 시가총액이 낮은 주식 (가장 인기 있는 주식들은 그야말로 문전성시임)이나 생명공학 주(짐 그랜트조차 생명공학 주를 좋아한다. 그는 아이젠하워의 초선 임기이래 주식에 대해 비관적인 입장을 취한 사람이다.), 그 밖의 당신이 열정적으로 믿는 무언가를, 혼신을 다해 최고의 고객 및 가망 있는 고객들에게 설파하라.

만일 고객들이 찬성한다면 즉각적으로 고객들에게 가망 있는 고객의 추천을 요청하라. 당신은 그 어느 때보다 고객 추천을 받을 자격이 있다. 왜냐하면 당신은 한마음으로 보다 더 높은 수준의 직업적 성취를 향해 나아가기 때문이다.

당신 자신이 정상에 설 수 있게 허락하라. 실제로 정상에 있는 사람처럼 행동해보라. 그러면 자신을 가로막았던 상상 속의 장벽은 마치 존재하지 않았던 것처럼 통과할 수 있을 것이다.

물론 그 장벽이 애초에 존재하지 않기 때문이기도 하지만….

전문가 그룹과의 전략적 제휴를 통해 상상의 장벽을 뛰어넘을 수 있다.

Section 1 _ Introduction

S커브 Sigmoid Curve

1. "파도 타기(Riding The Waves)"

이 장에서는 고능률(Super Producer)로 가기 위해서는 왜 끊임없는 교육이 필요한가를 학습능률 커브를 통하여 설명해보기로 하자.

현재와 미래에 당신이 활동을 반영하는 개념적인 모델은 아래 묘사되는 S자 형태의 커브에 의해 표현될 수 있다.

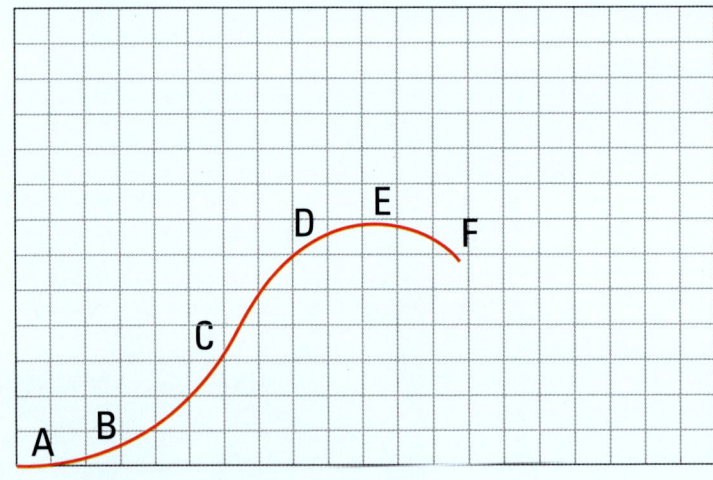

A_ 활동시작
B_ 활동 전개와 초기성장
C_ 견실한 성장
D_ 활동 성숙
E_ 활동 재생(정상에 도달)
F_ 활동 탈선

이 모델은 자연의 발전 모습을 보여준다. 예를 들면, 어떤 이는 그것을 학습커브(Learing Curve)라고 한다. 사람들은 시도와 실수를 통해 배우기를 시작하고, 확신을 발전시키고 그리고 숙달한다. 그러나 그들이 계속해서 자기 자신을 재생시킬 수 없다면, 그들은 지루해하고 무관심해 한다. 그리고 그들의 성적은 떨어진다. 이 S커브는 많은 경우에 적용될 수 있다. 그러나 우리의 목적을 위해, 이 S커브는 영업활동의 진화과정에서 수확체감의 법칙을 상징하고 있다. 여러분의 영업활동 능력은 성장의 초기 단계 이후에 '최대화' 되기 시작한다. 《확실함을 넘어서》라는 책을 쓴 Charles Handy는 이렇게 말했다.

S커브는 삶, 그 자체의 이야기를 구성한다. 우리는 시작할 때 천천히, 조심스럽게, 그리고 비틀거리며 나아간다. 그 후에 우리는 보름달이 되었다가 이지러진다. 이것은 대영제국의 이야기이며, 러시아 제국의 이야기이다. 또한 제국들에게서 언제나 들을 수 있는 이야기이다. 이것은 상품 생명 주기이고 많은 회사들의 흥망성쇠를 나타낸다. 이것은 또한 사랑과 인간관계의 과정을 의미하기도 한다.

S커브 경험은 롤러코스터를 타는 것과 비교될 수 있다. 앞에 있는 S커브의 그림을 생각해 보라. (A) : 시작에는 차가 올라간다. (B) : 오르막은 가파르고 천천히 간다. 그리고 모든 사람은 타기를 즐긴다. (C)(D)(E) : 차가 정상에 도달하고 모든 세상이 다 보일 때, 사람들은 웃음 짓고 경험의 절정을 즐긴다. (F) : 그 후에는 갑자기 정상을 넘어 휙 내려간다. 그러고는 비명이 시작된다!

많은 영업활동가들은 오늘 롤러코스터 타기의 밑으로 떨어지는 부분을 경험하고 있다. 그들은 특정분야에 숙달되면서 기쁨에 넘쳐서 성공을 즐긴다. 그 후에는 자신이 미친 듯이 시장점유에서 갑작스럽게 추락하고 있거나, 또는 고객의 충성심이 땅에 떨어져서, 그것을 통제하기 위해 싸우고 있는 것을 발견한다. 성공으로 이루어낸 정상의 멋진 순간은 단지 모호함으로 떨어지는 전주곡에 불과함이 입증되었다. 다음과 같은 대화들이 많다.

" 이 수치를 보시오. 작년에 우리는 축하했고 높은 실적을 즐겼소. 모든 것이 우리의 길로 가고 있었소. 그러나 올해 3분기 연속 우리는 실적을 올리지 못하고 있소."
"어떻게 된 거요?"
"내가 여러분에게 어떻게 된 건지 알려주겠소. 우리는 더 열심히 일할 필요가 있소."

필자는 다른 대답을 제안한다. "나는 여러분에게 어떻게 된 건지 말해주겠소. 우리는 더 명석하게 일할 필요가 있소." 일단 S커브의 속성을 이해한 후에는, 여러분 자신과 여러분의 영업활동을 새롭게 하기 위해 위기가 일어날 때까지 기다릴 필요가 없다는 것을 깨닫게 될 것이다. Handy는 추가한다. "운이 좋게도, 그 커브로는 해석 못하는 인생이 있다. 지속적인 성장의 비밀은 첫 번째 커브가 사라져가기 전에 새로운 S커브를 시작하는 것이다."
아래의 그림은 독자에게 이 말이 어떻게 나타나는지를 보여준다.

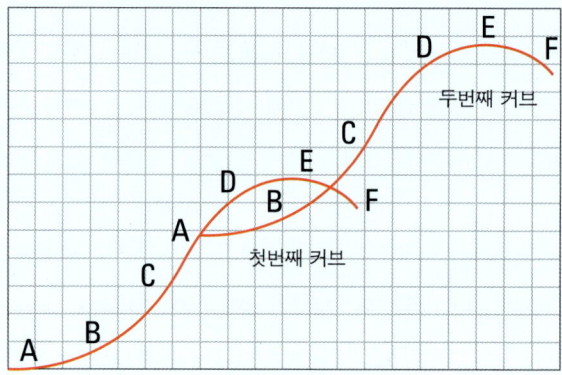

전형적인 발전 커브의 연구는 추락(drop-off)하기 전에, 미리 그것을 대비하는 지혜를 보여준다. 첫 번째 커브의 (D)점은 '관망대'이다. 이것은 실행될 필요가 있는 다른 계획이 있는 단계이다. 이 점은 뒤로 물러나 커브상의 계획의 진보를 심사숙고하고 새로운 계획을 시작할 것을 고려하는 곳이다. (E)점에서는 미끄러짐이 벌써 시작되었다. (F)점에서는 너무 늦었다.

두 곡선을 동시에 일하고 배우는 것은, 반드시 과거와 미래가 현재에 공존하게끔 해야 한다는 것을 의미한다. 활동을 변환시킬 때, 활동을 잠시 중지할 만큼 어리석은 결정을 내릴 프로듀서는 거의 없다. 두 곡선 사이에서 잠시 동안 혼란과 소동을 참아야 한다. 두 번째 커브의 틀이 세워지고 첫 번째 커브가 사라지는 데는 시간이 걸리기 때문이다. 결과적으로 두 커브는 같은 시간 같은 장소에 공존할 필요가 있다. 이것은 전원을 켜 둔 상태로 오래된 집의 전기 배선 작업을 하는 것과 유사하다. 작업에는 위험이 있다. 그러나 만약 당신이 공사기간 내내 전기가 꼭 필요하다면, 선택의 여지가 없다.

이러한 커브들 또는 파도들 사이에서 살아가는 지도자들에게는 흥밋거리가 되는 일련의 여러 가지 도전을 제공해준다. 이러한 도전들 중에서 가장 주요한 것들은 다음의 것을 하고자 하는 데 필요하다.

● 두 번째 커브가 튼튼하게 세워질 때까지 첫 번째 커브를 오랫동안 지속시킨다.
● 현재 이끌고 있는 첫 번째 커브에서 지금은 이끌지 못하고 있지만, 두 번째 커브로 빠져들도록 여러분의 축적된 에너지를 창출하기 위해 필요한 가능성과 훈련을 개발한다.
● 두 커브가 동시에 진행되는 데서부터 나오는 혼란과 긴장을 함께 소화하고 관리할 수 있어야 한다.

참고 : 여러분의 성장을 유지하고 새로운 S커브를 활성화시키는 것을 확실히 하기 위해 입증된 공식은 section 5에 있는 60/20/20이다.

2. S커브의 예
다음의 네 개의 성장 커브들이 Sigmoid Curve의 예이다.

모델 1 이것은 당신의 기본적인 S커브이다.

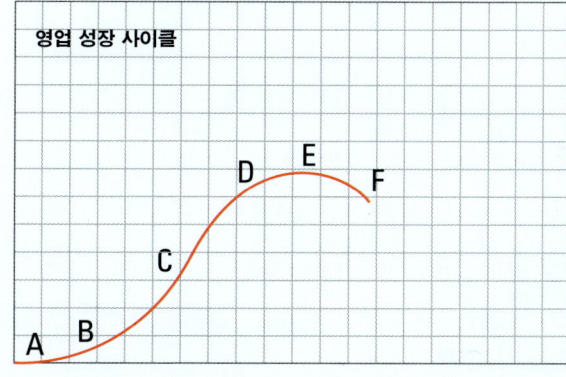

기본 Sigmoid Curve →

A_ 활동시작
B_ 활동 전개와 초기성장
C_ 견실한 성장
D_ 활동 성숙
E_ 활동 재생
F_ 활동 탈선

모델 2 이것은 당신의 새로운 성장 커브가 현재의 성장 커브에도 작용하고 있는 예이다.

F를 피하기 위해서 D에서, 요구되는 재생을 미리 시작한다.
그리고 D에서 새로운 S커브(성장 커브)를 시작한다.

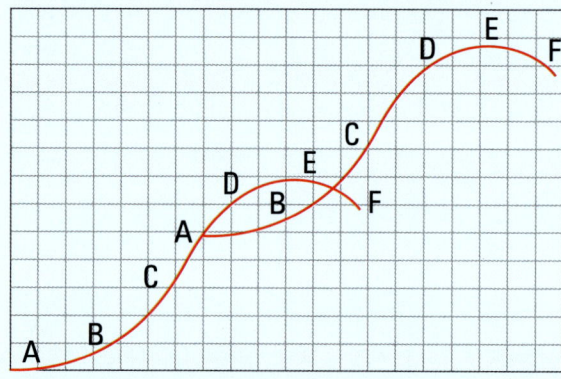

E에서의 침체와 F에서의 하락을 미리 파악하고 피하기 위해서
원래의 S커브와 새로운 S커브를 겹침

모델 3-1 이것은 닉 머레이의 글인 〈존재하지 않는 장벽〉에서 나타나는 프로듀서의 성장 커브이다.

닉 머레이의 글에서 프로듀서의 커브

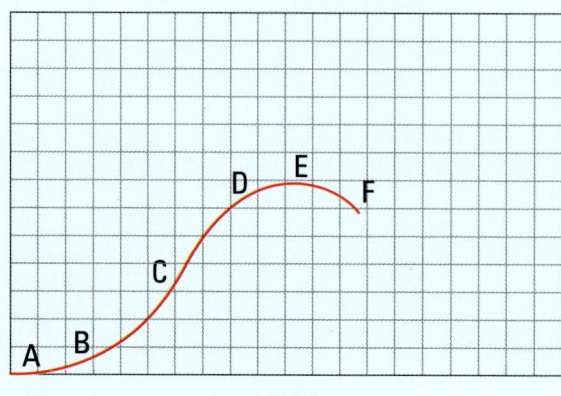

현재

모델 3-2 이 모델은 활동을 새롭게 하기 위해서 프로듀서가 겪어야 할, 그리고 필요로 하는 모델이다.

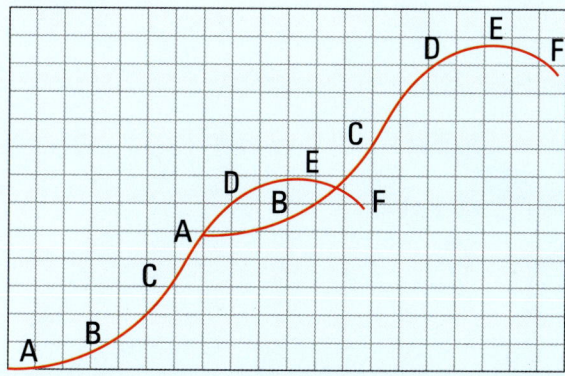

필요한 것,
새로운 S커브가 필요하다.
그렇지 않으면 프로듀서의
활동은 빗나가거나 죽을 것이다.

2
비전을 가져라,

SECTION.02

기대

우리가 하기로 한 것을 성취할 수 있다는 우리 내부의
잠재된 힘을 느끼는 것,
그것은 기적을 위한 길을 열어 준다.
무엇인가가 일어날 것이라는 것을 기대하는 것은
우리의 목표에 활력을 주고 추진력을 준다
우리는 종종 삶이 우리의 전망에 반응하는 것을 안다.
우리가 일어나기를 기대하는 것은 일어난다.
우리가 믿기로 선택한 꿈들은 이루어진다.

EXPECTANCY

To feel in our innermost being that we will achieve
what we set out to do —
this opens the way for miracles.
Expecting something to happen energizes our goal
and gives it momentum.
We often find that life responds to our outlook.
What we expect to happen, happens.
The dreams we choose to believe in come to be.

그리고 집중하라

Vision and Focus

Section 2 _ Vision and Focus

젊은이와 불가사리

현명한 사람이 아침 햇살을 받으며 해안을 걷고 있었다. 그는 멀리서 파도와 어울려 춤을 추고 있는 듯한 젊은이를 보았다. 가까이 다가가 보니 젊은이가 모래에서 불가사리를 주워 바다에 다시 부드럽게 던지고 있음을 알 수 있었다.

"뭐 하고 있는 것입니까?" 현명한 사람은 물었다.

"태양은 떠오르고 있고 조수는 빠지고 있습니다. 만약 내가 이것들을 바다로 던지지 않는다면 이것들은 죽을 겁니다."

"그러나 젊은이, 수십 마일 길게 펼쳐진 해변가에 널려 있는 저 수많은 불가사리를 당신이 어떻게 하겠단 말이오? 당신이 지금 한두 개 집어 던져 넣는다고 별로 달라지는 것이 없지 않은가?"

젊은이는 다시 몸을 구부려 또 다른 불가사리를 주워서 부서지는 바다로 조심스럽게 던졌다. 그리고 이렇게 대답했다.

"하지만 제가 바다 속으로 던지는 것만은 분명히 살 수 있지 않습니까."

젊은이의 행동은 우리 각자에게 특별한 의미를 깨닫게 해준다. 우리는 변화를 일으킬 수 있는 재능을 부여받았다. 우리는 스스로 우리의 미래를 만들 수 있다. 우리 각자는 우리의 조직체가 설정한 목표들을 이룰 수 있도록 도울 힘이 있다.

필자는 어릴 적부터 비전(Vision)을 가지고 자랐다. 그때에는 비전이란 단어는 몰랐고 그저 소박한 꿈이라고나 할까?

필자는 경북 영양군 입암면 연당동 돌베기(돌이 많다고 해서 지어진 이름)라는 가난한 시골마을 외딴집에서 태어났다. 아버지는 51세이고 어머니는 44세인 아주 늦둥이로 태어났다.

미국 보험 업계 사상 최고의 영업실적을 거둔 도널드 브라이언트 씨. 1986년 초년도 커미션만 100억 원을 돌파했다. 그는 그의 전용 헬기편으로 1986년 연도상 시상식에 참석했다.

어릴 적 어머님의 젖이 신통치 않아 잦은 병치레로 몸은 늘 허약했다. 가정형편이 어려워서 초등학교를 졸업한 후에는 부모님의 농삿일을 거들며 지낼 수밖에 없는 형편이었다. 그때 아버지는 이미 환갑을 넘은 백발의 할아버지였다.

그러나 필자에게는 포기할 수 없는 꿈이 한 가지 있었다. 그것은 공부에 대한 집착이었다. 필자는 산에 가서 나뭇짐을 해다 내려놓고는 부엌에 계신 어머니를 매일 졸랐다. 이렇게 하길 8개월째 되어서 드디어 어머님의 허락이 떨어졌다. 그리하여 그 다음해에 40리 떨어진 영양중학교에 입학했다.

그 당시 입학금이 5,551원이던 것을 지금도 기억하고 있다. 왜냐하면 이 돈이 없어서 1년 동안 재수 아닌 재수를 해야만 했으니까 말이다.

이렇게 시작한 공부가 인연이 되어 중학교, 고등학교, 대학교와 대학원을 졸업하고, 마침내 미국 유학길에 올랐다. 미국에 가기 위해서는 많은 것을 포기해야만 했기에, 많은 고민과 망설임 끝에 어렵게 내린 결정이었다. 당시 필자는 여든이 되신 아버지와 일흔이 넘은 어머니와 함께 살고 있었는데, 노부모님을 남겨 두고 떠나야만 했다.

미국에서 공부를 마치고 필자는 뉴욕 시 맨해튼 중심가에 위치한 Equitable Life(AXA ADVISORS의 전신)에 입사해서 에이전트로 교육을 받고 세일즈 분야에 뛰어들었다. 필자에게 주어진 시간에 마음대로 일과를 짜서 움직일 수 있다는 점이 매력적이었다. 세일즈에 매력을 느끼면서 점차 경제적으로도 안정되었고 미국생활에도 잘 적응해가고 있었다. 그러던 어느 날 필자에게 큰 변화가 일어났다.

필자가 보험 세일즈를 시작한 초기에 가입했던 대학 후배인 오태규 씨가 흑인 강도의 총에 맞아 사망했다. 29세의 젊은 나이였다. 그는 대학 졸업 후 약사인 부인과 결혼해 5년 만에 마련

16일 오전 11시 흑인 강도 2명에 의해 총격을 받고 사망한 차동산(50) 씨를 위한 추모 행사가 19일 오후 7시 30분 차씨의 가게 앞에서 사랑의 교회 김성수 목사의 인도로 지역 주민 2백여 명이 참석한 가운데 열려 고인의 넋을 위로했다. 부인 차금순(50) 씨가 통한의 눈물을 흘리고 있다.

한 약국을 경영하면서 아파트도 장만하였다. 귀여운 딸과 함께 비교적 미국생활에 잘 적응하여 살고 있어서 주위의 부러움을 독차지할 정도였다. 그런 가족에게 불행이 닥쳐온 것이다.

오태규 씨가 경영하는 약국은 뉴욕 시에서 흑인이 가장 많이 사는 브루클린(Brooklyn)의 한가운데를 가로지르는 최고의 상가 지역인 플랫부쉬 애비뉴에 위치해 있었다.

1984년 9월 어느 날 가게 문을 닫기 직전인 오후 7시 경, 흑인 강도 일당이 하루 매상을 노리고 있었다. 3인조 흑인 강도는 벼락같이 가게로 들이닥쳤다. 일당 중 한 명은 오씨 부부와 종업원을 화장실로 몰아넣은 채 총으로 위협했고 또 한 명은 계산대에 있는 그날 매상을 몽땅 챙겨 넣었고 나머지 한 명은 밖에서 망을 보고 있었다.

화장실에 갇힌 채로 오 분여가 흘렀을까, 이제 강도들이 도망가고 없을 거라는 생각에 그리고 계속 가게 문을 열어 둘 수도 없어서 남편은 화장실을 나와 가게를 살폈다. 부인도 안심하고 나가려는 순간, 탕, 탕 하는 총소리가 몇 번 울렸다. 부인은 총소리를 듣는 순간 본능적으로 몸을 움직일 수가 없었다고 한다. 시간이 조금 지나고 나와보니, 남편은 약국 문틀에 가로질러 엎드린 채 목에 피를 토하면서 이미 사경을 헤매고 있었고, 앰뷸런스에 후송되어 킹스 카운티 시립병원으로 가던 중 사망했다.

오태규 씨는 1984년 3월, 필자가 보험을 시작한 이후 첫 번째 고객으로 등록되었다. 그와 필자는 미국에서 대학원 다닐 때부터 호형호제하면서 서로 타국의 외로움을 달래던 사이였다. 필자가 보험 세일즈를 시작할까 말까 고민할 때에는 누구보다도 적극적으로 격려해주었다. 그는 이미 뉴욕라이프에 10만 달러짜리 생명보험에 가입한 상태임에도 불구하고, 필자에게 20만 달러짜리 보험을 하나 더 가입했다.

필자는 오태규 씨의 사망 보험금(death claim)을 처리하면서 많은 것을 생각하게 되었다. 한

오른쪽부터 ① AXA 98 연간 보고서에 소개된 필자(1997년 최우수 세일즈 매니저) ② 제럴드 그랜트(소수민족 최우수 FA) ③ 수잔 쿠퍼(최우수 지점장) ④ 1997년 "최고의 영예(National Honor) FA"에 선정된 잭슨 술만 ⑤ 짐 카플란(1997년 최우수 FA)

인 이민 1세들이 이민 초기에는 대부분 돈이 없어 위험한 지역에서 일하고 있었다. 오씨도 그런 케이스였다. 이들에게 필자가 도움을 줄 수 있는 방법은 생명보험을 통하여 가족이 불의의 사고로부터 경제적으로 보다 자유로워지는 것이다. 미국에서의 가게나 아파트는 80%가 은행돈이다. 오씨의 경우 사망으로 인해 사업을 정리하고 남은 것이라곤 고작 5만 달러 정도였다. 생명보험회사로부터 유가족은 60만 달러를 받았다. 필자가 일하고 있는 Equitable Life 에서는 40만 달러(사고사 20만 달러)에다가, 자진해서 이자까지 추가하여 40만 2천 7백 달러짜리 수표를 받았다.

그 후 필자는 주로 한인교포들이 일하는 위험한 지역을 타깃 마켓으로 고객 발굴 작업을 계속하게 되었고, 돈이 없는 사람들에게는 주로 정기보험을 권유했다. 필자는 가게 주인보다는 종업원이 더 위험한 곳에서 일하기 때문에(왜냐하면 흑인들이 물건을 훔치기 때문에 가게 보는 직업이 제일 위험함) 이들과 말다툼할 때가 흔하다. 그리고 이참에 아예 집을 브루

1997년 필자가 매니저로서 최고의 영예인 골드 내셔널 트로피를 받고 5백여 명의 매니저들 앞에서 연설하는 모습

클린 지역(강남의 약 2배)으로 이사해서 매일 다니기 시작했다. 그 당시에는 가장 싼 보험료로 우리 동포를 위험으로부터 보호하자는 것이 필자의 임무이자 사명이었다.

이렇게 시작한 필자의 보험 세일즈는 사명감(철저한 십ship으로 무장)으로 출발하여 지칠 줄 모르고 일에 집중하게 되었다. 이 일을 브루클린 지역 동포들을 위해 하나님께서 필자에게 맡긴 사명으로 여기면서 일했고, 이것이 어떤 어려움도 이겨내는 원동력이 되었다. 필자의 고객으로부터 받은 총 보험료보다 필자의 고객이 불의의 사고로 받는 보험금이 항상 몇십배 많게 되어 지점에선 의아해 하기도 했다. 왜 두 킴(Doo Kim: 미국 직원들이 필자를 부르는 이름)의 사망 보험금은 항상 강도에 의한 사망 건이 제일 많으냐고 할 정도였다.

이렇게 일하다보니 영업성과는 엄청나게 좋아졌다. 첫해에 내 고객의 3명이 강도사고로 사망하여 보험금을 타게 되었고, 이것이 교포언론에 보도되면서 필자의 이름이 알려지기 시작했다. 자기의 고객에게 보험금을 타서 손에 쥐어 줄 때 진정한 보험인의 사명을 느끼게 된다는 사실을 깨닫는 계기가 되었고, 이것이 또한 필자를 평생 여기에 머물게 한 동기였다. 필자는 첫해에 많은 상을 수상했다. 그것도 사장상인 President Cabinet Club(MDRT의 약 2배 실적)을 6년간 연속 수상했다. 그 후 필자는 세일즈 매니저인 District Manager로 승진의 기회를 얻었고, 이것이 필자의 가슴 속 깊이 간직한 꿈의 결실을 가져다 주는 계기 가운데 하나가 되었다.

입사 후 6년 후, 매니저로 일하기 시작했을때, 골프에 대한 유혹을 버릴 수 없어 아예 골프채를 모두 허드슨 강에 던져 버렸다. 매니지먼트에만 전념하기 위해, 좋아하던 골프까지 포기한 것이다. 이것은 오직 일에 대한 집념, 그리고 지점장이 되기 위한 비전(Vision) 때문이었다.

Vision without action is merely a dream.
Action without vision just passes the time.
Vision with action can change the world.

행동 없는 비전은 단지 꿈이다.
비전 없는 행동은 시간 낭비이다.
행동이 따르는 비전은 세상을 바꿀 수 있다.

미국에서 보험회사의 지점장은 성공한 자리다. 지점장에 오르면 특별한 일이 없는 한 65세가 되어 은퇴할 때까지 보장이 된다. 높은 연봉과 각종 은퇴플랜 등 혜택이 많은, 그야말로 아메리칸 드림을 이루는 정도의 대접을 받는 자리이다.

이 책에서 기술한 내용 중 많은 부분은 District Manager 시절, 배운 내용을 실제로 적용해볼 수 있는 좋은 기회를 필자에게 주었다. 이러한 방법과 노하우를 통하여, 필자의 영업 실적은 해를 거듭할수록 가속이 붙기 시작하여, 1996년에는 전국에서 2등을 했으며, 1997에는 2월부터 12월까지 계속 1등 고지를 고수해서 마침내 1등을 차지해 National Gold Trophy를 수상했다. 멕시코 캥쿤에서 있었던 전사전략회의장에서 전국지점장과 사장, 회장 앞에 서 수상소감 연설을 했던 기억은 몇 년이 지난 지금도 필자를 흥분시키기에 충분하다.

그 후 필자는 그 해에 미국에서 제일 큰 지점인 New York City Branch의 지점장이 되었다. 입사 후 14년 만에 꿈을 이루는 순간이었다. 필자의 연설 후 사장이 이어서, Doo(미국인들이 나를 First name으로 이렇게 불렀다)가 아메리칸 드림을 이루었다고 칭찬해주었다.

만약 필자의 첫 번째 고객이었던 오태규 씨의 갑작스런 사고가 없었다면 필자를 이렇게 오래도록 이 분야에 묶어 두는 계기는 없었을지 모른다. 결국 그 사건이 필자로 하여금 일에 더 집중하게 하고, 이를 통해 비전을 실현하는 큰 원동력이 된 셈이다.

Vision과 Focus는 우리의 영업에 있어 가장 중요한 키워드이다.

포커스의 위력

전문적인 영업을 실행하는 데 있어서, 포커스는 항상 염두에 두어야 할 가치 있는 속성이고 이를 유지하는 것은 쉬운 일이 아니다. 자칫 방심하기 쉬운 많은 업무에 있어서 새로운 상품, 새로운 개념, 새로운 시스템, 새로운 기술 등 당신의 행동과 당신의 고객들에게 중요한 것에 중점을 두는 것은 매우 중요하다. 또한 주어진 한 주 혹은 제한된 시간 안에서 수익 창출을 위한 활동(Revenue Producing Activities)에 집중되도록 포커스를 맞추는 것은 생산성과 수익성(productivity and profitability)에 아주 중요하다.

우리는 때때로 무엇에 집중해야 하는지 찾아내기도 어렵다. 그러나 일단 발견하기만 하면 그것은 당신에게 굉장한 것을 만들어 준다. 집중은 당신이 기념비적인 업적을 이루는 것을 방해하는 수많은 장애물과 방심하게 하는 요소들을 제거함으로써 당신이 미래 행동의 진정한 비전을 발전시키게끔 한다. 당신의 꿈의 영업(Dream Practice)에 집중하는 힘은 당신을 흥분시키고, 활력적이며 열중하게끔 만들 것이다. 당신은 이상적이고 전문적인 영업을 발전시키기 위해 활동을 탐색하는 데 있어서 목표의식을 가지고 한층 집중·개발할 필요가 있다.

새로 발견한 목표와 더불어 적극적인 태도는 재 강화되어 당신이 하는 모든 일에 전파될 것이다. 따라서 결과적으로 주어진 기간 안에 목표가 달성되도록 확고한 자신감을 갖도록 발전해 나갈 것이다.

적극적인 사고방식, 정해진 목표 그리고 확고한 자신감 외에, 일단 일을 시작하게 되면 포커스를 더욱 명확하게 하는 데 적용되는 몇 가지 규칙을 나열해보기로 하자.

당신의 집중과 영업을 강화하기 위해 실제로 적용되는 규칙들

1 한두 개의 전문적인 직업 업무를 위한 전문성(Core specialties)을 고르라.

하나의 전문분야에 집중함으로써 당신은 그 분야의 전문가가 되는 것에 집중할 것이다. 모든 사람에게 허용된 모든 일들을 하는 것은 당신의 전문성을 흐리게 할 뿐더러 당신의 긍정적인 태도, 정력 그리고 열정을 망친다. 제너럴리스트도 업무를 잘 한다. 그러나 스페셜리스트는 월등히 뛰어나다. (Section 3 참조)

2 당신의 핵심 전문분야를 적용할 뚜렷한 타깃 마켓들을 고르라.

어떤 특별한 관계 또는 상호 연결 짓는 공통된 특성, 공통된 관심, 공통된 개성, 공통된 의사소통을 위한 네트워크 등이 전혀 갖추어져 있지 않은 다양한 마켓들을 대상으로 마케팅 활동을 하는 것 대신, 한 번에 한 타깃 마켓에만 집중하라.

3 당신에게 높은 수익을 가져다 주는 높은 잠재성을 가진 고객들에게 집중하기 위해 현재의 고객을 세분화하라.

높은 수익률을 가져다 준 고객(A급 고객)과, 높은 잠재성을 가진 고객들을 마케팅하고, 발굴하라. 주로 부유층 잠재 고객과 일을 함으로써 새로운 고객을 발굴하게 되고, 당신은 더 큰 상품을 팔 수 있는 기회를 지속적으로 가질 수 있다. 또한 당신이 부유층 고객에 초점을 맞춤으로 인해서 B급 고객과 C급 고객을 놓칠 수 있지만 나중에 훨씬 비싼 상품을 이들 부유층 고객에게 팔게 된다. (Section 7 참조)

4 수익 창출 활동(RPAs: Revenue Producing Activities)을 제외한 모든 일들을 없애라.

당신의 시간과 정력을 최대화하기 위해, 당신은 반드시 다음의 세 가지 주 활동들에 집중해야 한다.

- 부유층 고객들 그리고 잠재 고객들과 굳건한 관계를 맺어라.

Section 2 _ Vision and Focus

- 부유층 고객들과 잠재 고객들을 위한 창의적인 해결책을 개발하라.
- 판매를 위한 클로징을 계속하라.

RPA가 아닌 다른 모든 활동들은 가능한 한 없애야 한다. 심지어 최대의 매출을 올리는 최고 영업자도 그들이 만나게 되는 방해물과 장애물(interruptions and Obstacles), 그리고 많은 혼란을 주는 것들에 의해서 꼼짝 못하게 되어 집중을 빼앗기게 된다. 이러한 혼란들, 방해자 그리고 장애물들은 당신이 RPA에 필요한 시간, 그리고 시간과 돈을 빼앗아 가 버린다.

5 고객발굴 보조 사원, 행정업무 보조 사원에게 투자하라(Grinder/Minder).

당신의 고객들에게 서비스하고, 편지를 보내고, 전화로 확인하고, 상품 요구를 추적하고, 고객문의에 답하는 일은 수많은 시간과 정력—RPA에 더 유익하게 쓰일 수도 있는 —을 빼앗아 간다. 고객발굴을 돕는 사원 또는 행정 보조 사원은 당신의 가치 있는 시간과 정력을 자유롭게 하여 당신이 RPA에 더 집중할 수 있게 한다.

당신이 非 RPA활동에서 RPA 활동으로 전환할 수 있는 시간은 당신의 투자에 대한 상당한 투자결과를 가져올 것이고, 이것은 당신에게 더 적극적인 사고방식을 갖게 할 것이다. 당신은 RPA활동에 주로 집중할 것이고 非 RPA 따위에 얽매이지 않을 것이다. (이 부분은 Section 6에서 상세히 설명한다.)

6 당신의 강점/선호하는 것을 재 강화하고 약점과 싫어하는 것을 보강하라.

전문적인 영업을 하는 것에는 많은 면들이 있다. 당신이 하고 있는 것들 중 어떤 것들은 당신이 잘하고 좋아하는 것이고, 또 다른 것들은 당신이 잘 못하고 좋아하지 않은 것들일 수 있다. 예를 들면 당신은 매우 사교적이고 진실로 사업의 부분을 마케팅하고 잠재고객을 발굴하는 것을 즐길지도 모른다(Finder). 또는 당신은 동료 프로듀서나 고객의 파이낸셜 어드바이저로서 보다 더 효율적으로 상대하면서 큰 계약을 체결하는 도전적인 면과 기술적인 면이 풍부하여 고객발굴보다 오히려 이 부분을 더 좋아할지 모른다(Binder).

만약 당신이 진정으로 Finder의 역할을 즐긴다면 그리고 그런 활동이 정력적이고 활기 있게 느껴진다면 고객 발굴의 전문가가 되는 것에 초점을 맞춰라. 그러나 계약을 체결할 때 당신의 단점을 보완해줄 사람, 고객 발굴보다는 고객과의 계약 체결을 더 즐기는 사람과 팀을 만들라. 각각은 평범한 사원이겠지만 함께 있다면 그들은 둘 다 더 유능한 사원으로 자신을 발전시킬 수 있다. 당신이 무엇을 하기를 가장 좋아하고 무엇을 가장 잘하는가에 집중함으로써 당신은 현 상태를 더 긍정적인 영업환경으로 발전시킬 수 있을 것이다. 당신 스스로는 더 활력적이고 흥분될 것이며 아마도 당신이 하는 업무를 위해 진실된 열정을 개발할 것이다. (Section 6 참조)

7 영업의 모든 면을 커버하는 하나의 판매 시스템을 활성화하라.

당신이 매일매일 하고 있는 일과 중에서 전적으로 이해하고 사용하는 예상 가능한 그리고 포괄적인 시스템은, 당신의 전문적인 영업활동을 성장시키는 데 근본적으로 꼭 필요하다. 종합적인 재무 설계 도구(Comprehensive financial planning tool)는 당신으로 하여금 당신의 잠재고객과 고객들에 대한 적절한 자료를 끌어내게끔 한다. 그리고 이들을 데이터베이스로 저장해 두면 쉽게 업데이트 할 수 있고 애뉴얼 리뷰(Annual Review) 때나 고객의 자료가 필요할 때 바로 끌어내 사용할 수가 있다.

예를 들어, 재무설계 시스템(Financial Planning software, PFMS, LPP, SAPS)에 의한 판매 시스템은 당신이 특정한 유형의 고객들을 위한 중요하고 적절한 자료에 집중할 수 있게 해준다.

- 개인을 위한 재무설계서(Personal financial planning)
- 사업 설계를 위한 Business Planning

- 은퇴 설계를 위한 은퇴 전략들(Retirement Planning)
- 자산 분배와 투자 설계를 위한 투자 전략들(Asset allocation and investment planning)
- 상속 설계를 위한 상속 전략들(Estate planning)
- 자선를 위한 Trust 및 전략들(Charitable strategies)
- 위의 각각의 모듈은 전반적인 재정 설계 프로세스의 일부분이다. 그러나 각 개별적인 모듈은 영업사원으로 하여금 당신의 고객들/잠재 고객들의 주된 니즈에 직접적으로 관련된 모듈에 포커스를 맞추게 할 것이다.

8 당신의 비전을 이끌 포괄적인 사업 계획을 개발하라.

잘 고려된 전략적 사업 계획은 무엇이 언제까지 이루어져야 하는지에 대한 당신의 포커스를 더욱 강화시켜준다. 사업 계획은 당신이 단기적, 중장기적 그리고 장기적인 목표에 도달되도록, 당신 스스로를 레일 위에 올려놓아 잘 달리게 하도록 한다. 당신의 목표들을 더 잘게 쪼개서, 월별로 심지어는 주간별로 목표를 정함으로써 당신의 연간 그리고 더 긴 장기간의 목표들을 쉽게 소화할 수 있게 하라.

확실히 당신의 사업 계획은 당신의 포커스를 지속적으로 유지하고 궤도에서 벗어나지 않게끔 하는 중요 요소이다. 만약 변경할 필요가 있을 시 재검토해서, 수정되고 업데이트 된 플랜에 따라 재가동시켜야 한다. 사업계획은 그 진행과정을 지속적으로 점검할 때, 현재의 상황을 숫자로 확인할 수 있는 가장 믿을 만한 도구가 될 것이고, 당신의 목표와 비전이 계획된 시간에 따라 잘 가고 있는지에 관해 계속해서 초점을 맞출 수 있게 해줄 것이다. (Section 5 참조)

9 당신의 영업을 발전시키고 지원하고 비판할 당신의 '조정자 그룹'을 개발하라.

당신이 개인적으로 선택한 조정자 그룹은 당신의 영업을 발전시킬 가치 있는 자원이다. 그들은 실용적인 아이디어를 제공하고 당신의 영업을 발전시킬 조언을 해줄 뿐만 아니라, 당신이 단기적 목표를 이루고, 나아가 당신의 궁극적인 비전을 이룩하도록 당신을 계속해서 트랙에 머물게 도와준다.

당신을 어떤 방식으로든 기꺼이 돕고 보조할 마음을 토대로, 당신의 조정자 그룹을 선정하라. 이것은 매우 중요하다. 그리고 주기적으로 당신은 그들 각각을 기꺼이 도와야 한다. 이 그룹이 당신의 비전을 반드시 이해해야 하기 때문에, 당신의 장기 사업 계획, 연간 계획 그리고 당신의 궁극적인 비전을 그들과 함께 검토해야 한다. 조정자 그룹은 당신이 만나기 쉬워야 하고 당신의 영업과정을 평가할 수 있도록 분기별 업데이트 자료를 받아 보아야 한다.

당신의 조정자 그룹의 피드백은 잔인할 정도로 정직하고 건설적이어야 한다. 조심스럽게 선택된 동료들로부터의 피드백은 당신으로 하여금 당신의 단기적, 장기적 그리고 궁극적인 비전에 초점을 맞추게끔 도울 것이다. (Section 8 참조)

5년 후 당신의 사업을 생각하고 그 비전을 향해서 일하라

미래의 계획과 현재

당신의 미래의 영업을 계획하면서 당신의 현재의 영업에 초점을 맞추라.

1998년 10만 불 영업사원		2003년 50만 불 영업사원
당신의 현재 영업의 특성		**미래 영업의 특성**
● 상속플랜에 친숙	→ 집중 →	● 상속플랜의 전문가
● 행정적인 보조가 없음	→ 비전 →	● 업무 보조원의 고용
● 타깃 마켓을 개발하기 시작	→ 실행 →	● 한정적인 성숙한 타깃 마켓
● 공적(Civic) 마케팅 시작	→ 계획 →	● 공적인 마케팅의 열중
● CFP 전문자격을 위한 시작	→ 열심히 공부 →	● CFP의 전문자격 취득
● 다른 사업과 마켓에서 일함	→ 집중 →	● 주로 상속플랜에 집중
● Joint-Work의 최소화	→ 결심 →	● 영업의 50%가 Joint-Work
● 촉진 계획의 미비	→ 활성화 →	● 집중화된 시장과 촉진 계획

- 향후 5년간의 당신의 영업을 **시각화하라(VISUALIZE)**
- 이번에는 당신의 비전을 이룰 수 있도록 약속하고 여기에 최대의 초점을 **유지하라(COMMIT)**
- 5년간의 계획을 **발전시켜라(DEVELOP)**
- 당신의 계획을 **실행시켜라(ACTIVATE)**
- **열심히 일하라(WORK HARD)**
- 차별과 장애에도 불구하고 당신의 비전에 **집착하라(STICK)**
- 행동을 **개시하라(TAKE ACTION)**

대부분의 영업 사원들은:

- 기본적인 핵심 전문분야를 가지고 있지 않다. 그들은 제너럴리스트들이다.
- 진정한 타깃 마켓을 알지 못한다. 그들은 다양한 컨셉을 가지고 다양한 마켓들을 향해 일하고 있다.
- 영업 개발 계획을 가지고 있지 않다. 가지고 있다 하더라도 대개 완전히 실행되지 않는다.
- 주 전략적 지원자들과 조언자들을 갖지 못한다. (조정자 그룹)
- 그들의 수익 창출 활동(RPAs)들을 우선순위와 범주에 따라 조목조목 평가하지 못한다.
- 그들의 고객 기반을 세분화하지 않는다. 그들은 모든 고객들을 유사하게 다룬다.
- 그들의 시간을 자신들에게 유리하게 이용하지 못한다.
- 사무실 업무 그리고 사무실 업무의 혼란과 장애물로 인해 얽매여 있다.
- 그들의 영업을 성장시키고 신장시키는 진정한 활동들을 약속하지 못한다.

그러나 아래 사항으로 인해서:

- 핵심 전문분야를 발견함으로(Identifying a Core Specialty)
- 당신의 핵심 특기를 발휘할 타깃 마켓들을 알아냄으로
- 중요한 영업 개발 계획을 진행함으로
- 당신의 조정자 그룹을 만듦으로
- 당신의 주요 수익 창출 활동들을 고르고 우선순위를 정하고 실행함으로
- 당신의 고객자료를 높은 잠재성과 수익률을 가진 고객순으로 세분화함으로
- 당신의 사업과 개인적인 선호 업무 분야에 집중할 수 있도록 당신의 시간을 관리함으로
- 당신의 개인사무실을 넓혀 수익 창출 활동(RPA)에 주로 집중함으로
- 당신의 영업이 계속해서 성장하고 확장해 나가는 데 자신감을 가짐으로

수많은 프로듀서들이 얻지 못하는 것을 당신은 쉽게 얻을 수 있다.

집중!

FOCUS 그것은 여러분에게:

- 영업에 대한 명확한 비전과 그 영업의 잠재적인 성장을 준다.
- 영업의 성장을 위해 획득해야 할 것을 명확히 해준다.
- 우리로 하여금 수익 창출 활동(RPA)들과 관련 없는 것을 피하게 해주고 수익 창출 활동(RPA)에 집중할 수 있게 해준다.
- 명확한 길을 가르쳐 줌으로써 영업의 발전을 저해하는 혼란들과 장애물들로부터 피하게 해준다.
- 적극적인 사고와 영업을 향한 긍정적인 환경을 제공한다.
- 정말로 중요한 것에 집중할 수 있게끔 우리가 만나는 모든 잡다한 활동들을 거르는 작업을 도와준다.
- 사업의 목적을 재 강화하고 영업을 성장시키고 강화하도록 결단케 한다.
- 실행할 수 있게 동기 부여한다.

> "용기는 독립적인 사고의 가장 필수적인 요소이고 당신은 그것을 길러 나가야 한다."
>
> Continental Magazine, 1997년 5월, Doug Hall의
> 〈독립된 마음의 함양〉에서 인용

다음에 Daug Hall의 글 하나를 소개한다.

독립적인 사고방식을 길러라 By Daug Hall

Doug Hall은 Richard Saunders International (전략적 투자가들의 싱크탱크).

❈ 활동의 추구에 있어 꾸준히 하라

자신의 삶을 돌아보며 "나는 ~하길 바랐는데(지금은 못했다)"라고 말하는 것보다 더 슬픈 일은 별로 없다. 독립적이 되라. 평범과 순응에 맞서라. 지금 당장 종이를 준비하여 당신이 죽기 전에 하길 원하는 것들의 리스트를 만들어라. 그것은 모험, 성취, 업적 또는 당신이 경험하길 원하는 사건들일 수 있다. 지금 그 가운데 세 가지를 골라 당신이 그것들을 실현시킬 수 있는 세 가지나 다섯 가지의 눈에 보이는 단계를 만들어라. 그 리스트를 당신이 매일 보는 곳에 놔둬라. 냉장고 문이라든지, 차의 앞쪽 계기판이라든지 또는 당신의 다이어리에 그 리스트를 붙여 두고, 자주 보고 수정하라.

나는 나의 삶 속의 다른 단계 속에서 나 자신을 반복해서 훈련시키는 이런 활동들을 해왔다. 나의 경력 초기에 나는 내 사업을 시작할 것을 꿈꿔 왔다. 나는 모험을 위해 P&G사의 편안함과 안전함을 버리고 떠났다. 지금 나는 포춘 100대 기업에 있는 P&G사에 사업을 발전시키는 데 대한 조언을 하고 있는 나 자신을 발견한다.

나는 최근까지도 그 활동을 반복했다. 나는 용기 있게 미네소타에서 개썰매를 운전하고 있었고 캐나다의 에드워드 왕자의 섬에서 스코틀랜드의 전통 악기인 백파이프를 배우는 여름학교에 수강신청을 하였다. 그 두 경험은 의심할 바 없이 나의 삶의 범위를 넓혀 주었다.

내가 말하고 있는 것은 독립적인 마음을 품고 삶을 풍성하게 살라는 것이다. 독립적인 사고방식은 계속해서 성장하려는 마음이다. 그것은 당신이 유년기에 있을 때 당신이 소원하고 꿈꾸던 비즈니스맨, 부모, 어른이 되어가는 것이다.

용기는 독립적인 마음의 가장 핵심적인 요소이다. 그리고 그 용기를 지속적으로 양성하는 것이 중요하다. 당신이 해야 할 첫 번째 일은 그냥 행동으로 옮기는 것이다. 제동보다는 가속하려고 하라. 실행하지 않으면서 후회하는 것보다 실행하면서 후회하는 것이 훨씬 덜 후회하게 된다. 잘못된 행동은 시간과 함께 사라질 단기간의 고통이다. 그러나 당신은 첫 번째로 행동하지 못한 것에 대한 실수로 야기되는 후회는 두고두고 벗어날 수 없다.

여행을 시작하기 전에 당신은 목적지를 가져야 한다. 당신은 꿈, 목표, 계획을 가져야 한다. 그러한 말들을 처음 생각할 때, 당신의 삶 속에서, 사랑 속에서 그리고 당신의 경력 속에서 무엇이 정말로 의미 있는 것인지 몇 분간 생각해 보라. 대학 졸업, 경력의 새로운 시작, 그리고 현재의 업무의 시작을 기억하라. 무엇이 당신의 목표들인가? 당신은 어떻게 세상에 변화를 주려고 의도했는가? 무엇이 미래를 향한 당신의 꿈들이었나?

너무 늦어서 행동으로 옮기지 못하는 경우는 없다.
당신의 시작을 돕기 위해서 나는 이 전술적인 행동 단계들을 제공하겠다.

공격적으로 임하라
다음 한 주간 대담하고 건방진 단계를 밟아라. 신시내티의 중년의 컨트리 가수는 나의 책을 읽고 그렇게 하였다. 그는 차를 몰고 내쉬빌로 가서는 손이 다칠 때까지 문을 두드렸다. 그 결과 그는 음반 회사의 중역이 지켜보는 가운데 두 번의 오디션을 보았다.

교육으로 용기에 활력을 불어넣어라
과목을 수강하고, 책을 읽고, 강의에 참석하라. 우리가 행동으로 옮기지 못하는 주된 이유는 알지 못하는 것에 대한 두려움이다. 교육을 통하여 스스로 실체적인 단계를 밟는 것은 모르는 것을 알게 할 것이다.

❈ 당신의 위험을 분산 시키고, 두려움을 나누어라

재정적인 위험은 다양한 투자의 포트폴리오를 구성함으로써 관리된다. 개인적인 두려움은 당신이 만드는 시도의 횟수를 증가시킴으로써 유사하게 관리될 수 있다. 밀러 브레윙사의 Plank Road Group은 한번에 하나의 상품을 테스트하지 않는다. 그들은 한번에 12개의 상품을 테스트한다. 그만큼 실패의 위험은 적어진다.

독립적인 사고를 하고 있는 것만으로도 당신이 완전히 살아 있고, 삶 속에 참여하고 있다는 것을 의미한다. 그것은 당신이 당신 자신의 성공들과 실패들을 통제하고 있다는 것을 의미한다. 벤저민 프랭클린이 한 말을 기억하라 ―

일어나라 게으름뱅이여, 그리고 인생을 낭비하지 마라. 무덤에서도 잠은 충분하다.

즐거움

우리가 하고 있는 일을 즐기고 있다면, 성공할 것이다.
만약 우리가 하고 있는 일을 즐기지 못한다면,
성공하지 못할 것이다.
어떤 직업에서든지 성공이라고 하는 것은 즐거움에 달려있다.
일을 사랑하는 것이 차별화를 만들어낸다.
자신의 일에서 기쁨을 찾은 사람은 결국 성공을 찾아낸 것이다.

ENJOYMENT

If we enjoy what we do, we will be successful.
If we do not enjoy what we do, we will not be successful.
Our success in any occupation depends upon enjoyment.
Loving our work makes the difference.
He who finds joy in his work, has found success at last.

SECTION.03

핵심 전문가가 되라
Core Specialist

Section 3 _ Core Specialist

전문성의 정의와 개발

제너럴리스트들은 뛰어날 수 없다. 그러나 전문가들은 뛰어나다!

필자가 프로듀서로서 이 분야에서 처음 일하면서 겪은 당면과제는 처음부터 앞만 보고 정신 없이 일하다 보니, 필자의 미래에 대한 비전을 생각할 겨를 없이 하루하루 지나치기 쉽다는 것이었다. 한참 후에야 필자 자신의 사업을 위한 큰 그림을 그릴 수가 있었다. 그 후 매니저로 프로모션해서 일해 오면서도, 필자가 처음 겪었던 것처럼 매일매일 하루에도 몇 번씩 천당과 지옥을 오가고 있을 프로듀서들의 입장을 생각하면 참으로 안타까움을 금할 수 없다. 그럴 때면 매니저 역할의 중요성을 새삼 느낀다.

야심에 찬 많은 사람들은 보험업이라는, 어떻게 보면 사업가적인 마인드에 매력을 느끼는데 그 이유는 전문가이기도 하고, 전문가처럼 보일 수도 느낄 수도 있으며 또 그만큼 벌 수도 있기 때문이다. 이들의 비전에 대해 몇 가지만 언급하자면 이들이 속한 공동체에서 상당한 지식과 탁월함과 높은 신용도를 얻는 것, 전문적인 사업가로서 인정받는 것, 그리고 보다 수준 높은 고객들을 지속적으로 만나고 관계를 발전시킬 수 있다는 것이다. 이러한 기업가적인 비전을 그리는 것은 매니저들이 보다 나은 구직 대상자를 발굴하는 좋은 도구가 된다.

보험업에 막 입문한 지원자들은 초기에는 매우 낙관적으로 성공을 향해 주어진 명확한 보상 체계와 자신의 성공에 대해 상상한다. 그러나 비록 매니저들이 이들에게 이러한 비전을 그려주는 것이 진심이라 할지라도, 사실 현실은 지원 당사자가 이 비즈니스 세계에서 어떤 진로를 택하고 어떤 곳에 포커스를 맞추느냐에 따라 다소 달라질지도 모른다.

입문자 신드롬

입문자들은 입문 즉시 여러 가지 옵션을 만나게 되는데 상속설계나 법인사업자 은퇴설계, 은퇴설계, 사업계획 등에 포커스를 맞추어 진로를 택할 수 있다. 그런데 일반적으로 이 시기에 입문자들은 진로에 대한 방향성 제시나 조언을 거의 듣지 못하고, 기본적인 고객발굴법과 판매, 마케팅기법에 대해 대부분의 신경을 쏟아야 한다. 따라서 시간이 지날수록 전문가가 되려는 입문자들의 비전은 와해되는데, 바로 시장에서 토해내는 수많은 투자상품과 새로운 고객의 니즈, 그리고 최신 판매기법인 Financial Planning에 의한 Sales Tool 때문에 한 곳에만 포커스를 둘 수 없기 때문이다.

이렇게 지속적으로 쏟아지는 신상품과 신 판매 기법들은 입문자들뿐만 아니라 보험산업에서 꽤 잔뼈가 굵은 사람들조차도 방향성을 잃게 만든다. 지속적인 무 방향성과 특정분야에 대한 집중력의 부재는 현재의 보험산업에서 수많은 제너럴리스트들을 만들어 내었다. 이들 제너럴리스트들은 '넓고 얇게' 안다는 특성으로 인해 시장에서 쉽게 외면당하게 된다. 이들은 다양한 시장과 다양한 컨셉을 수용하나, 어떤 특정 마켓이나 컨셉에 대해서는 진정한 전문가로 탈바꿈 하지 못했기 때문이다.

이들은 가격이나 상품에 대해 치열하게 경쟁할 수밖에 없는데, 그 이유는 어떤 특정 가치를 고객과의 관계에 부가할 만한 능력이 부재하기 때문이다. 이들은 본질적으로 모든 거래에 있어 종이 될 뿐 어떤 거래에 대해서도 주인은 되지 못한다. 이들은 시간이 흐르면서 점차 전문가가 되겠다는 비전을 잃고, 결국 제너럴리스트로서 정착하거나 혹은 보험산업을 떠나게 된다.

이것이 보험산업의 가장 치명적인 약점이자 엄청난 경제적인 손실, 시간적인 낭비를 초래하는 원인이고 결국 보험 전반에 대한 사회적 인식마저 추락하게 된다.

Section 3 _ Core Specialist

해결책

그렇다면 어떤 방법으로 전문적인 개인사업가로서의 입지를 굳히려고 하는 사람들이 그들의 포커스와 비전을 성취하여 유지하겠는가? 그 해답은 바로 핵심 전문가(Core Specialist)가 되는 것이다. 즉 어떤 특별한 분야에서 진정한 전문가가 되는 것을 말한다. 예를 들면 상속설계 전문가, 절세효과가 있는 은퇴설계 전문가 등과 같이 말이다.

자신만의 전문분야를 정의하고 선택해서 발전시키는 것은, 향후 당신의 삶을 전문가로서 영원히 바꾸어 줄 것이다. 일단 선택한 일에 집중하여 전문가가 되려 한다면 신념과 열정, 그리고 꾸준한 습관이 눈에 띄게 자라게 된다. 《The 21st Century Agent and The Great Crossover》의 저자인 Dan Sullivan에 따르면 개인의 핵심 분야와 능력에 대한 꾸준한 집중은 결국 그 사람을 최고의 경지에 이르게 한다고 한다.

한국에도 삼성생명내 Samsung Advisors 팀의 Financial Planner들은 이미 이 분야에서 전문가로서의 역할을 다하고 있다. 초회 상담을 통해 고객은 자신의 정보를 제공해 기꺼이 상담에 응할 마음의 문이 열리고, 플래너가 고객의 재정 전반에 관한 큰 그림을 그려 주고 난 후 고객의 니즈에 맞는 상품 추천을 함으로써 고액계약이 체결되는 과정이 바로 Financial Planning에 의한 Selling Process라 할 수 있다.

제너럴리스트가 되는 것이 유리한가?

■ **제너럴리스트 :**
- 모든 거래에 있어 종일뿐, 어느 거래에 있어서도 주인이 아니다.
- 넓고 얇게 안다.
- 단편적인 관점을 가지고 있다.
- 여러 개의 포커스를 가지고 있다.
- 다양한 타이틀을 가지고 있다.
- 핵심 전문분야에 대한 집중이 없다.
- 제너럴리스트의 능력은 시장에 전달되기 어렵다.
- 제너럴리스트의 능력은 시장에 이해되기 어렵다.

What do you think?

Section 3 _ Core Specialist

핵심 전문분야를 선택해야 하는 이유는 무엇인가?

전문가	제너럴리스트
● 핵심 전문분야에 능통	● 어떤 전문 분야에도 능통하지 못함
● 다른 사람의 전문 분야에 대해서는 제너럴리스트	● 모든 분야에 있어 제너럴리스트
● 자신의 핵심분야와 시장에 대해 매우 집중	● 어떤 분야에 대해서도 집중하지 못함
● 전문분야에 대한 철저한 몰입	● 어떤 분야에 대해서도 몰입하지 못함
● 전문가처럼 보임	● 비전문가처럼 보임
● 명확한 타깃 시장에 초점을 맞춤	● 다양한 시장에 초점을 맞추고 있음
● 전문분야와 시장에 대해 몰두함	● 시장에 대한 지식이 단편적임
● 지식과 훈련에 집중	● 지식이나 전문분야에 대해 확신하지 못함
● 매우 확신에 차게 됨	● 완벽하게 자신 있는 것은 아님
● 다른 전문가들과의 보완적인 관계를 발전시켜나감	● 보완적이지 않은 관계를 발전시켜나감
● 전문분야에 대한 상당한 수준의 지식을 발전시켜나감	● 지식과 훈련에 있어 분산되어 있음
● 조인트워크에 매우 필요	● 조인트워크를 방해함
● 높은 생산성 향상에 기여함	● 최소한의 생산성에 기여함

현재 나는 누구인가?
그러면 어디로 가야하나?

전문가가 된다는 것에 대한 장점

- 모든 사람에게 모든 것을 해주는 대신 자신이 선택한 시장에서 특정 분야에 대한 전문가가 된다. 따라서 주변 사람들, 고객들, 영향력 있는 사람들에게 자신을 확실하고 신뢰할 만한 전문가로 인식시킬 수 있다.

- 전문가가 되기 위한 교육과 훈련은 당신이 보다 더 해당분야에 집중할 수 있도록 하여 전문가로서의 입지를 굳건히 만들어 줄 것이다.

- 주변 사람들이 직업에 대해 물을 때, 아마 주저 없이 자신감에 찬 목소리로 자신의 전문분야에 대해 피력할 수 있을 것이다. (예 : 나는 상속설계 전문입니다.)

- 스스로의 일에 대해 보다 더 힘과 열정을 쏟게 될 것이며, 자신의 전문분야와 자신이 선택한 시장이 인정받는 것에 대해 열정을 느끼게 될 것이다.

- 자신의 분야에 대한 능력과 전문성은 스스로를 더 당당하고 자신감 넘치는 사람으로 만든다.

- 전문분야에 대한 능력과 지식을 확신할수록 프레젠테이션은 더욱 열정적이고 설득력 있게 된다.

- 전문가인 당신, 그리고 당신의 분야에 대한 고객들의 니즈는 다른 전문가들과 자연스럽게 협력할 수 있게 만든다.

- 전문가들의 세계에서 전문가가 된다는 것 자체가 매우 명예로운 일이다.

- 자신만의 전문분야를 선택하고 규정하는 것은 해당분야가 적용될 수 있는 주된 타깃 시장을 정의하는 것과 마찬가지이다.

- 자신만의 전문분야를 통해 경험을 보다 풍부하게 해줄 수 있는 조정자 그룹, 핵심 영향인물, 전략적 제휴를 보다 쉽게 발견해낼 수 있다.

- 전문분야와 관련된 판매기법을 쉽게 발전시킬 수 있다. (예 : 상속설계기법을 통한 상속전략)

- 지식확장이나 시장에서의 신용을 얻기 위해 필요한 전문자격증을 쉽게 획득할 수 있다.

- 여러 아이디어나 지식, 경험을 공유하기 위한 유사분야의 전문가들로 구성된 스터디그룹을 개발할 수 있다.

한정된 타깃 시장에서 자신만의 핵심전공을 개발하고 발전시키는 것은 대부분의 사람들은 결코 얻을 수 없는 무엇인가를 제공한다. 따라서 집중하라! 이것은 매우 실용적인 조언으로, 집중한다는 것은 '당신이 누구이며, 무엇을 하고 있으며, 누구를 위해서 하고 있느냐'에 대한 명확한 이해로부터 출발한다. 집중은 성공가도를 달리게 할 것이며 명확한 비전을 제시하게 된다.

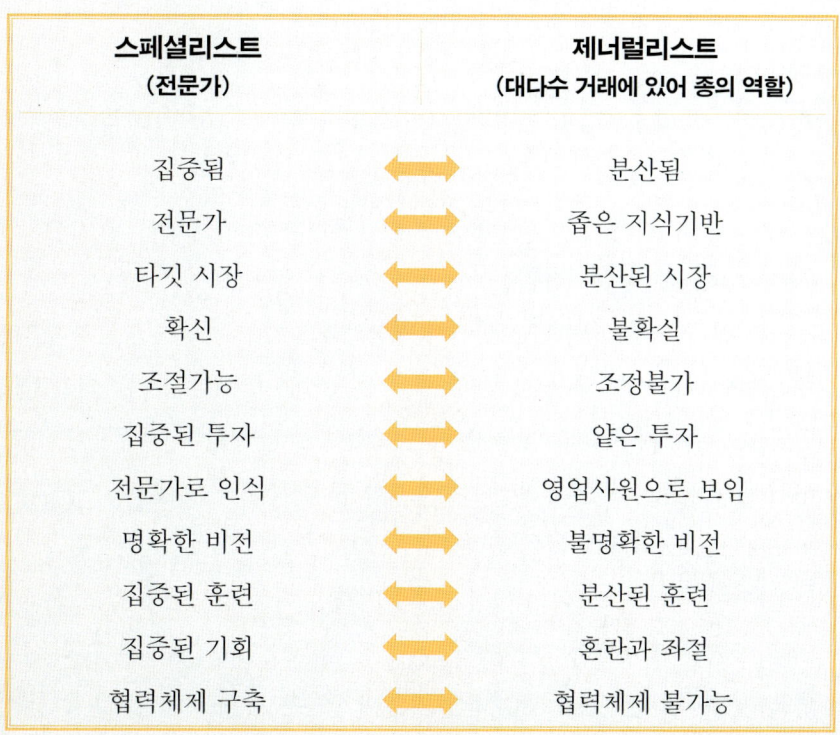

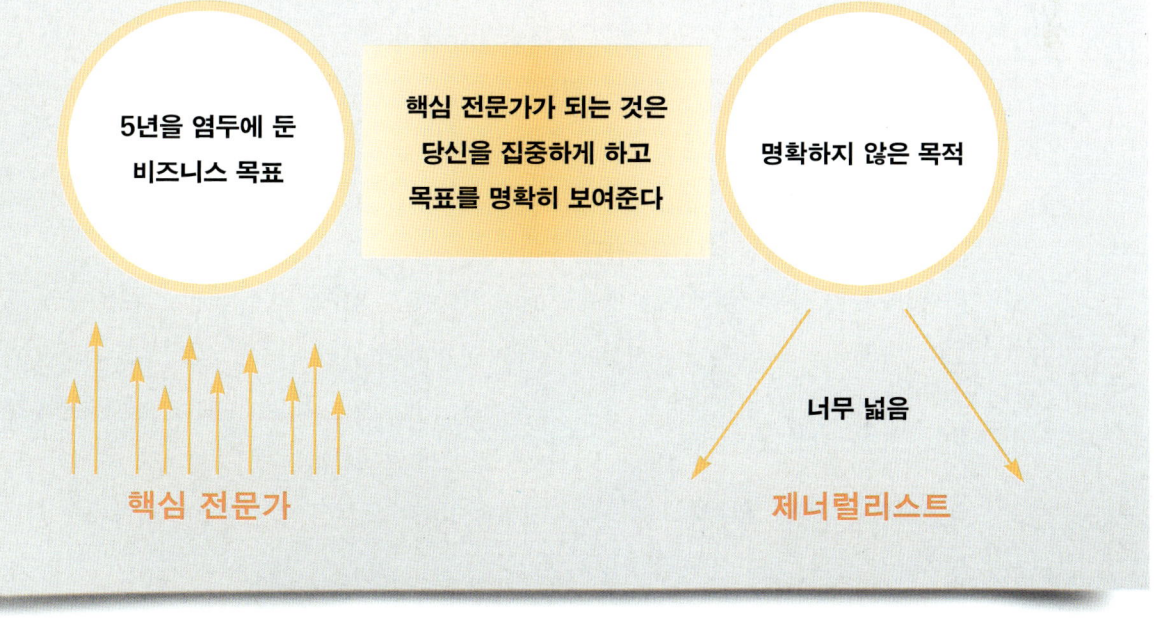

Section 3 _ Core Specialist

전략적으로 제휴하라

외부와의 전략적 제휴

당신의 전문분야와 관련된 시장에서 맹활약하고 있는 핵심 인물들과 인맥을 맺어라! 각자 전문분야에 매진하고 있는 금융전문가로서 우리는 업무상 공인회계사(CPA)나 변호사 같은 사람들과 전략적 제휴를 맺을 수 있는 기회를 필요로 한다. 재무문제나 조언에 관해 가장 영향력 있는 사람으로는 회계사나 변호사가 될 것이다.

당신은 이러한 외부와의 전략적 제휴를 개발함으로써 업무에 있어 전문적이고 기술적인 영역을 채울 수 있게 되며, 이와 더불어 이들 영향력 있는 전문가들과의 굳건한 관계를 발전시킬 수 있다. 이러한 상호 보완적 관계를 개발하는 것으로 당신과 당신의 전략적 제휴자는 확실하고 신뢰할 만한 전문가 자원에 접근할 수 있게 된다.

일부 CPA나 세금전문가, 변호사 등을 업무에 끌어들임으로써 이들과의 돈독한 관계를 맺기를 조언한다. 이들은 자신의 전문분야와 또 개인적인 재정 전문가로의 이중 역할을 수행하게 된다.

Joint-Work Program

가치가 부가된 전문가들과 일하게 되면 서로의 부족분을 보충해줄 수 있는 상호 호혜적 관계를 개발하게 된다. 전문분야에 대해서 일을 하다 보면 우연치 않은 많은 기회에 자신의 분야와 상관없는 판매기회를 얻게 될 것이다. 이럴 때는 어떻게 하겠는가? 자신의 분야와 상관이 없음에도 불구하고 스스로 판매를 해보려 시도하겠는가? 그럴 경우, 만약 해당 고객이 상당한 실력의 소유자라면 판매는 고사하고 아마도 지금까지 쌓았던 신용마저 와르르 무너질지도 모른다.

일단 당신이 핵심 전문분야에 집중하기로 했다면, 그것이 가장 우선시 여겨져야 한다. 장인정신을 가져야 되는 것이다. 즉 해당분야에 대한 전문가가 되어야 한다. 그러나 당신이 핵심 전문분야에 집중하기로 했다 하더라도 다른 분야에 대한 많은 기회를 맞닥뜨리게 된다. 예를 들어 당신은 절세효과가 있는 은퇴설계가 전문인데 사업소유주를 위한 상속설계를 세울 기회가 왔다면 어떻게 하겠는가?

당신은 하나의 분야에서 전문가, 혹은 일부 몇 분야에 있어서만 전문가이기 때문에 당신의 전문이 아닌 분야에 대한 조언을 필요로 하는 고객들을 틀림없이 만나게 된다. 비록 자신이 전문분야에 대한 굳건한 신뢰를 고객에게 주었다 해도 스스로 모든 분야에 있어서 전문가가 될 수 없다는 사실을 인식해야만 한다. 그렇다면 어떻게 하겠는가? 얼렁뚱땅 판매를 시도할 것인가 아니면 외부의 전문가들로부터의 도움을 구하겠는가?

예를 들어 당신이 중소사업장의 법인 직원들을 대상으로 하는, 절세효과가 있는 은퇴설계 전문가라고 하자. 당신은 이러한 전문가로 자신을 잘 홍보해왔고, 시장에서도 꽤 잘 알려져 있다. 바로 얼마 전 매우 큰 회사에서 상당한 법인직원은퇴계획 케이스를 잘 마무리해왔고 뛰어난 성과를 이루었다. 그 결과 고객은 매우 만족하였으며, 자신이 아는 다섯 명의 비중이 큰 주변인물을 소개해주고, 기꺼이 초기 미팅까지 주선하려 한다. 당신은 매우 기쁘고 흥분된 상태이다.

매우 만족스럽게 일을 처리했기 때문에, 그 CEO는 당신이 자신과 자신의 회계담당이 상속설계를 수립하는 것을 돕기를 원한다. 당신은 믿을 수 없는 행운과 눈앞의 기회에 대해 매우 가슴 설레게 될 것이다.

그렇다면 어떻게 해야만 하는가?

대안 A: 자신이 전문가가 아님에도 불구하고, 혼자의 힘으로 다루어 보려고 시도한다.
대안 B: 주변에서 우수하다고 정평이 난 상속설계전문가와 고객인 CEO, 그의 회계담당 사이의 미팅을 주선하고 40~50%의 중계료를 받는다.

필자는 다음과 같은 이유로 대안 B를 추천한다.

(1) 당신은 상속설계전문이 아니므로 충분한 수준으로 일을 해내지 못할 것이다.

(2) 당신이 최선을 다하고 있는 분야(법인직원을 위한 절세효과가 있는 은퇴설계)가 아니기 때문에, 평소와 같은 강한 확신을 가지지 못할 것이다.

(3) 만약 당신이 지금 하고 있는 일에 대해 잘 모르거나 평범한 수준밖에 해내지 못한다는 사실을 고객이 알아차리게 되면, 당신에 대한 신용을 잃게 될 것이다.

(4) 그뿐만 아니라 상속설계에 대한 당신의 통찰력이 불충분하다는 것을 고객이 아는 순간, 법인직원을 위한 절세효과가 있는 은퇴설계 전문가로서의 신용까지도 잃게 된다. 비록 당신은 절세효과가 있는 은퇴설계와 상속설계가 전혀 다른 분야라고 생각하겠지만, 고객은 당신이 완벽하지 못했고 전문가답지 않았다고 생각할 뿐이다.

(5) 할 수 없는 것에 대해 노력하는 것은 고객인 CEO보다도 당신이 더 많은 비용을 지불해야 하는 것일지도 모른다. CEO가 당신에 대한 신용을 잃었기 때문에 법인직원을

위한 은퇴설계 시장을 잃을지도 모른다. 뿐만 아니라 그 CEO가 주변 친구들이나 사업상의 지인들에게까지 고객 소개는커녕, 당신이 일을 모두 엉망으로 만들어 놓았다고 알리려고 마음먹을지도 모르는 일이다.

그렇다면 무엇이 더 나은 해결책인가?

대안 B!
주변에서 가장 믿을 만하고 확실히 검증되었으며 윤리적인 상속설계전문가를 고객인 CEO와 만날 수 있도록 주선한다. 초기 미팅에서 상속설계 전문가와 동행하여 CEO에게 당신은 상속설계 분야에 대해 잘 알고 있으나, 전문가는 아니라는 것을 설명한다. 그리고 전문가를 CEO에게 소개하고 충분한 경력에 대해 알리며 적극 추천하여, CEO와 그의 회계사가 알아서 판단할 수 있도록 한다.

이러한 결과로 얻을 수 있는 것은 무엇인가?

(1) 당신의 성실성과 신임은 여전히 그대로이다.
(2) CEO와 회계담당은 당신의 정직함과 주변에서 최고로 검증된 상속설계전문가를 추천해준 노력에 대해 감사해한다.
(3) 법인직원 대상 은퇴설계 전문가로서의 당신의 신용도는 유지될 뿐만 아니라 더욱 강화된다. 그 CEO와 회계담당, 복지담당자는 당신을 단지 법인직원 대상 은퇴설계 전문가뿐만이 아니라 필요한 인력을 끌어올 수 있는 회사의 주된 자원출처로 인정하게 될 것이다.
(4) 상속설계전문가를 불러옴으로써 그가 우수한 성과를 낼 것이며, 그와 고객, 당신 모두가 다 만족하게 될 것이다.

(5) 업무에 있어서(상속설계전문가) 탄탄하고 믿을 만한 자원(그리고 수입원)을 얻게 된다.

(6) 당신의 협력자가 법인직원 대상의 은퇴설계에 대한 전문가를 구할 때, 그 역시 똑같은 방식으로 당신에게 협력을 구할 것이다.

만약 당신이 어떤 특정분야에 대한 전문성을 가지고 있지 않다면, 절대 고객에게 당신이 할 수 없는 일에 대해 할 수 있는 것처럼 자신을 설명하거나 알리려고 하지 말아야 한다.
대신에 전문분야를 벗어난 기회들이 계속적으로 제공될 경우 해당분야에 대한 전문가들을 불러 기회를 나누어라. 당신은 해당고객의 니즈를 해결할 시간뿐만 아니라 전문성도 없으므로 이것이 가능한 누군가를 불러오라.

Joint Work(Commission Split) Program이란 무엇인가?

등록 신인이나 저능률 컨설턴트가 Prospecting 과정에서 우량 잠재고객(Qualifying Prospect)을 발굴했을 때, 같은 회사의 경험 많고, 고객의 요구를 충족시켜 성과를 창출하는 데 탁월한(Professional) 고능률 컨설턴트를 선택하여 Co-Work를 통한 큰 성과를 창출하고 이때 발생된 커미션을 양자가 사전 합의된 적정 비율에 따라 나누어 갖는 제도로 미국 등 선진국에서는 대부분의 회사가 이 제도를 채택하고 있다.

전략적 제휴에 대한 고정관념 vs 현실

고정관념(Myth)	현실(Reality)
● 잠재고객을 발굴한 컨설턴트는 자기고객을 다른 에이전트에게 빼앗긴다는 선입관을 갖고 있다.	● 제3의 컨설턴트가 고객을 빼앗아간다.
● 잠재고객을 갖고 있는 컨설턴트는 언젠가는 혼자서도 계약을 체결할 수 있다고 생각한다.	● 고객은 그때까지 기다려주지 않는다.
● 커미션을 나눈다는 것 자체가 자신의 몫을 빼앗기는 것이라고 생각한다.	● 고능률 컨설턴트와 제휴하면 혼자 공략하는 것보다 훨씬 큰 계약이 체결되어 실제 커미션이 더 많아진다.
● 잠재고객을 발굴한 저능률 컨설턴트는 고객의 능력이나 니드에 비해 상대적으로 적은 계약을 체결하고도 쉽게 만족해버린다.	● 고객은 컨설턴트를 전문가와 비전문가로 구분하여 전문가에게 큰 계약건을 맡기는 경향이 있다.
● '잠재고객=Money'라는 등식을 항상 염두에 두고 있다.	● 잠재고객을 아무리 많이 갖고 있어도 판매에 성공해야 성과가 창출된다. (No Sale → No Money)
● 등록 신인이나 저능률 컨설턴트가 보기에 고능률 컨설턴트는 운이 좋아 고액계약을 창출하는 것이며 자신도 우량 잠재고객만 만나면 고액계약을 체결할 수 있다고 믿고 있다.	● 고능률 컨설턴트가 고액계약을 체결하는 것은 그가 전문성, 영업 능력, 계약체결 노하우 등을 갖고 있기 때문이다.

Section 3 _ Core Specialist

- 신인/저능률자(Junior)가 고능률자(Senior)와 업무적 제휴를 함으로써 보험설계건이 더욱 커져서, 결과적으로 신인/저능률자(Junior) 혼자 할 때보다 파이(Pie) 자체가 커진다.

- 타 회사 컨설턴트와의 판매경쟁(Conflict)이 발생하였을 때 더욱 효과적으로 대처할 수 있기 때문에 당사가 계약체결에 성공할 확률이 높다.

- 잠재고객 발굴자(Finder)—고능률 계약 체결자(Binder)—고객 관리자(Minder)—고객 분석자(Grinder : P/T를 위한 자료준비)와 같이 역할 분담을 함으로써 효과적인 활동이 이루어진다. ⇒ 영업소별 팀을 구성하여 활동

- 신인/저능률자(Junior)는 고객 주변을 계속 맴돌기만 할 뿐, 판매활동에 적극적이지 못하여 고객 니즈를 파악하는 데 시간소요가 많다.

- Financial Planning Concept 도입이 용이하다.

- 신인/저능률자가 고능률자와 함께 판매에 직접 참여함으로써 Opening Interview Skills, Presentation Skills, Knowledge Skills, Closing Skills 등을 직접 현장에서 보면서 배우기 때문에 고능률 컨설턴트의 최고실행모델을 전수받을 수 있는 절호의 기회가 된다. ⇒ 이것이 회사차원에서 가장 중요한 유인요소임.

- 고능률 컨설턴트와 함께 활동하면서 노하우 전수가 원활하여 신인 정착률이 개선된다.

- 고능률 컨설턴트와 함께 활동함으로 직업에 대한 전문성(Professionalism)과 직업의식(Career Ship)을 더욱 촉진시킨다.

미국의 많은 프로듀서들은 그들의 전략적 제휴자인 고능률 프로듀서들과 Joint-Work을 통하여 많은 영업을 하고 있다.

● 이제는 Product Sale이 아니라 Service Delivery를 판매하기 때문에 그만큼 전문성(Professionalism)이 요구된다.

● 각 남녀 채널별, 법인/단체 등의 에이전트가 서로 전략적 업무 제휴를 함으로써, 서로 빼앗고 빼앗기는 경쟁관계가 아닌 서로 협력하여 공동목표를 달성하는 관계임을 강조하여 애사심을 고취할 수 있다.

● 고객 Need-Base에 의한 상품선택과 충분한 상품설명에 의한 판매가 이루어지기 때문에 불완전 판매(Compliance Issue)를 극소화할 수 있다.

● 고능률 컨설턴트가 저능률 컨설턴트에 비하여 훨씬 프로답고 체계적인 판매를 하므로 회사에 대한 고객의 이미지가 좋아진다.

● 동일한 잠재고객을 두고 같은 회사 내의 여러 컨설턴트가 접촉할 경우 고객을 귀찮게 하거나 불쾌감을 주어 자칫 타사 컨설턴트에게 고객을 빼앗길 우려가 있는데, 이를 방지할 수 있다.

● 어느 한 컨설턴트가 해촉(terminated)되더라도 다른 Co-Work 컨설턴트가 계속 고객관리 서비스를 제공하여 관심권에서 벗어나게 되는 탈락 컨설턴트의 고객(Orphan Policy)을 줄일 수 있다.

Section 3 _ Core Specialist

보완적인 전문가들을 주변에 둘 것

주변에 당신의 전문성을 보완해줄 수 있으며 타깃 시장에 적합한 다른 분야의 전문가들을 두어라. 당신은 모든 분야에 있어 전문가가 될 수 없기 때문에 반드시 상호 보완적인 전문가들을 주변에 두어 고객들이 원하는 서비스를 받을 수 있도록 해야 한다.

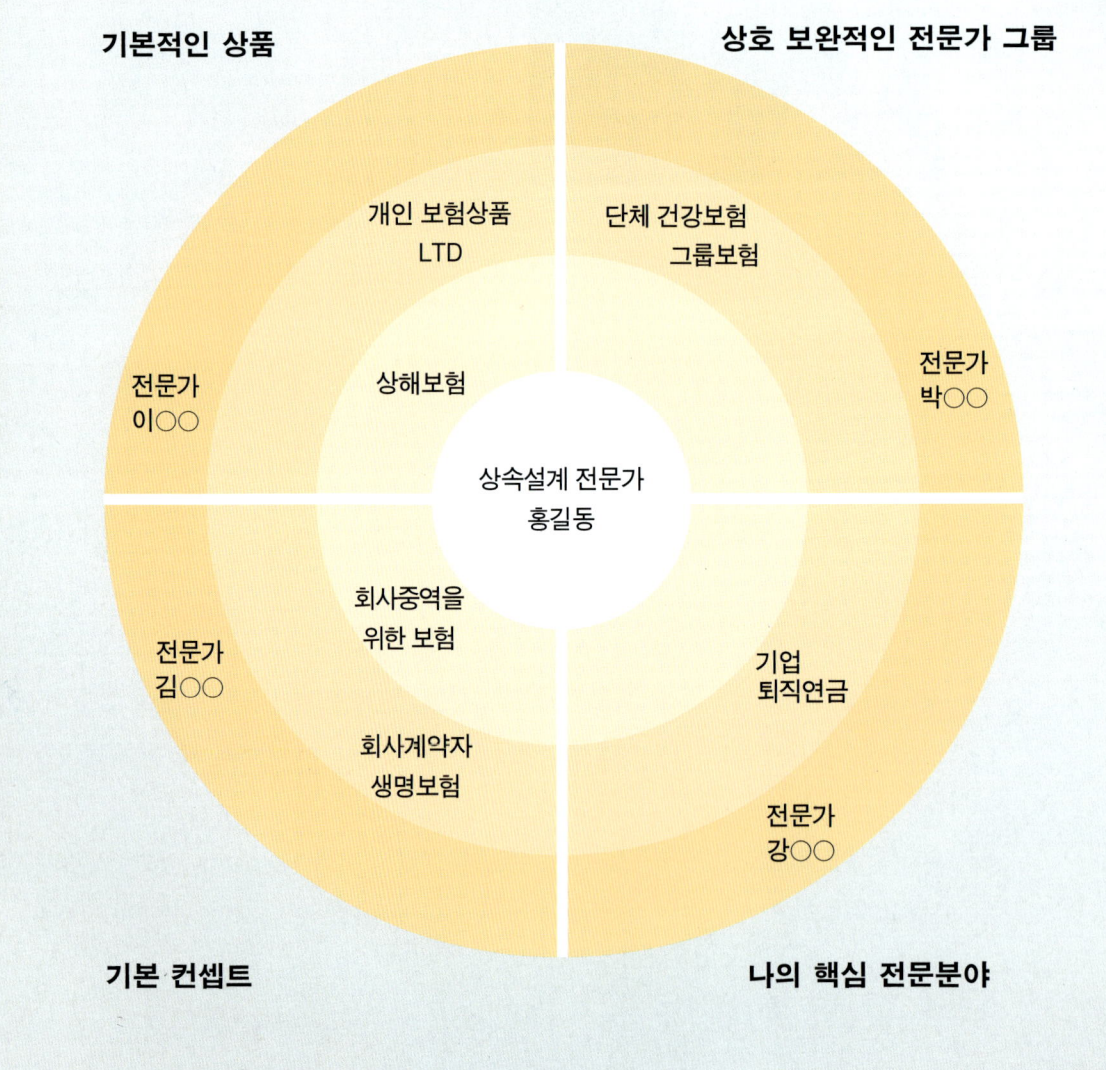

핵심 전문분야와 관련된 실전 경험을 쌓아라

문제점
- 몇몇의 전문분야에 대한 분산된 초점
- 여러 시장에 대한 통찰력
- 몇몇 전문분야에 있어서 제너럴리스트

추천
- 핵심 전문분야를 개발하라 (예: 상속설계)
- 시장을 좁혀라(물론 도시의 크기에 따라 달라진다)

타깃 시장
- 텍사스 주의 Amarillo(작은 도시)의 경우 Amarillo의 의사 시장으로 분화
- 뉴욕(큰 도시)의 경우 의사 시장을 암전문의 식으로 다시 분화

전략적 제휴자
- 의사/암전문의들을 타깃으로 하는 공인 회계사(CPA)들
- 지역의사협회장/암전문의협회장
- 병원장/암전문의장
- 주요(key) 의사나 암전문의들
- 지역 의학저널의 편집인
- 지역 Top 의학기기판매업체 사람들

판매/마케팅 시스템 ^(아래는 예시임, 한국 실정에 맞는 시스템을 발굴할 것)

- Impact Technologies의 상속전략
- CD Weisenberger의 투자전략
- Pendacalc의 은퇴전략
- Financial Planning에 의한 재정분석

마케팅 활동

- 소개를 부탁할 것
- 고객 감사의 밤 등 사교모임 개최
- 병원에서의 상속설계에 대한 세미나 개최
- 의사들의 법률 이슈에 대한 로비
- 지역의사협회/암전문의협회의 회원참여
- 지역의사협회/암전문의협회에서 차츰 리더 역할로 자리 매김
- 타깃 시장인 의사들이 속해 있는 또 다른 지역 클럽들에 가입
- 지역 의학저널에 친선광고 게재
- 의사들의 주요 관심 이슈에 대해 지역 국회의원에게 로비 서한을 보냄
- 타깃 시장인 의사, 병원 등이 관련된 자선행사나 모금운동, 시 활동 등에 적극 참여

이들을 소개할 최고의 전문가는?

자기 자신을 차별화하라. 고객에게 특출한 서비스와 가치를 제공하라. 그들의 전문화되지 않은 니즈를 연구하고 발견하여 이들을 해당 지역에서 최고의 전문가들에게 소개하라.

- 공인회계사, 세무사, 노무사, 건축사 등등
- 자동차 도매업자들

- 부동산 중계업자들
- 대출 담당자들
- 사무용품 판매자들
- 헤드헌터들

자신을 어떻게 포지셔닝할 것인가?
- 지역 신문이나 전국 주요 신문 등에 금융관련 기사 기고
- 지역 신문이나 전국 주요 신문 등에 광고
- 고객이 필요로 하는 주요 자원에 대한 제공처(자신의 전문 분야인 상속설계나 절세효과가 있는 은퇴설계 분야가 아닐 때)
- 의사, 공인회계사, 세무사, 그들의 변호사들, 주요제약회사, 의학기기 공급업자들로부터 추천
- 지역 또는 전국 규모의 의사/약사 등의 협회로부터 추천
- 의사들의 지역 이슈나 법률적 이슈에 대한 로비
- 주요 자선행사나 지역활동에 있어 점차적으로 리더의 역할
- 의사뿐 아니라 의사 주변의 스태프들에게도 접근
- 당신의 스태프 또한 이들 고객/스태프에게 접근할 때 동일하게 가치가 부가된 서비스를 제공하도록 훈련
- 당신이 그들의 업무와 개인적인 삶에 가져다 준 가치 때문에 점점 더 필수불가결한 사람으로 자리 매김

자신을 핵심 전문분야 시장 내에서 전략적으로 포지셔닝하라

예를 들어, 당신의 핵심 전문분야가 상속설계라고 하자. 당신의 타깃 시장은 뉴저지 주의 Bergen County에 있는 암전문의들이다. 당신은 스스로를 Bergen County의 암전문의를 위한 상속설계 전문가로 알려야 한다.

고려해야 할 사항으로는 :

- 협회 회원의 자격으로 이들 협회에 가입할 것
- 그들의 저널이나 뉴스레터 등에 기부할 것
- 당신의 사업, 업무를 장려해줄 시민이나 지역단체의 활동에 참여할 것
- 저널이나 뉴스레터에 광고
- 이들 저널에 금융칼럼 등을 기고하여 자신을 알릴 것
- 암전문의협회의 지역장을 만나 당신을 암전문의를 위한 상속설계에 특화된 전문가로 알릴 것
- 그들의 법률적, 정치적 이슈를 위해 로비할 것
- 암전문의들을 위한 자기만의 금융 뉴스레터를 만들 것
- 타깃 시장에 자신을 변함없이 지속적으로 알릴 것
- 특히 타깃 시장 내에서 당신의 핵심전문분야와 관련된 시민이나 단체 활동에 적극 참여할 것
- 타깃 시장에서 상호 보완적인 역할을 할 전문가들과의 돈독한 관계를 발전시킬 것(변호사, 회계사, 세무사, 노무사, 건축사, 단체장, 사업가 등). 이들은 적극적인 조언자가 되어줄 것이며, 다른 고객들을 당신에게 소개해줄 수도 있고 당신 또한 고객들을 그들에게 소개할 수 있다. 이들 그룹은 서로에게 있어 자원제공처가 된다.

타깃 시장을 장악하기 위한 포지셔닝

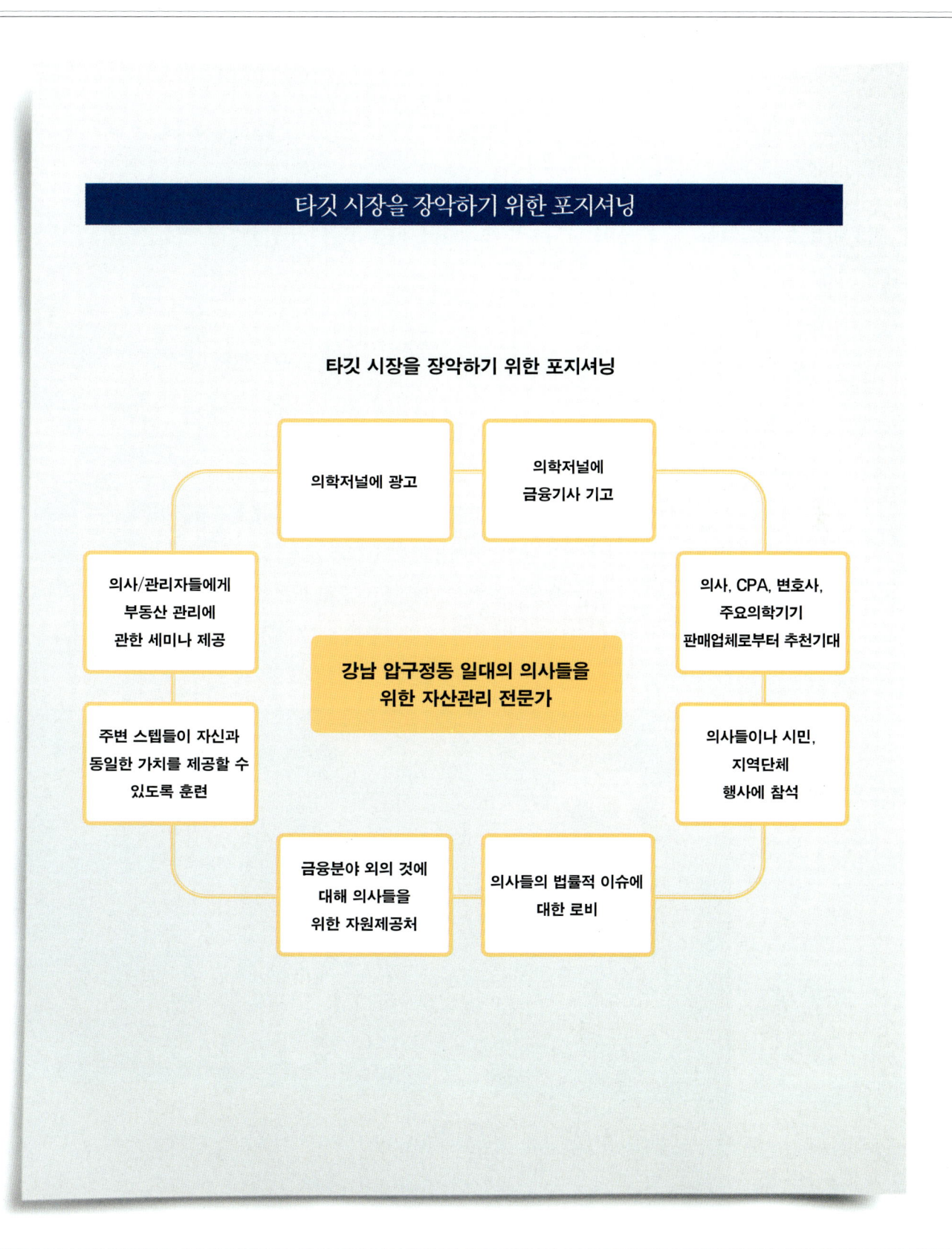

Section 3 _ Core Specialist

핵심 전문분야에 대해 열정적이 되라

당신이 하는 일에 대해 열정적이 되라. 열정판매!(Passion Sells!) 일단 핵심 전문분야를 선택하면 당신의 전문분야에 대한 니즈를 가지고 있는 고객들을 돕는 것, 그리고 이를 통한 실전에서의 경험을 진정으로 즐기도록 하라.

일단 핵심 전문분야를 선택한 후에는, 당신의 모든 시간과 노력을 해당 분야에 대한 지식발전에 쏟아야 할 것이다. 당신이 전문분야에 대해 더욱 능통해질수록 자신감과 확신은 자라게 될 것이며, 보다 활기차고 열정적이 될 것이다. 따라서 당신의 동료나 고객 모두가 당신을 열정적이고 확신에 찬 전문가로서 인식하게 될 것이다. 그리고 이러한 관심과 인식은 당신을 더더욱 해당 분야에 집중하도록 만들어 전문성을 향상시키게 된다. 결국 고객에게 당

1993년 보험 업계의 최고 영예인 명예의 전당에 가입하면서. (왼쪽) 조 멀로우 회장 (가운데) 필자 (오른쪽) 짐 벤슨 사장

신의 경험에 대해 이야기하게 되면 열정과 정열, 힘을 담게 된다.

당신이 핵심 전문분야에 대해 더 확신에 차고 보다 숙련될수록 열정은 자라게 되며, 무엇을 해야 할 것인지에 대한 흥분과 기대 그리고 열정 또한 자랄 것이다. 고객과 다른 금융 전문가들도 당신의 열정 때문에 자연스럽게 끌리게 될 것이다. 왜냐하면 고객들은 당신이 그들 문제를 해결할 수 있기 때문이요, 금융 전문가들은 업무에 있어 필요한 협력체제를 소화하기에 충분한 당신의 전문성을 필요로 하기 때문이다.
사람들은 자연스럽게 자신의 일에 열정적인 사람에게 끌리고, 같이 일하고 싶어 한다.

정상의 영업활동 By Howard B. Cowan (CLU, ChFC)

Howard B. Cowan (CLU, ChFC)은 Mass Mutual의 선도적인 컨설턴트. 이 회사에서 그는 다섯 번의 회장상을 수상하였다.

보험업은 주기를 탄다. 우리는 모두 주기를 겪고 있다. 우리는 좋은 시절도 나쁜 시절도 경험한다. 그렇다면 어떻게 좋은 시절을 잡고, 나쁜 시절에서 배우며 지속적으로 성공한 상태로 남아있을 수 있을 것인가?

내가 일을 시작할 때, 나는 Albert E. N. Grey에 의해 씌어진 〈성공의 공통 요소〉라는 1942년 국내 생명보험업자 조합에 의해 처음으로 발간한 팸플릿을 읽었다. 벌써 60년이 지났지만, Grey의 메시지는 여전히 유효하고 여전히 사용되고 있다.

"성공하는 사람은 성공하지 못하는 사람들이 하기 싫어하는 것을 한다."라고 그는 주장한다.

생각해보자. 컨설턴트들에게 그들이 하기 싫어하는 것이 무엇인지 물어보자. 그들은 고객발굴을 싫어한다. 그들은 판매 통화하는 것을 싫어한다. 그들은 오랜 시간 동안 고객을 만나는 것을 싫어한다. 모든 영업 사원들이 이 같은 일들을 싫어한다. 유일한 차이점은 성공하는 영업사원은 전화를 하고 고객을 만난다는 것이다. 나머지는 변명거리만을 찾는다.

동기부여 요소

무엇을 해야 할 것인가를 올바로 아는 것이 가장 먼저 고려해야 할 단계이다. 당신이 어떤 일을 꼭 해야 할 필요성을 느낀다면, 그것은 꼭 하기를 바라고 있음을 의미한다. 어떤 일을 해야 하는 데에는 반드시 좋은 이유와 필연적인 이유가 있다. 좋은 이유는 필요와 연관되어 있으며 우리로 하여금 우리가 해야만 한다고 생각하는 그 어떤 것이라도 하게끔 만든다. 우리는 자녀의 대학 자금을 모으기 위해서, 은퇴자금을 모으기 위해서, 새로운 소파를 사기 위해서 또는 심지어 MDRT 멤버가 되기 위해서 돈을 벌어야 한다고 생각한다. 그것들은 모두 성공하기 위한 좋은 이유들이다. 그러나 그것들은 우리를 강요하는 이유는 아니다.

우리를 강요하는 이유는 더 깊은 내면의 문제이다. 그것은 필요의 논리를 넘어서는 우리 내부의 무엇인가와 연관되어 있다. 넬슨 만델라나 테리 엔더슨 같은 사람들은 시련들을 통해 그것을 이루었다. 케네디와 레이건 같은 대통령은 미국 정치의 전방을 지키므로써 그것을 이룰 수 있었다. 그리고 그것은 바로 우리들의 삶을 통해서 얻어지는 것이다.

당신은 반드시 성공하길 원해야 한다. 당신은 반드시 그것이 강제성임을 피부로 느껴야 한다. 이 강요의 원동력의 일부는 당신이 하는 일을 사랑하고 있다는 사실로부터 출발한다. 우리는 위대한 일을 하고 있다. 아무나 할 수 없는 일을 하고 있기 때문이다. 우리는 사람들에게 이들의 가족과 관심사를 사후에도 확실히 보장받을 수 있는 능력을 판매(sale)한다. 이러한 일은 그들의 가까운 가족들조차도 강하게 권유하기를 꺼린다. 왜냐하면 서로 불필요한 오해를 불러오기 때문이다. 이 일은 우리만이 할 수 있도록 회사와 관계기관으로부터 허가증을 부여받았다. 고로, 당신은 이것에 대해 좋게 느껴야 한다. 그러나 당신이 스스로 이 일을 사랑하지 않는다면, 당신을 성공하게끔 만들기에 충분한 필연적 이유도 존재하지 않는다.

당신이 만약 예전에 쭉 성공해왔다면, 어떻게 하면 그 성공을 다시 얻을 것인가? 바로 성공했을 때의 습관과 행동들을 유심히 살펴보고, 이것을 다시 시작하는 것이 꼭 필요하다. 이것을 우리는 계획이라고 부른다.

계획은 성공의 중요한 요소이다. 만약 당신이 가고 있는 곳에 대한 생각이 없다면 어떻게 그곳에 도달할 것인가? 계획은 적절한 시간관리, 목표수립, 목표달성을 위한 행동수칙 파악 등 일련의 과정이다. 매년 컨설턴트나 영업관리자는 과거의 목표를 분석하고 새로운 목표를 설정하는 계획을 수립해야 한다. 그리고 연(年) 중반 즈음 연초에 수립한 목표달성을 위해 어떠한 변화가 필요한지 살펴보기 위한 검토작업이 필요하다.

시간을 계획하라

시간관리는 계획 과정의 가장 중요한 부분이라고 할 수 있음에도 불구하고, 우리 중 대다수가 실패하는 분야이기도 하다. 당신의 시간은 바로 돈이다. 만약 당신이 시간을 적절히 활용하지 못하면, 돈을 잃고 있는 것이다.

만약 당신이 하루하루를 몇몇 시간대로 분류하고 몇 가지 단순한 법칙을 준수한다면, 당신이 얼마나 더 성취할 수 있는지 놀랄 것이다. 첫째, A 시간대가 있다. A 시간대는 돈을 버는 시간대이다. 계약을 시작하고 마무리하기 위해 누군가를 만나는 것과 약속을 정하기 위해서 연락하는 시간을 의미한다. 보통 A 시간대는 오전 8시 반부터 정오까지, 오후 2시부터 5시 반까지 그리고 저녁 8시부터 밤 11시까지에 해당된다.

B 시간대는 사이사이의 빈 시간들이다. 오전 8시 반 이전, 정오부터 오후 2시 그리고 오후 5시 반부터 8시를 말한다. 이때는 우편물 처리와 전화답신 등, 오직 사무실에서만 할 수 있는 행정적인 문제들을 처리하는 시간대이다.

C 시간대는 그 이외의 모든 시간들이다. 이 시간을 이용해 10개의 소개를 받는다. 1명의 고객을 확실히 만들기 위해 10개의 소개가 필요하다면 10개를, 100개가 필요하다면 100개를 받아내라. 더 이상 당신으로부터 괴롭힘을 받지 않으려면, 그들은 단번에 아주 우수한 잠재고객을 소개해 줄 것이다. 이와 같은 일을 끊임없이 반복하라. 그리고 그들을 이렇게 길들이라. 이것이 당신의 영업을 신장시키는 가장 쉬운 방법이다. 만약, 50명의 고객으로부터 출발했다면, 다음해는 100명, 그 다음해는 200명, 그리고 400명 순으로 늘어날 것이다.

특히 오늘날과 같은 경제환경 하에서 보험영업은, 인간관계에 기인한 사업이다. 당신은 고객과 오랫동안 신뢰를 쌓아야 한다. 그래야 그들이 필요할 때 자연스럽게 당신을 찾게 된다.

그들을 아는 데 시간을 할애하라. 그들의 삶에 무슨 일들이 일어나는지를 관찰하라.

시간, 노력, 돈 중 어느 하나의 투자도 없이 이루어지는 것이라곤 아무것도 없다. 스스로 시간과 돈을 투자하라. 동기부여나 당신 스스로의 증진을 위해, 어떤 종류의 서적을 읽고 있는가? 매월 몇 개 정도의 오디오 테이프를 듣는가? 당신은 마켓용 도구로 DM 구입 비용을 지불하는가?

만약 더 성공하길 원한다면 지금 하고 있는 것을 3배로 늘려라. 당신은 3배로 성공할 것이다. 그것은 쉽지 않을 것이다. 아마도 더 많은 시간과 더 많은 비용지출을 필요로 할 것이다. 그러나 투자 대비 수익은 그럴 만한 충분한 가치가 있게 된다.

내 사무실에는 명언이 하나 있다. "연습하지 말고 바로 실행하라. 만족할 줄 모르는 사람이 되라. 당신이 과거에 가졌던 것에 집착하지 말라. 대신에 무엇을 남기고 왔는지, 얼마나 멀리 왔는지, 얼마나 멀리 갈 수 있는지를 숙고하라." 이것이 쉽다고 하는 사람은 아무도 없다. 만약 이것이 쉬웠다면 감정적, 금전적 보상은 주어지지 않았을 것이다.

4

골드 멘토

SECTION.04

갈망

만약 적절히 사용되고 이해된다면
어떠한 노력이 따르는 성공이라도, 확실하게 해주는 열쇠가 있다
— 그 열쇠가 갈망이다.
만약 우리가 어떠한 대가도 기꺼이 지불할 수 있다면
— 심지어 우리의 환경도 변할 것이다.
때로는 우리가 무엇인가를 무리해서라도 갖기를 원한다면,
우리는 그것을 갖게 될 것이다.
만약 우리가 바라는 것이 간절하다면,
우리는 힘을 갖는다.

I
DESIRE

There is a key which, if properly used and understood,
will ensure the success of any endeavor—
the key is desire.
If we are willing to pay any price—
even our circumstances change.
If we want something badly enough
we are sure to get it.
If we have the desire,
we have the power.

프로그램을 활용하라
Gold Mentor Program

Section 4 _ Gold Mentor Program

당신의 영업을 세분화하라
당신 기존고객의 잠재적인 Sales에 대해 가격을 매겨보라

당신의 영업을 성장·확장 시키기 위한 Gold Mentor 제도

필자는 보험을 시작하여 처음 6년간을 매년 120명 정도의 고객으로부터 영업을 하다 보니, 7년째 접어들어서는 고객이 700여 명에 이르렀다. 회사에만 나와있으면 기존고객의 전화를 통하여 피동적으로 하루 일과가 짜여짐을 깨달았다. 이렇게 고객이 찾는 전화가 많다 보니, 하루종일 일은 바쁘게 했지만 고객발굴, 계약체결 등의 RPA 활동이 현저히 떨어지고, 피곤만 쌓일 뿐이었다. 그리고 영업실적은 지난해와 비교해 별다른 향상이 없이 계속 정체상태에 머물러 있었으며, 영업효율은 서서히 떨어지고 있음을 발견했다.

필자가 하고 싶은 계약 체결 활동에 투자하는 시간은 현저히 줄어들고 처리해야 할 각종 일들과 서류들은 책상 위에 매일매일 산적해가고 있음을 알게 되었다. 기존고객 관리를 위해 서비스해야 할 것들, 언더라이팅 프로세스 점검, 신계약 파트 요구 처리건, 가입자 건강검진 스케줄, Prospecting을 위한 약속 잡기, 보험증권 전달 약속, 지점 교육 참가 스케줄, 계약 체결을 위한 일정관리 등 하루하루 업무와 일에 대한 우선순위가 제대로 잡혀 있지 않는 혼란과 방해 속으로 표류하고 있음을 깨달았다. 그래서 필자 옆자리의 미국인 프로듀서에게 조언을 구하고 그의 업무 스케줄을 시켜보면서 중대한 결단을 내리게 되었다. 첫째, 필자는 700여 명의 고객을 세분화했으며, 둘째로 필자를 도와줄 주니어 컨설턴트를 지명하여 그와 함께 일하기로 했다.

필자는 고객명부를 세분화하고, 반드시 상위 25~50명의 고객(A급 고객)에 초점을 맞추어야 한다는 것을 깨달았다. 잠재력은 가지고 있으나 상위 50명에는 끼지 못하는 'B급 고객'들에 대해선 어떻게 해야 하는가? 한 가지 대답은 프로듀서들 중 한 후보자를 선택하여 그에게 그 'B급 고객'을 맡기고, 필자는 그의 멘토 역

Gold Mentor 제도는 미국의 많은 보험회사에서 Junior-Senior 제도로서도 알려져 활용되고 있다.

할을 하는 것이다. 그는 B급 고객들을 잘 관리할 수 있고 그들과의 관계를 발전시켜서 판매 기회를 창출할 수 있다.

이러한 세분화로 인해 고객관계를 유지함으로써 필자는 더 많고 더 큰 판매를 가져올 수 있었고, A급 고객들과의 관계를 재강화하는 데 더 많은 시간을 할당함으로써 수익 창출 활동에 매진할 수 있었다. 또한 필자는 그와 Joint-Work를 통해 그로부터 발생된 세일에 일정 부분 수익을 얻을 수 있을 것이다(대개, 그 판매들의 적은 부분). 추가적으로, 조언을 받은 프로듀서가 Junior 파트너로 필자의 사업에 참여함으로써, 필자는 그를 다른 전문분야에서 서로 보완하는 전문가가 되게끔 지도할 수 있었다.

예를 들면, 만약 필자가 사업 소유자를 위한 상속설계의 전문가라면, 주니어 파트너는 사업설계와 절세은퇴 계획(Qualified Plans) 등 전문인으로 발전시키도록 원할 것이다. 주니어 파트너와 함께 필자는 많은 사업 소유자들의 개인적인 그리고 사업의 재정적인 고민들을 처리 할 것이다.

다음 장은 골드 멘토 프로그램으로 불리는 포괄적인 멘토 제도이다. 당신의 영업활동에 적용할 수 있을지에 대해 검토하라.

Section 4 _ Gold Mentor Program

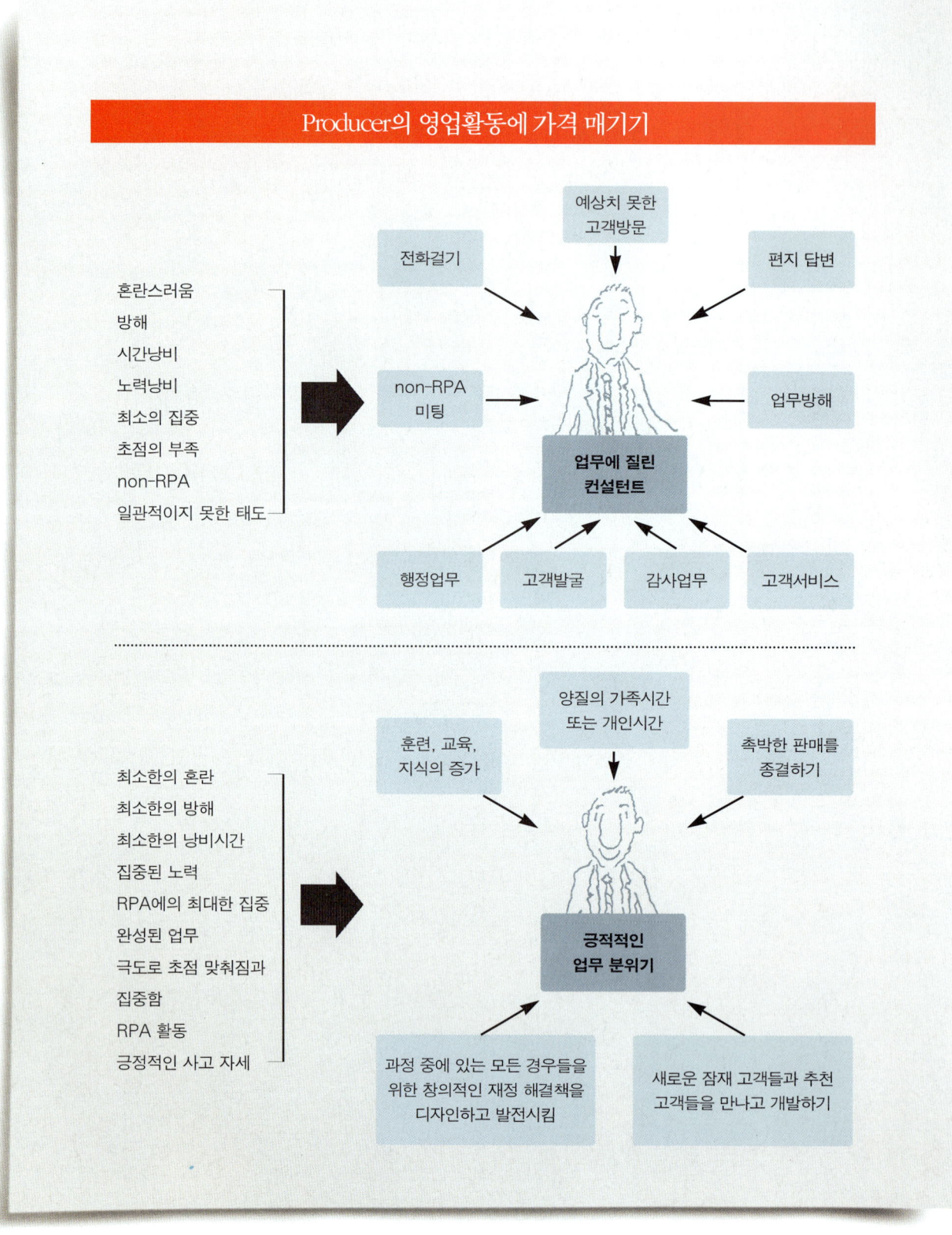

GoldMentor PROGRAM

Section 4 _ Gold Mentor Program

차례
GOLD MENTOR PROGRAM

Ⅰ. Gold Mentor 프로그램이란

Ⅱ. Gold Candidate의 프로필(Personal Profile)

Ⅲ. Gold Mentor의 프로필(Personal Profile)

Ⅳ. Gold Candidate의 책임/Gold Candidate의 혜택

Ⅴ. Gold Mentor의 책임/Gold Mentor의 혜택

Ⅵ. 경영진의 책임/상호 혜택 관계의 조정

Ⅶ. 상호 혜택의 관계를 총 지휘하기

I. Gold Mentor 프로그램이란

Gold Mentor 프로그램은 Gold Candidates를 부유층시장에 대한 지식과 경험을 가진 성숙하고 경험 많은 Producer와 짝 지워 줌으로써 Gold Candidates의 발전을 유도하고 양성하게끔 설계되어 있다. Sale을 체결하는 과정을 긴밀하게 조정하기 위해, Gold Mentor는 그들이 달성한 성과등급에 근거하여, 단계별 상향조정(Step-rated Compensation)시스템에 따라 보상을 받는다. 잘 조화된 Joint-Work 조정은 리크루팅, 선발, 훈련 그리고 매니저들이 실질적으로 어우러진, 완전하고 통합된 시스템이다.

Joint-Work 그 자체만으로는 진정한 Mentoring 제도로서의 자격을 갖지는 못한다. 단기간 또는 상황에 따른 Joint-Work는 진정한 Mentoring 제도에 비해 제한된 혜택을 제공한다. Joint-Work의 개념을 건설적인 면으로 세우는 것은 훌륭한 Mentor와 짝 지워줌으로써 우리가 뜻하는 이상과 가깝게 나아갈 수 있다.

이러한 이상적인 모습은 다음의 성격들을 갖는다:

- 정해진 기간 – 상호관계의 가능성을 타진하기 위해 우선, 3개월간의 준비를 한 오리엔테이션과 사전 접촉, 그리고 그 후, 3개월간의 지속적인 만남을 토대로 6개월간의 재갱신(renewal term)으로 시작하라. 매 갱신 때에, Gold Candidate, Gold Mentor, Branch Manager 그리고 가능하다면, Sales Manager도 반드시 이 프로그램을 갱신하는 데에 참여토록 하라.
- 상호 혜택 – Gold Mentor, Gold Candidate 그리고 Branch에 대한 이점들
- 상호 책임 – Gold Mentor, Gold Candidate 그리고 Branch Manager
- 활동적이고 집중된 순서(agenda)
- Gold Mentor, Gold Candidate 그리고 Branch에 영속적인 가치

Gold Mentor과 Gold Candidate의 책임과 의무(R/R)은 그 시작에서부터 명확하게 정의되어 있어야 한다. Gold Mentor/Candidate의 관계는 반드시 Gold Mentor의 가장 강한 기술

(skills)이 무엇인가에 초점이 맞추어져야 하고, 이러한 기술이 Gold Candidate에 잘 전달될 수 있도록 명확하게 설명해야 한다. 때로는 Gold Mentor의 중요한 기술들은 쉽게 설명될 수 있는 것들이 아닌, 예를 들면, 계약을 체결하거나 잠재고객을 평가하거나 또는 추천고객을 요청하는 방법들이다.

Gold Candidate는 주로 약속을 안정적으로 정하는 것에 책임이 있다. 일단 약속이 정해지면, Gold Mentor는 Gold Candidate의 도움과 지원으로 그 건에 대하여 끝까지 책임을 진다. Gold Mentor는 그 건을 Follow-up하면서, 처음부터 끝까지 전반적인 판매 과정을 지휘할 책임을 가지고 있다. Gold Candidate는 Gold Mentor가 요청하는 것을 보조할 것이다.

이러한 것들을 고려하면서, 긍정적이고 건설적인 상호 혜택의 관계를 확실히 하기 위해서, 다음과 같은 Gold Candidate/Gold Mentor의 프로필이 필요하다.
그러한 Personal Profile을 정의해 둠으로써, 우리는 Gold Candidate와 Gold Mentor을 위한 구체적인 요구사항을 위한 단계로 발전할 수 있다. 또한 이러한 방식으로 프로그램을 구조화함으로써, 우리는 오직 그러한 Gold Mentor 프로그램에 관심이 많은 사람들을 참여 시킬 수가 있다.

II. Gold Candidate의 프로필(Personal Profile)

1. Candidate는 명성이 있고, 믿을 만하고 그리고 윤리적이다.
2. Candidate는 타깃 시장에 맞고 진정한 스페셜리스트이다.
3. Candidate는 성공의 모범을 갖는다.
4. Candidate는 활동 능력 수준이 높다.
5. Candidate는 영업/협상의 환경 속에서 지내왔다.
6. Candidate는 재정적인/집행력이 있는/사업가적/영업 경험이 아주 많다.
7. Candidate는 경력상 최대한의 승진을 해오고 있다.
8. Candidate는 경력상 한두 차례 실패나 좌절한 경험이 있다.
9. Candidate는 5만 불에서 7만 불 사이를 번다.
10. Candidate는 독립적인 창업의 기회를 찾고 있다.
11. Candidate는 200명 이상 부유한 잠재 고객들에게 접근할 준비가 되어 있다.
12. Candidate는 재정적으로 안정되어 있다.
13. Candidate는 견실한 가족의 후원을 받고 있다.
14. Candidate는 사업의 그리고 전문적인 시장에서 원숙함을 가지고 있다.

Emerging Gold Candidates의 프로필(Personal Profile)

1. Candidate는 명성이 있고, 믿을 만하며 그리고 윤리적이다.
2. Candidate는 타깃 시장에 맞고 진정한 스페셜리스트이다.
3. Candidate는 성공의 모범을 갖는다.
4. Candidate는 영업/협상의 환경 속에서 지내왔다.
5. Candidate는 견실한 영향력을 미치는 고객들이 있다.
6. Candidate는 경력상 최대한의 승진을 해오고 있다.
7. Candidate는 경력상 한두 차례 실패나 좌절한 경험이 있다.
8. Candidate는 3만 5천 불을 번다.
9. Candidate는 독립적인 창업의 기회를 찾고 있다.
10. Candidate는 200명 이상 부유한 잠재 고객들에게 접근할 준비가 되어 있다.
11. Candidate는 재정적으로 안정되어 있다.
12. Candidate는 견실한 가족의 후원을 받고 있다.
13. Candidate는 10년 미만의 사업 경력을 가진다.

Ⅲ. Gold Mentor의 프로필(Personal Profile)

Gold Mentor의 선택은 매우 중요하다. Gold Mentor에게 요구되는 성격들은 ― 생산성에 대한 강한 집념의 소유자(반드시 일시적인 또는 언제나 MDRT의 2배 실적에 해당하는 멤버여야 한다)여야 한다. 한두 번의 판매 슬럼프를 가졌지만 꾸준한 생산성, 좋은 사례 건수(일 년에 50개 이상), 우수한 유지율, 엄격한 준법기준(Compliance)의 기록, 소속회사와 지점에 대한 충성심 그리고 대리점 시스템과 쉽(Ship) 정신을 겸비한 자원들이다.

Gold Mentor의 주된 책임은 계약을 체결하는 것이다. Gold Mentor가 Gold Candidate를 성공의 과정으로 인도하는 것은 오직 Sales를 체결하는 것에 달려있다. Gold Mentor의 높은 영업실적은 필수적이다. Gold Mentor는 반드시 Sale을 체결하는 능력이 있어야 한다. Gold Mentor가 되기 위해 요구되는 영업실적이 더 높아질수록, 대리점에서 그 직위는 더 커다란 특권을 획득할 것이고, Gold Mentor는 더 높은 신용도와 영향력을 가지게 될 것이다. Gold Candidate에게 아주 성공적이고 능력 있는 Gold Mentor를 할당하는 것은, 매우 높은 수준의 기대를 자연스럽게 만들어 낸다.

잠재고객 발굴(Prospecting) 과정에서, 꾸준하면서도 많은 양의 건수 발굴은 업무의 질과 양을 나타내는 대표적인 특성이다. 또한 Gold Mentor들의 업무 습관(Work habits)은 반드시 사려 깊게 고려되어야 한다. Gold Candidate는 Gold Mentor의 행동을 관찰하고, 그것을 모방하기 때문이다. 고로 우리는 아주 조심스럽게 Gold Mentor를 골라야 한다 ― Gold Candidate는 그들이 관찰하는 것을 열심히 흉내낸다 ― 좋은 것, 나쁜 것 또는 두 개 모두.

여러분이 속해있는 회사나 지점에 대한 충성심은 매우 중요하다. Gold Candidate를 개발하는 초기의 노력과 어려움을 통해서, 지점과의 강한 유대감과 지점장에 대한 확신은 Gold Mentor가 이러한 짧은 기간의 어려움들을 견디게 할 것이다. Gold Mentor, Gold Candidate, 그리고 지점장의 세 사람의 전적인 개입은 Gold Mentor 프로그램의 성공에 필수적이다.

Gold Mentor의 Personal Profile

1. Gold Mentor는 신용 있고, 명성이 있으며 윤리적이다.
2. Gold Mentor는 업무 중심적이다.
3. Gold Mentor는 일시적인 또는 언제나 MDRT의 TOT Member 정도면 최고이다.
4. Gold Mentor는 매년 150개 이상의 Sales를 한다.
5. Gold Mentor는 평균 이상의 끈기가 있다.
6. Gold Mentor는 소속된 회사와 대리점에 충성심이 있다.
7. Gold Mentor는 대리점의 시스템과 철학에 지지를 보낸다.
8. Gold Mentor는 업무 습관이 건실하다.
9. Gold Mentor는 75%의 독점 상품을 가지고 있다.
10. Gold Mentor는 견고한 역할 모델(solid role model)적이다.
11. Gold Mentor는 지점장과 건실한 관계를 맺고 있다.
12. Gold Mentor는 사업의, 전문업종의 부유한 시장에서 주로 판매를 한다.
13. Gold Mentor는 좋은 시민이다.

Ⅳ. Gold Candidate의 책임/Gold Candidate의 혜택

Gold Candidate의 책임

- Gold Mentor 프로그램에 대해 완전한 개인적인 노력들을 개발해야 한다.
- 모든 교육 수업들과 지점 / 대리점 미팅에 참석한다.
- 모든 보수교육 요구사항을 준수한다.
- 소속사의 판매 과정을 실행하고 재정적으로 적합한 수준을 적용한다
- 일주일에 열 개의 약속을 확보한다.
- 견실한 잠재고객발굴과 마케팅 습관들을 개발한다.
- Agent Business Plan을 개발한다.
- Target 200/Natural Market Profile(연고시장)을 개발한다.

교육훈련과정(Training)

Gold Candidate는 각 훈련수업과 지점 미팅에 정시에 도착하고 준비가 잘 되어 있어야 한다. 다른 말로 하면, 교육훈련 프로그램에서나 영업현장을 '빼먹는' 것은 용서될 수 없다.

잠재고객 발굴(Prospecting)

Gold Mentor 프로그램 하에서, 잠재고객 발굴은 첫해 Gold Candidate의 가장 기본적인 포커스이다. Gold Candidate에게 요구되는 만들어야 할 약속 갯수는 Gold Mentor에 의해 정해진다. 그것은 단순히 Gold Mentor와 Gold Candidate의 시장의 요소이다. 그러나 처음 얼마 동안은 최소한 일주일에 열 개의 약속은 강제적이다. 이것은 지짐으로 하여금 Gold Candidate가 견실한 잠재고객발굴의 습관과 집중된 Target Marketing Plan을 개발하는 것에 초점을 맞출 수 있게 해 준다.

판매 기회를 만들기 위해서 구체적인 시간이 매주 할당된다. Gold Candidate에게 이 보다 더 중요한 일은 없다. 심지어 판매를 체결하는 것보다도 Gold mentor Program을 통해서 잠재고객 발굴습관(Prospecting habits)은 체계적인 방법으로 발전하게 된다. 그 기초는

장기간의 성공을 위해 준비하고 있는 것이다.

Gold Candidate에 대한 혜택
- 경험 많고 성공한 베테랑 컨설턴트로부터 배울 수 있는 기회
- 그들의 경력을 빠르게 시작할 수 있는 기회
- 부유층 시장을 신속하게 공략할 수 있는 기회
- 보통의 경력보다 빠르게 높은 임금을 받을 수 있는 기회
- 더 많은 영업 사례들
- MDRT Member를 향한 더 빠른 길
- 잠재고객 발굴과 마케팅에 쓰여진 시간과 집중
- 더 나은 수준의 Producer가 되기 위한 기회
- Ship에 의한 동기부여와 격려의 실제적인 기회
- 두려움의 감소/확신의 획득
- 잠재고객 발굴과 판매의 안내지침
- 신장된 생존능력
- 더 커다란 시장 잠재성으로부터의 더 높은 기대
- 결과에 대해 확실성을 제공하는 Gold Mentor와 협력함으로써 오는 그들 자신의 성공을 위한 더 높은 기대
- 그들의 새로운 경력에 있어 프로 정신과 신장된 자존심.

첫해의 중반까지, Gold Candidate는 처음으로 그들 자신을 Gold Mentor로부터 중간중간 활동에 대한 면접을 받는다. 첫해가 지난 후, Gold Candidate는 다른 Producer들이 소유한 다양한 기술들을 관찰하기 위해 지점 / 대리점의 몇몇 전문가들과 함께 하도록 되어 있다. 이것은 그들이 첫 시스템을 넘어서는 과정의 시작이고 이상적으로 그들을 Gold Mentor과 영구적인 길 위에 두는 것 또는 아마도 미래의 Gold Mentor 또는 Sales Manager가 되기 위해서다.

Ⅴ. Gold Mentor의 책임 / Gold Mentor의 혜택

GM(Gold Mentor)의 책임

- Gold Mentor 프로그램을 위한 자신의 확고한 의지를 개발하라.
- Gold Candidate가 전화를 걸 수 있는 초기 고객 리스트를 만드는 데 도움을 주라 (타깃 시장 리스트, 연고시장 접촉들, 기존 고객들, 탈락 컨설턴트 고객(Orphan Policy) 등).
- Gold Candidate가 잠재고객 발굴 기술(Prospecting Skills)을 강화하는 데 도움을 주라.
- 약속들을 확보하도록 잠재고객 발굴 프로세스 개발을 도움을 주라.
- 잠재고객 발굴 프로세스를 위해, Gold Candidate와 Role-play에 참여하라.
- 첫 3개월에서 6개월까지 고객발굴자원(Prospecting sources)에 상관없이, Gold Candidate의 모든 약속에 응해서 만나봐라.
- Gold Candidate에 의해 만들어진 약속들로부터 나온 모든 Sale을 나눠라(Joint-Work).
- Gold Candidate에게 회사 계약서의 장단점을 잘 검토·확인시켜주라.
- Gold Candidate와 지점 / 대리점 관리자에게 정기적인 피드백을 제공하라.
- 지점장 / 대리점장 대표에게 주간 활동 요약을 피드백 하라.
- Gold Candidate와 함께 계약을 체결하라.
- 교육을 통한 훈련보다는, 몸소 실행해 보이는 데에 초점을 맞춰라.

Gold Mentor의 혜택

- 더 높은 커미션, 리뉴얼 커미션, 그리고 이에 비례해서 지급되는 활동비
- 활동과 생산성의 증가
- 영업에 대한 확고한 의지와 이로부터 재생된 활동량
- Gold Candidate를 통한 꾸준한 활동량의 증가
- 이로부터 생성된 Gold Mentor의 Book of Business(영업 가치와 고객리스트)
- 견실하고 믿을 만한 잠재고객발굴자원(Prospecting sources)
- Gold Candidate의 생산성을 통한 그의 단계적 보상(step-rated compensation)
- 다시 새롭게 된 열정/정력

- 새로운 잠재고객/기존고객 증가
- 다른 사람들을 돕는 데서 오는 만족감
- 증가된 기대감 그리고 부가가치가 있는 지원
- 당신 자신의 후계자를 고르고 발전시킬 수 있는 기회

VI. 경영진의 책임/상호 혜택 관계의 조정

지점장(Agency Manager)/영업 관리자(Sales Manager)의 책임

- Gold Mentor 프로그램에 대한 확고한 의지와 헌신
- Gold Mentor Agent를 발굴해서 키우고, 최종 선별하는 일
- Gold Mentor 프로그램에 참여할 Gold Candidate을 리쿠르팅함
- Gold Candidate를 위한 잘 조직된 훈련 프로그램을 실행함
- Gold Candidate의 주간활동 요약을 받고 검토함
- Gold Candidate의 잠재고객 발굴 활동과 결과를 Gold Mentor와 함께 세밀하게 감독함
- Gold Mentor 자신들의 일뿐만 아니라 Gold Candidate의 사례들에 집중하는지를 확실히 알기 위해, Gold Mentor를 세심히 감독함.
- 지점 내에서 Gold Mentor감을 발굴함
- Gold Mentor과 Gold Candidate를 짝 지우는 것에 최종 결정을 함
- Agent의 로드맵을 활성화함
- Agent의 사업 계획서를 작성하는 것을 도와줌
- 1:1 훈련(one-one training)을 활성화시킴
- 월별 업무 결과를 검토 실행함
- 세밀한 준법 감시 감독(close compliance supervision)을 유지함
- 지점/영업소와 Gold Mentor 프로그램 아이디어와 미래의 혜택을 서로 나눠라.
- 주요 컨설턴트들에게 Gold Mentor 프로그램에 대한 완전한 이해와 지원을 확실히 하라.
- Gold Mentor 프로그램을 당신의 지점/영업소의 개발 계획의 중요한 부분으로써 강조하라.
- 지점 내에서 Gold Mentor들을 Sale할 준비를 철저히 하라. 비밀스럽게 개인적으로 만나라. Gold Mentor Program에 대한 헌신과 확신을 보여줘라.
- 분기별로 목표를 설정하라. 그리고 건설적인 압력과 숫자적으로 따라오는지를 확인하는 과정을 준비하라.

지점의 혜택

- Gold Candidate의 증가된 생산
- Gold Mentor의 증가된 생산
- 신장된 리크루팅 기회들(보통의 지역 관리자 채널들을 넘어선)
- 증가된 고객증대와 개발
- 증가된 의욕
- 증가된 판매 활동
- 개선된 끈기
- 신장된 태도
- 후계자 설정의 딜레마의 해결

영업소에 배정된 Gold Candidate

Gold Mentor 프로그램의 주된 초점은 이러한 관계를 발전시켜 Gold Candidate와 Gold Mentor가 서로의 경력을 신장시키는 것이다. Gold Mentor 프로그램은 Gold Candidate가 시작 인터뷰(discovery interview)에서부터 전략을 위한 인터뷰(strategy interview)를 통해 sale이 일어났을 경우, 증서를 전달하고, Annual Review까지 '실제로 보여 줌으로서 경험을 통해, 알고 배우는' 영업 지원을 제공하도록 짜여져 있다. 부가적으로 그 프로그램은 Gold Mentor의 활동을 늘려서 생산성을 증가하도록 구조되어 있다.

추가적인 지원과 배려의 필요성과 상호 강력한 우호관계에 따라, Gold Candidate는 특정 영업소로 할당되어진다. 이러한 구조에서는, Sales 매니저의 주요 초점은 교육과 훈련, Role-play, 행정업무 등 주로 현장중심이 아닌 영업지원을 주로 한다. Sales Manager는 줄어든 역할을 가지고 있기 때문에, 그의 Override 보수는 줄어들 것이다. 그러나 SM은 예정된 모든 평가점수(평가는 100%)를 받을 것이다.

Gold Candidate는 Gold Mentor에 의해 Gold Mentor 프로그램에 참여하고, 또한 SM, BM에 의해 직접적으로 채용 된다. Gold Candidate가 District(영업소)로 할당될 때, BM

의 역할은 오직 조금만 바뀔 뿐이다. Gold Mentor 프로그램을 감독하고 지휘하는 것은 여전히 BM의 책임이다.

Sales Manager의 책임

- Gold Candidate를 위한 영업지원을 제공한다.
- 고객접근의 전반적인 활동, 계약체결 그리고 제안들을 포함한 Role-play를 실시한다.
- 1:1 그리고 단체 교육훈련 과정을 제공한다.
- Gold Candidate를 관찰, 충고 그리고 동기 부여한다.
- Gold Mentor와 BM에게 과정과 문제들에 관해 대화한다.
- Gold Mentor와 Gold Candidate의 관계에 가치를 제공하고 이를 부가한다.
- Agent의 사업 계획서 작성을 도와주고, 실행하는 것을 체크한다.

VII. 상호 혜택의 관계를 총 지휘하기

감독과 구조

이러한 구조적인 관계가 무엇을 해야 할 것인지에 대한 구체적인 방향을 제공해 주는 반면, 감독은 그것들이 확실히 이루어졌는지를 확인한다. 감독은 Gold Mentor 프로그램의 성공에 있어 가장 중요한 요소이다.

많은 경우에 있어서, 관리자의 효과성은 높은 기대치와 자기 성취에 보다 적극적이고 미래를 내다보는 예지로부터 만들어진다. Gold Mentor 프로그램은 이 과정을 돕는다. 왜냐하면, 그것은 일할 맛이 나는 비전을 주고, Gold Candidate가 그 비전을 현실로 만드는 것을 돕기 위해 구체적인 지원을 집중하도록 약속한다.

Gold Candidate들은 그들의 매 과정에 대해 기대에 차있다. 왜냐하면 그들은 영업현장에서 그들과 동행하는 Gold Mentor를 확보했기 때문이다. 또한, Gold Mentor들은 그들의 목표에 대해 열정을 가지고 바라본다. 왜냐하면, Gold Candidate들을 통해서 고객과의 끊임없는 약속을 제공받기 때문이다.

이러한 미래를 기약하는 그림들은 Gold Mentor와 Gold Candidate들이 서로 그들의 헌신을 맞추어지는지를 입증하기 위한 BM이나 SM의 노력이 없으면 빠른 속도로 약화된다. 예를 들면, 만약 Gold Mentor들이 고객과의 약속에 있어 Gold Candidate들과 동행하지 않는다면, 그리고 Gold Candidate들이 Gold Mentor들에게 고객과의 약속을 만들어 내지 못하면, 이 프로그램은 무너지고 말 것이다.
SM/BM은 잠재고객의 질이 기대에 못 미치거나 또는 불편한 약속들을 위해 Gold Candidate를 동행하여 영업현장에 가기를 거부하는 Gold Mentor들이 누구인지 알아야 한다.

고객약속을 얻기 위해 오랫동안 열심히 일한 Gold Candidate들이 Gold Mentor로부터 약

Section 4 _ Gold Mentor Program

속의 질이 충분치 않으면, 그가 약속을 취소하거나 혼자서 추진해야 한다는 말을 듣는 것은, 그들의 사기를 저하 시키는 일이다. 그것은 또한 배우는 과정을 생략하는 것이다. 처음 몇 주 동안, Gold Mentor들은 반드시 나쁜 약속들에도 참가하여야만 한다. 왜냐하면, Gold Candidate들은 Gold Mentor들이 바라는 그러한 종류의 약속을 어떻게 만들어야 하는지를 배우기 위해 시간과 현장경험이 필요하기 때문이다.

Gold Candidate가 무엇이 실질적으로 나쁜 약속인지를 깨닫는 과정을 배우는 것은, 그들이 그 배움을 통해 잠재 고객들(qualify prospects)을 고르기 위해서 전화를 어떻게 사용해야 하는지에 연관되어 있기 때문에, 또한 중요하다. SM/BM은 Gold Mentor들이 모든 잠재고객과의 약속에 참석할 수 있게 해야 한다. 만약, BM/SM이 Gold Mentor가 이러한 약속에 나가지 않는다면, Gold Candidate의 태도변화, 활동 수준 저하 그리고 판매전화 걸기(Cold calls) 등의 거절이 일어나는 데 직접적으로 영향을 받을 것이다.

잠재 고객들(qualify prospects) 앞에서 Gold Mentor의 역할은 아주 중요하다. Gold Candidate에게 더 중요한 것은, 어떻게 판매하는지를 관찰함으로 알 수 있는 영업사원으로서의 Gold Mentor와 다른 분야에서는 훈련시키는 사람(trainer)으로서의 Gold Mentor 사이에서 얻어지는 중요한 구분이다. SM/BM은 Gold Mentor들이 Gold Candidate에게 상품, 가입설계서(sales illustration or proposal), Agent의 노트북 활용, 언더라이팅 개요 등에 관해 교육시키는 자연적인 경향에 의해서 판매로부터 빗나가는 것을 막는 데에 아주 중요하다. BM의 역할은 항상 트레이닝에 가장 우선이 되어야 하고, Gold Mentor가 판매에 집중하도록 보호막이 되어 주어야 한다. Gold Mentor의 일은 세일에 있지, 트레이닝에 있지 않다. 이 구분은 훌륭한 Producer들이 Gold Mentor가 되도록 설득하는 데 중요하다.

Gold Mentor들은 그들의 Gold Candidate들에 의해 획득된 잠재고객 약속들과 조언들의 수를 명기한 짧은 보고서를 BM/SM에게 매주 제출해야 한다. BM/SM은 이 수치를 Gold Candidate에 의해 보고된 수치와 비교할 수 있다. 어떤 불일치도 바로 언급 되어야만 한다. Gold Mentor가 Gold Candidate의 계약의 입증을 기꺼이 돕는다는 것은 무엇보다도

Gold Candidate가 각 주(week)에 몇개의 약속(number of appointments and recommendations)을 만드는 데 토대를 두고 있다. 만약 약속이 제공되지 않는다면, Gold Mentor들은 그들의 행위를 취소하는 합법적인 근거를 갖는다. 이것은 Gold Mentor에 의해 준비된 짧은 주간 보고를 매주 점검하여 Gold Candidate의 활동을 입증하는 것이 왜 중요한지 알려준다.

Gold Candidate의 잠재고객 발굴활동(prospecting activity)에 대한 감독 또한 필수적이며, 하루에 여러 번 관찰할 필요가 있다. BM/SM은 Producer들이 해야 할 고객통화를 실시하고, 필요 시 기술을 익히는(skill-building assistance) 트레이닝 계획을 세우는지를 빠르게 확인할 수 있어야 한다. 짧은 주간 보고서는 BM/SM과 Gold Mentor들에게 몇 개의 고객발굴(number of qualify prospects)을 만들었고, 이를 위해 시도한 접촉(contacts)은 몇이며, 약속 수(number of appointments)와 얻어 낸 조언 수(recommendations)는 몇인지를, 어떤 때라도 항상 쉽게 알도록 해준다.

BM/SM은 Gold Candidate와 Gold Mentor의 활동을 지휘하여, 양쪽 다 가치 있는 어떤 것을 도출하게끔 한다. Gold Mentor Program으로 인하여, 양자의 관계가 상호 혜택을 줄 수 있도록 구조화 되어 있다. 이것은 이 프로그램의 각 참여자를 위한 구체적인 활동 기대 수치(specific performance expectation)를 세우고 이에 적절한 활동 수준들을 감독함으로써 획득할 수 있다. BM/SM은 Gold Mentor과 Gold Candidate의 성적을 팀과 개인 입장에서 모니터한다. 기대하는 성적이 충족되는 것을 확인하기 위해서, BM/SM는 Gold Mentor와 Gold Candidate에게 감독하는 일 이외에, 서로 발전할 수 있도록 동시에 지원을 제공해야 한다.

BM/SM은 반드시:
- 간략하게 보고되는 주간 보고서를 분석한다.
- 월별 의견공유를 위한 회의시간을 짠다.
- 활동과 결과를 모니터한다.

- Feedback을 제공한다.
- Gold Candidate/Gold Mentor와 함께 '실제로 보여 줌으로써 경험을 알고 배우는' 접근을 추구한다.

BM/SM은 Gold Candidate와 Gold Mentor들에게 그들의 업무 관계가 실현 가능하고 성공적이 되도록 명확하게 구분되는 책임을 가지고 있다. 이러한 상호 관계의 성공비결은 BM/SM의 참여와 헌신의 직접적인 결과이다. 그러므로, 효과적인 멘토링은 서로 연관되어 있으나, Gold Mentor와 Gold Candidate 사이에 존재하는 일련의 책임과는 뚜렷이 구분해 줄 것을 당부하고 싶다. 만약 이 프로그램이 성공한다면, 이런 책임들은 반드시 충족되었음에 틀림없다. Gold Mentor와 Gold Candidate가 필요로 하는 지원은 다른 제도와 조정하여 시너지를 내도록 만들어져야 한다.

예를 들면, Gold Mentor는 Gold Candidate가 그들이 함께 만날 약속을 만들어줄 것을 기대한다. 그러나, 단지 Gold Candidate에게 판매전화 훈련을 시키는 것이 Gold Mentor의 일이 아니다(즉, number of appointment 만드는 일은 BM/SM의 일). BM/SM은 반드시 이 책임을 감수해야 한다. 즉, 그것이 효과적이지 않다면, Gold Mentor와 Gold Candidate의 관계는 깨진다. 반대로, Gold Candidate는 Gold Mentor가 판매건수를 시작부터 계약체결까지 경쟁력 있고 효과적으로 다룰 것을 기대한다. BM/SM은 반드시 Gold Mentor에게 가까이 있으면서, 기대되는 본보기가 창출되는 것을 목격할 수 있도록, 어떤 필요한 지원도 제공해야 한다.

트레이닝과 감독은 프로그램에서 잘 조정되어야 하는 것이 필수적이지만, 그러나 적절한 후보자를 물색하여 선택하는 일도 여기에 통합되어 Gold Mentor Program을 지원하도록 해야 한다. 이런 모든 기능들이 어울려져서 조정된 크기 정도는 오랫동안 성공해온 이 프로그램의 잠재성을 측정하는 직접적인 수단이 된다.

Gold Mentor들을 관리하기

BM/SM은 반드시 활동적인 면에서 더 중점적으로 Gold Mentor들을 관리해야 한다. 이것은 두 가지 측면에서 그 목적이 있다.

첫째, BM/SM은 반드시 Gold Mentor가 Gold Candidate에 의해서 만들어진 약속 스케줄에 추가로 참여케 함으로써 자기 자신의 잠재고객 발굴의 활동을 멈추지 않게끔 해야 한다. 이 프로그램은 Gold Mentor들에게 추가적인 활동을 제공하는 것이지, 자신의 잠재고객 발굴 노력들을 대신하도록 의도되지는 않았다. 이것은 BM/SM이 경계해야 할 일이지만, Gold Mentor들 사이에서 서로 대치되는 일로서, 매우 자주 있는 경향이다.

둘째, BM/SM은 반드시 Gold Mentor가 자신의 약속과 Gold Candidate가 만든 약속을 같은 우선순위로 할당하도록 초점을 맞춰야 한다. 이것은, Gold Mentor들과 자주 대화를 나눔으로써, 어떤 판매 건이 시작되었으며 얼마나 빨리 발전되어서, Sale로 연결되었는지에 대해 자연스레 확인되고 얻어지도록 한다. 물론 이러한 건수들은 주간 보고서에 기록되어 있고, 항시라도 이 건수에 대해 상의할 수 있다.

Gold Mentor Program을 지점에서 처음 도입할 때, 아주 중요한 요인은 성과를 일찍 보여줌으로써, 이 프로그램의 신용도를 세우는 것이다. 당신이 선택한 첫 번째 Gold Mentor가 추진력을 갖기 위해서는, 수차례에 걸쳐 하는 그들의 노력이 성공의 징후를, 조기에 보여줌으로써 미리 깨닫도록 해야 한다. 이것은 긴 판매 주기를 요구하는 부유층 시장에서, 실제적인 도전이 될 수 있다. 다시 말해서, BM/SM은 이런 의미에서, Gold Mentor들과 자주 대화에 참여할 수 있도록 해야 한다.

인내

대부분의 Gold Mentor 프로그램은 단기적으로 만들어져 있다. 그러나 지점 영업에서 성공적인 실행은 꾸준한 인내를 요구한다. 프로그램의 어떤 면들은 새로운 임무들을 수행하면서 그리고 새로운 습관을 가지면서 새로운 과정과 활동을 요구한다. 이것은 지점 경영과 Producer들에게도 똑같은 진실이다. 반복되는 연습과 시간은 아마도 이러한 것들을 한데 묶는 데 필수적인 것이다. Gold Mentor 프로그램을 받아들이는 일은 이벤트가 아니라, 하나의 과정이다. 또한, 그 성과는 반드시, 그리고 적절히 기대되어야 한다. 만약, Gold Mentor 프로그램 제도가 즉시 성과를 낳지않는다 할지라도, 그 프로그램이 작동되지 않는다고 단정하지 말아라. 기억하라 ─ '시간이 걸린다'는 사실을.

일을 계속 반복해야 하기 때문에, Gold Mentor 제도는 작동하는 데까지 얼마간 시간이 필요하다. Gold Mentor들은 능숙함과 확신을 갖기 위해 시간이 필요하다. 이것은 중요한 잠재 고객 앞에서, 그들의 기술을 연습할 수 있는 많은 기회를 가질 때에만 가능하다. 새로운 Producer들은 Senior Producer들을 위해 약속을 만듦으로 인해 Gold Mentor들을 위한 새로운 배움의 과정을 가능케 한다. 이 혜택은 무시되어서도 안 되고, 지불된 커미션이 적절치 못한 액수(적절치 못한 커미션 체계)로 인해 그늘져서도 안 된다.

BM/SM은 반드시 Senior Producer가 새로운 활동으로 가능케 된 학습곡선의 장점을 이용하도록 집중되어야 한다. 이것은 특화 된 기술적인 훈련과 수준 높은 영업훈련에 의해서 이루어진다. 필요하다면, BM/SM은 그 건이 체결하는 쪽으로 발전하도록 돕고, 그 건수가 지불될 때까지 Gold Mentor과 약속에 동행해야 한다. Gold Mentor는 좋은 Mentor로 발전하는데, 시간과 노력이 필요하다. 이와 마찬가지로, 새 Producer가 특정한 기술들을 습득하는 데에도 시간이 걸린다.

Gold Mentor 프로그램은 다음과 같은 경우에는 비효과적이 된다.
- 부적절한 Gold Mentor를 임명했을 때
- Gold Candidate가 충분한 수의 약속을 못 민들어서 Gold Mentor가 케이스를 발전해서 계약 체결 할 수 있는 기회를 갖지 못할 때
- Gold Candidate가 만든 약속을 지속적으로 거부하는 Gold Mentor
- 한쪽 또는 양방이 거는 기대가 비현실적인 때
- BM/SM, Gold Mentor과 Gold Candidate 사이의 약한 의사소통
- Gold Candidate를 '잔심부름꾼'으로 사용하는 Gold Mentor
- Gold Candidate의 진보에 끈기를 보이지 않는 Gold Mentor

- 인격적 충돌
- 원활하지 못한 회의 의제
- 서로의 필요, 목표 그리고 의도에 대한 접근의 실패
- 계획된 회의들을 완성하기에는 부족한 시간

Weekly Activity Brief

Name _____   Week of _____

Sales District / 상황 _____   Branch Name _____

Prospecting/Marketing 상황   Results

	Goal	일	월	화	수	목	금	토	Total
Referrals									
다른 잠재고객									
Direct Mail									
다양한 필요들									

Discovery Meeting 상황

예정된 DM수	Goal	일	월	화	수	목	금	토	Total
#of Discovery M. Scheduled									
결과: 잠재고객이 아닌 수									
Focused need									
Multiple need									

Profile/Strategy Meeting 상황

	Goal	일	월	화	수	목	금	토	Total
예정된 PM수									
완성된 비밀고객자료									
Strategy: Focused needs									
Multiple need									
첫해 예상수수료									

완성된 고객자료의 항목들

1. _____ 4. _____
2. _____ 5. _____
3. _____ 6. _____

다음주의 가장 좋은 판매 기회들

1. _____ 4. _____
2. _____ 5. _____
3. _____ 6. _____

대부분의 Producer들은

- 기본적인 핵심 전문성(Core specialty)이 없다. 그들은 Generalist이다.
- 진정한 타깃 마켓을 구분하지 못한다. 그들은 다양한 컨셉을 가지고 다양한 시장을 위해 일한다.
- 실행을 발전 시킬 수 있는 영업계획과 이를 실행하는 사람이 구별되어 있지 않다. 그리고 그 계획은 대개 온전히 실행되지 않는다.
- 주요 전략적 Gold Candidate들과 Gold mentor들이 없다.
- 그들의 수익 산출 활동(Revenue Producing Activities)들을 범주화하지 못하고, 우선순위도 매기지 못한다.
- 그들의 고객을 세분화하지 못한다. 그들은 모든 고객들을 유사하게 다룬다.
- 그들의 시간을 최대한 활용하지 못한다.
- 사무실에서의 잔일, 일의 혼란과 장애들로 인한 일에 얽매인다.
- 그들의 영업을 성장시키고 강화시키기 위한 진정한 헌신을 못한다.

그러나, ~ 함으로써 :

- 핵심 전문성을 확보함으로써
- 당신의 핵심 전문성을 활성화시킬 수 있는 타깃 마켓을 확보함으로써
- 가치 있는 실행 발전 계획을 개발함으로써
- 조정자 그룹을 개발함으로써
- 당신의 주요한 이익 산출 활동의 선택하고, 우선 순위화하고 실행함으로써
- 당신의 고객들을 높은 잠재성의 높은 이익을 산출하는 Segment로 시장을 세분화함으로써
- 당신의 시간을 관리하여 당신의 사업과 개인적인 우선 분야들에 집중함으로써
- 당신의 사무실을 구조화하여 당신이 주로 이익 산출 활동들에 집중함으로써
- 당신의 영업활동을 성장시키고 강화하기 위해 지속적으로 헌신을 함으로써

… 당신은 많은 Producer들이 실패한 것으로부터 자유로울 수 있다.

집중!

- 집중은 명확한 비전과 영업활동의 잠재적인 성장을 가져온다.
- 집중은 영업활동을 성장시키기 위해 무엇을 해야 하는지를 명확하게 해준다.
- 집중은 우리가 비수익 활동(non-RPA)들을 피하게 해주고 수익활동에 집중하게 해준다.
- 집중은 명확한 길을 보여줌으로써 활동을 성장시키는 데 방해가 되는 혼란과 장애를 피하게 해준다.
- 집중은 긍정적인 마음가짐과 영업실행에 대한 긍정적인 예측을 하게 한다.
- 집중은 진정으로 중요한 것에 집중하기 위해, 우리가 영업 중 만나는 모든 자질구레한 일을 피하게 해준다.
- 집중은 사업 목표를 재무장하여 영업활동을 성장하고 강화하는 데 확신을 준다.
- 집중은 활성화 되는 것에 동기부여한다.

GAP Analysis(갭 분석)

다음은 초기에 언급했던 GAP Analysis 설문 조사이다. 완성되고 분석되었을 때, 그것은 당신의 활동에 '틈'들과 공간을 지적할 수 있다. 이러한 '틈'들을 이해하고 그 '틈'들을 채워넣는 것은 당신의 활동을 개별적으로 평가하고 강화시킬 수 있다.

나의 'GAP'은 어디에 있는가?
그 GAP을 채우기 위해 나는 무엇을 할 수 있는가?

나의 GAP을 채우기

당신의 솔직한 목표와 정직한 피드백은 이 조사를 당신의 활동에 실용 가능하게 만들기 위해 요구된다.

- 당신의 사업을 성장시키기 위해 어떤 종류의 지원이 필요한가?
- 어떤 서비스가 당신이 더 많은 새로운 고객들을 발견하고 그들을 계속 관리할 수 있게 하는가?
- 어떤 종류의 훈련 프로그램이 당신을 더욱 효과적으로 되는 것을 돕는가?
- 어떤 발전 요소들이 당신의 활동을 성장시키는 데 요구되는가?

만약 우리가 이런 질문들에 대해 생각해보고, 영업의 성장에 관해 걱정하거나 좌절한다면, GAP 분석은 활동을 발전시키기 위한 실용적이고도 드라마틱한 직관을 우리에게 제공해줄 수 있다.

우리는 영업활동을 성장하고 확장하는 데 필요한 자원을 알고, 지원하길 원한다. 그것은 오직 우리의 필요한 것을 명확하게 구분되었을 때만이 얻어질 수 있다. 비슷한 예로, 고객의 우선순위가 무엇인지 잘 알지 못하고, 고객의 니즈에 따라 적절하게 준비한다는 것은 불가능하다. 오직 고객의 모든 것을 먼저 파악한 후에야만 전략을 통해 그 문제를 해결할 수 있다.

첨부된 '갭 분석(GAP Analysis)' 설문지는 여러분이 믿고 있는 지원과 서비스, 즉 여러분 자신, 영업소(Sales District), 지점, 지역사업부, 보험회사가 제공하는 지원과 서비스가 영업을 성장시키는 데 얼마나 중요한가, 하는 정도의 차이를 구별해서 결정하는 데 큰 도움이 될 것이다.

부디 설문지의 질문을 가능한 한 솔직하게 답하라. 문제를 당신의 스태프, 지점장, Sales Manager, '당신의 갭을 채우기'를 위해 어느 누구와도 그 문제들을 나누라.

갭 분석 조사 (Gap Analysis Survey)

이름: _____   날짜: _____

지원 / 서비스	당신의 실행에 서비스와 지원의 중요함				서비스/지원이 제공되는 정도			
	매우 중요함		중요하지 않음		항상		결코 없음	
	1	2	3	4	1	2	3	4
1. 타깃 마켓의 구매행위에 통찰력을 제공한다.								
2. 타깃 마케팅의 과정에 세부적인 이해를 제공한다.								
3. 일러스트레이션 소프트웨어를 제공한다.								
4. Turn key 세미나 프로그램을 제공한다.								
5. 고객을 위한 Point of Sale 교재를 제공한다.								
6. 고객에게 실용적인 자원이 되기 위해 기술적인 전문지식을 제공한다.								
7. 실용적인 협력업무 파트너가 되기 위해 기술적 전문지식을 제공한다.								
8. 재무계획서로 개인적 전략 훈련을 제공한다.								
9. 재무계획 기업 전략 훈련을 제공한다.								
10. 재무계획으로 은퇴 전략 훈련을 제공한다.								

지원 / 서비스	당신의 실행에 서비스와 지원의 중요함				서비스/지원이 제공되는 정도			
	매우 중요함		중요하지 않음		항상		결코 없음	
	1	2	3	4	1	2	3	4
11. FP 자산 전략 훈련을 제공한다.								
12. FP 컴퓨터 훈련을 제공한다.								
13. 사업가 그리고 전문직 중의 잠재고객과 마켓에 훈련을 제공한다.								
14. 고객들로부터 추천 고객들과 조언들을 확보하기 위해 훈련을 제공한다.								
15. 조언자들로부터 추천 고객들과 조언들을 확보하기 위해 훈련을 제공한다. 재무계획으로 자산 전략 훈련을 제공한다.								
16. 사업가와 전문직들을 위해 생명보험의 세분화 된 이용 훈련을 제공한다.								
17. 투자 상품들을 파는 훈련을 제공한다.								
18. 판매 기술의 훈련을 제공한다.								
19. 자산관리 건수에 있어 생명보험을 포지셔닝 시키는 훈련을 제공한다.								
20. 크고 복잡한 영업에 대해 기술적인 지원을 제공한다.								
21. 경쟁력 있는 정보를 제공한다.								

지원 / 서비스	당신의 실행에 서비스와 지원의 중요함				서비스 / 지원이 제공되는 정도			
	매우 중요함		중요하지 않음		항상		결코 없음	
	1	2	3	4	1	2	3	4
22. 생명과 연금상품에 대한 세부적인 훈련을 제공한다.								
23. 당신의 사업을 관리하는 데 지원을 제공한다.								
24. 감사에 대해 충분한 자원과 안내를 제공한다.								
25. 전략적인 의사소통을 제공한다.								
26. 경쟁력 있는 생명상품을 제공한다.								
27. 경쟁력 있는 연금상품을 제공한다.								
28. 경쟁력 있는 투자상품을 제공한다.								
29. 격려와 동기부여를 제공한다.								
30. 사업을 진척시키고 서비스를 제공하기 위해 대리점 스텝진들을 제공한다.								
31. Recognition 프로그램을 제공한다.								

당신의 사업을 실질적으로 신장시키기 위해 지점과 회사가 반드시 집중해야 할 최상의 5가지 행동을 중요성의 순서대로 나열하라.

1. _____
2. _____
3. _____
4. _____
5. _____

추가 사항

5

영업

SECTION.05

계획

계획은 지도(地圖)와 같다.
그것은 우리에게 올바른 길을 보여주고
올바른 방향으로 이끌며
우리의 진로를 유지하게 끔 한다.
계획은 현재 우리가 있는 곳에서부터 우리가 원하는 곳으로
도달할 수 있도록 지도를 그리는 것을 의미한다.
계획은 성취를 위한 강력한 수단 ―
즉, 우리의 목표를 위한 마법의 다리이다.

PLANNING

Planning is like a road map.
It can show us the right way,
head us in the right direction,
and keep us on course.
Planning means mapping out how to get from
where we are now to where we want to be.
Planning is the power tool for achievement
The magic bridge to our goal.

계획서를 작성하라
Planning

계획의 위력

필자는 1990년에 세일즈 매니저인 District Manager로 승진했다. 그러나, 지난 6년간 이미 프로듀서로서의 단단한 기반을 닦아놓은 상태라서 실제로 매니저라는 또 하나의 리스크를 택하고 싶지 않았다. 그래서 필자에겐 매니저가 애초부터 매력이 있어 보이질 않았다. 그러나 Prudential이나 Met Life, New York Life와 같은 회사에서는 매니저가 되면, 세일즈는 하지 않고, 매니지먼트만 하는데 Equitable Life에서는 전통적으로 프로듀서일 때의 고객과 파일을 그대로 가지고 세일을 하면서 매니저를 해보고, 별로 흥미가 없으면 다시 프로듀서로 돌아오면 되도록 되어있다. 그렇다 보니, Equitable의 매니저는 초기에 더 많은 위험이 따라서 오래 살아남는 경우가 매우 드물었다. 물론, 타 회사와 비교해서 보면 장, 단점이 서로 있는 제도이긴 하나, 필자에겐 이것이 더 좋은 대안이라고 생각했다.

그래서 일단 매니저로 계약서에 서명을 하고 일하기 시작했다. 돌이켜 보면, 내가 6년간 프로듀서로서 잘해왔던 것이 큰 도움이 되었다. 신인 에이전트의 약속에 동행을 하면 거의 계약을 체결해주니까, 그들이 기뻐하고 필자를 믿고 따르게 되었다. District 식구는 점차 증가하고 있었으나, 어떻게 해야 지점장이 되는지에 대한 명확한 비전이 약했다. 그러던 중, 1994년 회사는 AXA와 M&A를 위한 구체적인 작업에 들어갔고, 경비절감을 위한 구조조정에 들어가 맨해튼에 있는 5개의 지점이 하니의 메가 브랜치로 통합되었으며, 서로 문화가 다른 5개의 지점을 통합한 이 메가 브랜치의 지점장은 강한 리더십이 필요했기 때문에, 뉴욕 주 업 스테이트에 있는 시라큐스 지점장인 Anthony Sages가 발탁되었다. 그는 1990년 전국 360명의 세일즈 매니저 중에서 1등을 한 Gold National Builders Trophy의 수상자이며, 32세에 지점장이 된, 그 당시 회사에서 최연소 지점장 승진 기록도 갖고 있었으며, 대학에서 전액 장학금을 받는 미식축구 선수였다.

1994년 8월 토니가 뉴욕시에 부임한다는 소식은 회사에 신선한 충격을 주었으며, 다른 한

필자의 14년 동안의 매니지먼트 커리어 동안 가장 큰 힘과 용기를 준 보스 Anthony Sages와 함께 포즈. 현재 그는 동부지역을 통합한 동부지역 사업본부장(Eastern Divisional President)으로 재직 중이다.

편으로, 매니저들에게는 상당한 긴장이 감돌았다. 대부분의 미국인들은 그를 겁내는 편이었다. 그가 내려와서 많은 변화를 주었지만 가장 큰 변화는 모든 프로듀서들과 모든 매니저들에게 비즈니스 플랜을 작성하는 일이었다.

과연 이것이 형식적이지 않고 그대로 실행이 될까? 어떤 매니저들은 플랜을 아주 공격적으로 작성해서 발표만 하고 시간이 지나면, 묻히겠지 하고 생각했다가, 분기마다 플랜을 리뷰하는 시간에 진땀을 빼며 중도에 포기하고, 매니저 자리를 떠나는 매니저가 많았다. 그러나 그는 Business Plan이라는 것을 샘플 제작하여, 아주 구체적인 행동 매뉴얼을 일일이 만들었으며, 실제로 이 플랜을 시라큐스에서 몇 년 동안 실행해서 좋은 결과를 얻었기 때문에 강한 자신감을 갖고 있었다.

Business Plan! 이것이 필자를 지점장의 자리까지 갈 수 있게 한 로드맵이었고, 그 로드맵은 토니와 같은 훌륭한 보스를 만나, 칼날같이 예리한 리뷰를 통해 재강화되었으며, 필자 자신도 그 플랜에 따라, 실행되도록 꾸준한 노력과 정열을 불태웠기 때문에 1996년, Silver National Builders Trophy를 수상했으며, 마침내, 1997년 전국 360여 명의 District Manager들 중 1등을 하게 되어, 토니가 수상했던 Gold National Builders Trophy를 타게 되었고, 드디어 필자는 이듬해에 뉴욕 지점장으로 발탁되었다.

이제 여러분에게도 기회가 왔다. 바로 이 Business Plan을 여러분의 사업에 활용하라. 그러면 이것이 바로 성공으로 가는 지름길이 될 것을 확신한다. 다만, 여러분이 얼마나 많은 시간을 투자하여 리뷰하면서 새롭게 자신을 재강화해 나아가면서 목적을 달성하느냐, 이를 누구와 함께 리뷰하느냐에 따라 성공의 정도가 달라진다.

이 장에서 영업계획서를 배워서, 한번 실행해보면, 계획의 위력을 믿을 것이다. 이 장에서 샘플로서 만들어진 영업계획서는 우리가 이미 AXA ADVISORS에서 10년 이상 사용한 Business

Section 5 _ Planning

필자의 Gold National Builder Trophy 수상을 축하하기 위해 토니(가운데)가 자기 집에 우리 팀을 초대하여 승리의 감격을 맛보며 양팔을 치켜 올리고 있다. 필자의 오른편은 뉴욕 매트로 지역본부장 Robert Jones. 그는 현재 AXA ADVISORS 사장으로 일하고 있으며, 토니 옆에 Richard DeBart는 1996년부터 7년간 연속 National #1 Producer를 한 뉴욕 시 지점의 전설적인 인물이다.

Plan 모델이다. 이것을 활용하여 여러분의 플랜을 준비하길 바란다. 여기서 몇몇 부분은 아직 미국에서 사용한 흔적이 묻어있어, 좀 거칠지만 잘 수정·활용해서 이용하길 바란다.

다음 페이지의 두 명의 프로듀서는 이상적인 영업을 개발하는 데 관련되어 있다. 그 둘은 동시에 추구하기 시작해서 향후의 영업에 대한 비전에 의해 고무되어 있었다. 그러나 포커스 된(Focused) 프로듀서는 5년간의 계획을 세워서 그것을 1년 간격으로 갱신하여 추진했다. 반면, 포커스 되지 않은(Unfocused) 프로듀서는 몇몇 최소한의 플래닝을 하며 갱신이나 모니터 하지 않고 최소한으로 영업을 추진했다.

5년간의 계획에서 3년 동안 포커스 된 프로듀서는 큰 성과를 이루었다. 그의 비전은 처음보다 더 명확하고 또한 그는 훨씬 더 의욕적이다. 이 프로듀서는 그의 계획을 개발하고 그의 비전을 달성하는 데 전념했다. 그는 비즈니스 플랜을 추진하고 그를 기꺼이 돕기를 원하는 주위의 모든 사람들과 그것을 공유하여, 그 자신을 모든 부분에서 앞서가도록 했다.

비록 그 길에는 많은 혼란과 장애물들이 있었지만 비전과 계획에 대한 집념은 그 길을 유지할 수 있도록 했다. 이러한 프로듀서는 목표에 도달하기 위해 과거 어느 때보다 현재에 더욱 포커스 되어 있다.

3년 후에, 집중하지 않는 프로듀서는 극히 작은 성장을 이루었다. 그의 비전은 더 이상 명확하지 않다. 왜냐하면 그는 장애와 혼란으로 인해 궤도를 벗어나게 되었기 때문이다. 그는 포괄적인 비즈니스 플랜을 개발하지 않았기 때문에 비전으로 이끄는 길을 가지지 못했다. 목표 달성에 대한 추진력과 동기부여도, 흥미를 잃게 되어 그로부터 멀어지고 희미해져갔다. 이 프로듀서는 전념하지 않고 명확한 계획도 하지 않았기 때문에, 어려움과 혼란으로 그의 비전을 달성하지 못했다.

The Power of Planning

자, 이제는 당신의 비전을 달성하도록 계획할 시간이다.

Written Business Plan
문서화 된 플랜

- 당신의 목표에 도달하기 위한 길잡이다
- 특정 기간까지 이루어져야 하는 것에 명확한 집중을 하게 해준다
- 당신의 목표를 성취하도록 돕는 주요 자원을 공유할 수 있다
- 당신의 진로를 유지시켜주는 설명 도구이다
- 환경 변화에 따라 쉽게 갱신되거나 조정될 수 있다
- 사업 확장 자금을 구할 때 가치 있는 자원이다
- 당신과 당신의 스태프, 가족 그리고 주요한 전략적 제휴자들을 고무하고 동기를 부여한다
- 계속 당신의 비전에 집중할 수 있도록 한다
- 당신이 목표를 달성할 수 있도록 돕는다
- 포커스를 강화한다

Memory Plan
머릿속의 플랜

- 일시적이고 곧 없어질 것이며 대부분 목표 성취로 이르지 않는다
- 일반적으로 불명확하고 일관성 없으며 체계가 없다
- 문서화된 비즈니스 플랜만큼 분명하고 간결하게 공유될 수 없다
- 설명 도구로써 부적절하다
- 환경 변화에 쉽게 갱신될 수 없다
- 문서화된 계획이 없다면 사업 확장 자금을 받지 못할 것이다
- 일시적으로 고무되어 그 후엔 매우 빨리 감퇴될 것이다
- 당신의 기억에서 희미해지고 계속 집중하지 못할 것이다
- 당신의 비전을 달성할 기회를 감소시킨다
- 비전의 상실에 이른다

Section 5 _ Planning

훌륭한 목표란 무엇인가? By Dana Ray

가시적인 목표로 당신의 길은 앞으로 곧게 뻗어 있다.

당신이 지식과 능력과 더불어 열정을 가지고 있다면, 이제 당신이 필요한 것은 특정한 목표이고 그 목표는 당신이 최고가 되도록 곧바로 이끌 수 있다. 당신이 성공의 올바른 궤도에 있을지라도 목표는 당신이 올바른 단계와 방향으로 당신을 이끌며, 일정에 따라 성공에 도달할 수 있도록 측정 가능하고 동기를 부여하는 방법을 제공한다.

당신이 이루기 힘든 성공에 대한 꿈을 문서화하여 도달 가능한 목표로 바꾸려면, 최근 《DNA Leadership Through Goal-Driven Management》라는 성공을 위한 5단계 플랜을 소개하는 책을 발행한 James Ball의 교훈을 배워라. Ball의 전문성은 당신이 미래를 바라보고 당신이 어디로 갈지, 어떻게 도달할지 알도록 도울 것이다.

개인의 성장 확인하기

동기 부여가 되기 위해서 영업 인력들은 그들이 판매에 있어 얼마만큼 왔으며, 얼마만큼 더 가야 하는지 알아야 하고, 목표는 그것을 말하는 이정표가 된다. Mr. Ball은 목표를 세우는 사람은 더 높은 수입을 받으며 더욱 즐겁고 충만한 삶을 산다고 주장한다. "개인의 성장은 중요한 핵심이다."라고 Ball은 말한다.

당신이 목표를 가지고 있지 않다면, 당신의 잠재능력을 달성하고 점점 나아지고 있으며 원하는 삶을 살고 있다는 것을 알 수 있는 방법은 없다. 당신 앞에 어떤 목표를 세우든지 그것은 당신이 갈 수 있는 방향으로 데리고 갈 주춧돌이 될 것이다. 그래서 지금 당장은 볼 수 조차도 없는 무언가를 목표를 통해 얻을 수 있다.

실행하기

비록 목표를 세우는 것이 위대한 시발점이지만 그것을 성취하기 위해서는 전체적인 새로운 도전을 필요로 한다. Ball은 대부분의 영업 인력들이 목표 달성에 실패하는 이유를, 한 가지 중요한 요소인 활동적인 탐구 논리의 부재에 있다고 지적한다. Ball은 말한다. "활동적인 탐구 논리는 두 가지로 구성되어 있다. 첫 번째는 당신의 목표를 이해해서 그것을 당신의 뇌에 새기는 것이고 두 번째는 그것을 달성하기 위해 플랜을 가지는 것이다. 당신이 그런 사항에 불분명하다면 말로써 자전거를 배우려고 하는 것과 같다."

내가 참석한 어떤 미팅에서 회사의 CEO가 판매 목표를 10억 달러에서 12억 달러로 늘릴 것이라고 발표했다. 그 미팅이 끝났을 때 나는 그에게 그것은 직원들에게 단순히 숫자에 불과하다고 말했다. 그들이 그것을 가시화할 수 있기 위해서 사업부와 신규고객, 새로운 고객 어카운트로 나눌 필요가 있다. Ball은 커다란 목표를 성공적으로 나누기 위해서는 한 가지 훌륭한 목표가 또 다른 목표를 가지고 있음을 기억하라고 한다. 당신이 세운 각각의 커다란 결과 목표에 도달하기 위해 당신은 더 작은 원인 목표를 필요로 한다. 큰 목표를 도달하게 하는 것은 그러한 작은 목표를 통해서이다.

목표 추구 관리의 5가지 요소

목표 정립과 달성 전략에 대해 Ball은 전체 프로세스를 G-O-A-L-S라는 5단계의 첫 머리글자로 표현했다. Getting the goal, Outlining a plan for reaching it, Acting on that plan, Learning from your progress and Systematizing your efforts. 각각의 새로운 단계는 목표 정립 프로세스를 통해 시작부터 끝까지 성공적으로 이끄는 방법으로 정립되어 있다.

1. 목표를 가져라(Get a goal)

당신이 어디를 향해 가고 싶은지, 어떻게 도달할지 알아내기 위해서는 우선 당신이 현재 어디에 있는지를 주시해야 한다. 당신이 해왔던 활동을 분석하고 그것이 작용하는지, 작용하지 않는지 알아내서 당신이 멀리 더 나아갈 수 있도록 변화시켜라. Ball은 "만약 당신의 목표가 골프에서 90을 깨는 것이라면 당신이 92를 치고 있으며 92는 많은 퍼팅과 많은 드라이브 등으로 구성되어 있다는 것을 알 필요가 있다.

그래야 당신은 어디서 개선될지 알 수 있다. 당신은 그것을 분석해야 한다."라고 말한다.

다음으로 무엇을 달성하고 싶은지, 그것을 써서 그 욕망을 마음속에 굳혀야 한다고 Ball은 말한다. 더 작은 목표를 세움으로써 당신의 목표가 단지 종이에 쓰인 것 이상이 되도록 하라. Ball은 다음과 같이 말한다. 예를 들어, 세일즈 매니저는 그의 팀에게 1년간 판매 목표를 알려 주어 그들이 기억하게끔 해야 한다. Ball은 끊임없이 사람들에게 진행에 따른 목표가 무엇인지 상기시키라고 한다.

2. 계획을 설계하라(Outline a plan)

훌륭한 성공 전략에는 목표와 계획이 필수적으로 연관되어 있다. 당신이 할 수 있는 모든 것을 달성하고자 한다면 당신은 그것을 가능하게 하기 위해 두 가지 모두를 필요로 할 것이다. 전략에 따라 결정하기 위해서 당신과 당신의 목표 사이에 무엇이 놓여있는지, 그 장애물을 극복하기 위해 어떤 조치를 취해야 하는지 분석하라고 Ball은 말한다. "무엇이 가능한지, 장애물이 무엇인지, 그것을 극복하기 위해 무엇을 해야 하는지를 스스로에게 질문하라."

골프로 예를 들자면 어떤 골퍼가 90타를 깨기 위해 퍼팅을 잘 할 필요가 있다고 깨닫는다. 장애물은 퍼팅을 향상시키는 것이고 스스로에게 어떻게 하면 퍼팅을 잘 할 수 있는지 묻게 되고 결국 그는 코치가 필요하다고 결론짓는다. 즉, 그는 퍼팅을 좀더 연습할 필요가 있다. 아마 그는 비디오 강습을 필요로 할지도 모른다. 당신은 이러한 단계를 밟아서 목표에 도달할 것이라고 말한 후 즉시 시작하라. 당신이 플랜을 받아들인 후에 그것을 고수하도록 하는 보상과 인센티브도 구축해야 한다.

3. 계획을 실행하라(Act on your plan)

실행은 계획을 성공시키기 위해 중요하다. 실제로 특정 목표를 달성하기 위한 계획을 세우는 사람들 중에 단지 20%만이 그러한 계획에 따라 실행한다고 Ball은 추정한다. 그는 또 사람들이 가끔 아주 바쁠 때도 있지만 목표를 달성하기 위해 짜인 계획에 항상 집착해 있지는 않다고 주장한다.

당신의 계획에 집착해 있음이 얼마나 중요한가를 강조하기 위해, Ball은 다른 성공 전문가의 유명한 격언을 인용한다. 피터 드러커는 업무를 계획하고 그 계획을 실행하라고 했다. "전체 계획을 짜고 그것을 주별 계획으로 나누어 다시 일별 계획으로 나눈 다음 그것을 실행에 옮겨라. 필요하다면 매주 당신의 계획을 조정하라. 이것이 자신 원하는 발전을 이루게 하고 있는지 스스로 질문하라." 당신의 성과를 점검함으로써 당신은 시작해야 하는 것을 발견한다.

4. 진행과정을 통해 배우라(Learn from your progress)

당신이 목표를 위한 계획을 추구하고 있다면, 당신의 결과를 처음에 기대했던 결과와 비교하라. 그 비교는 당신 계획의 결점을 드러내 그것을 고칠 수 있게 하여 매일 당신이 목표를 향해 좀더 가까이 갈 수 있게 한다. "이러한 과정을 통해 배우는 것은 매주간의 분석을 해서 계획을 다시 조정해서 옮겨놓고, 시각적으로 볼 수 있도록 만드는 것이다."라고 Ball은 말한다. "계획을 잡을 때, 이것들은 내가 1월, 한달 동안 달성하려고 한 결과이다"라고 말할 수 있도록 예측 가능해야 한다.

그리고 그것이 진행되는 방식을 본다. 만약 당신의 계획이 목표를 충족시키기 위해 일별 혹은 주별로 특정 회수의 판매 전화하기라고 정했다면 당신은 그러한 수치를 달성해야 하고 그렇지 않으면 그 이유를 알아야 할 필요가 있다고 Ball은 말한다.

당신의 플랜이 어떻게 진행되는지 파악하라. 그리고 당신의 성공 기회를 향상시켜라. "배우는 것은 정보를 취해서, 문맥화하여 그것을 인식하고 행동하는 것이다."라고 Ball은 말한다. 문밖에서 완벽한 플랜을 개발할 기회는 거의 없다. 우리는 조정하고 정제할 필요가 있는 플랜을 개발하는 것이며 당신이 진정 하고자 하는 것은 하지 않아도 될 그 많은 일들 속으로 묻혀 버리게 되어, 결국 하지 않은 채로 버려지게 된다.

5. 노력과 에너지를 체계화하라(Systematize your efforts) | 습관은 우리로 하여금 다음에 무엇을 해야 하는지, 어떻게 해야 하는지에 대해 생각할 필요를 없게 하여 더욱 생산적이게 만든다. 나의 능동적인 실행 단계를 일상적인 틀로 바꾼다면 효율성이 증대되어 목표를 향한 지름길로 이끌 것이다. "목표점은 자동적으로 간다. 단지 소수의 사람들만이 일별, 주별 업무를 습관화하고 있다."고 Ball은 말한다.

일단 바람직한 결과를 가져다 줄 실행 계획을 발견한다면 그 계획을 '유연한 금속'에 던져 넣어 확고한 습관이 되도록 하라고 Ball은 추천한다. 그 습관을 통해 당신은 무의식적인 경쟁력을 지니게 될 것이다. "내가 아는 진정한 영업인은 고객과 마주 앉아 판매 포인트를 찾아내거나 언제 Close할지를 생각하지 않는다. 그들은 본능적으로 조종실에 앉아있는 조종사처럼 말해 주기 때문이다. 나는 당신이 특정 테크닉과 스크립트 등을 연마해야 한다고 생각한다. 그러나 정말로 훌륭한 사람들은 자연스럽게 연마된 시스템 속에서 갖추어져 있다."

당신은 어떤 분야에서든 최고 수준에 도달하기 위해 5가지 요소를 필요로 한다. 위대한 음악가나 의사를 보면 그들은 목표를 가지고 있고 계획을 가지고 있으며 그에 따라 행동하며 끊임없이 자신들이 하고 있는 것을 강화시킨다. 그들은 시간을 많이 써서 현상태를 유지하려고 하지 않고, 어떻게 그것을 향상시킬 수 있는가를 생각한다.

비즈니스맨이 되라, 그렇지 않으면 매장 당할 것이다

By Michael E. Hurley, CLU

Be a Businessperson or Get Buried

Mike Hurley는 12년 동안 Round Table member였으며 Standard 보험회사의 Leader's Club의 멤버이자 그 회사의 Agents Advisory Council의 전 회장이었다. 그는 Shasta Life Underwriters Association 그리고 많은 시민 모임, 경영인 모임에서 활발한 활동을 하고 있다.

보험업무 19년 동안 나는 재정적으로, 감정적으로 그리고 육체적으로 내게 영향을 준 많은 변화들을 경험했다. 그리고 만약 당신들 중의 일부가 당신의 이야기를 한다면, 당신의 상황은 나보다 더 변화무쌍할 것이다. 그렇다면 무엇이 초점인가? 그것은 우리의 삶 속에, 개인적이고 업무적으로 일관되어 온 것은 변한다는 것을 이해하는 것이다. 우리의 삶 속에서 우리를 탈선하게 만드는 것은 그러한 환경들이 아니라 그것들에 대한 우리의 반응이다.

당신과 내가 이 사업의 험난한 파도 위에서 굳건히 남아서 생존할 뿐만 아니라 번영할 수 있을까? 물론이다! 내 인생에서 개인적으로 그리고 재정적으로 가장 힘들었던 1998년을 돌이켜본다. 만약, 내가 속해 있는 사업의 재정적인 구조, 가족과 친구들의 사랑과 지원, 내가 경력 초기에 세운 건전한 사업 원칙들이 아니었다면 나는 어려움을 극복하지 못했을 것이다. 그 해는 나에게 한 번 더 '비즈니스맨이 되라, 그렇지 않으면 매장당할 것이다.' 란 것을 깨닫게 해주었다.

다음의 세 가지 분야에서 우리 비즈니스맨이 '어떻게 대처해야 하느냐' 가 매우 중요하다.
1. 균형 잡힌 목표의 설정과 시간 배분
2. 사무실 경영
3. 재정 경영

목표의 설정과 시간 배분

만약 당신이 결코 적절히 당신의 시간을 조절하고 개선을 위한 방법을 꾸준히 찾지 않는다면 당신은 목표의 필요성에 대해 더 이상 대화를 나눌 필요가 없다. 그것은 매우 단순하다. 만약 당신이 목표를 세우지 않는다면, 당신은 목표에 도달할 수 없다. 그리고 우리 모두는

Section 5 _ Planning

> 목표는 반드시 달성 가능해야 하고,
> 당신을 노력하게 만들어야 하며,
> 문서의 형식으로 되어야 하고
> 그리고 측정 가능해야 한다.

목표달성에 필요한 주요 부분들을 알고 있어야 한다.

당신은 1월의 첫 월요일에 풀이 죽어있어 본 적이 있는가? 나는 내가 좋은 해를 막 마치었든지 아니든지 간에 그날 기분이 우울할 때가 있다. 왜 그런 일이 일어나는가? 나는 그것이 우리가 목표의 본질적인 성격을 이해하지 않고 우리가 목표에 대한 중요성을 깨닫지 못했기 때문이라고 생각한다.

목표(Goals) 그 자체가 기본적인 문제점이 있는 것은 아니다. 그것들은 표면적인 문제점이다. 왜 판매 경쟁이 우리 중 다수에게 특히 이 사업에 오래 몸담은 우리에게 효력을 미치지 못하는가? 그것은 목표들과 경쟁들은 표면적인 문제점들이고 그것들 밑에 더 심오한 무엇인가가 있어야 하기 때문이다. 그것들은 이 업에 비전과 미션이 담겨진 목적 그리고 수단이어야 한다.

당신은 이러한 문제들을 해결하지 않고, 많은 돈을 벌 수 있는가? 물론 당신은 할 수 있다. 그러나 그것은 그다지 재미가 없다. 삶이 당신에게 그러한 피할 수 없는, 기쁘지 않은 것을 가져다 준다면, 나는 당신이 전쟁을 무릅쓰고 앞으로 나가야 할지, 말아야 할지를 결정하기 위해 '목적(Goals)'의 문제를 먼저 해결해야 한다고 나는 믿는다.

균형 잡힌 목표는 그것을 정하는 것만큼 중요하다. 목표는 다음의 카테고리에서부터 나와야 한다. 즉 사업, 가족, 정신적인 것, 건강, 공동체, 재정적인 그리고 개인적인 것 등등. 만약 당신이 여러 해 동안 이 모든 영역에서부터 목표를 설정했다면, 우선적으로는 당신이 목표들을 설정하고 그것들에 대해 결코 한 일이 없는 분야부터 모습이 드러나게 마련이다.

매년 나는 피아노 교습을 받고 싶고 또한 골프를 치는 것을 배우고 싶었다. 그러나 나는 하지 못했다. 나는 어떻게 일하는 것인지는 알지만 어떻게 노는지를 배우는 데에는 문제가 있다. 3년 전에 내 아내의 주장으로, 나는 두 가지 모두 시작했다. 그리고 나는 내가 두 가지다 좋아하는 것을 안다. 그 두 활동은 나의 삶을 더 높은 차원으로 이끌어 주었다.

정직하게 기록하는 것이 목표를 세우는 것만큼 중요하다.
목표를 세우는 것만큼 중요한 것은 우리가 실제로 하는 일을 체크하고 어떻게 우리의 시간을 할당할 것인지를 결정하는 일이다. 우리 모두는 기록을 정직하게 보관해 줄 문서 시스템이 필요하다.

내 '연간 보고서'는 내가 나 자신에게 솔직해질 수 있게 해준다. 2~3년 전, 내가 그러한 정보들을 보관하는 일을 시작하기 전에, 나는 녹초가 되어 집으로 돌아가곤 했다. 그렇다고, 내가 많은 것을 성취했던 것도 아니었다. 나는 내가 집을 떠나 있던 그 모든 시간에 정말로 내가 이루고자 했던 일을 하고 있었는지 알고 싶었다. 나는 내가 그 모든 시간을 실질적으로 나의 목표를 이루는 일에 사용하기보다 '바쁜' 일에만 사용해왔다는 것을 깨달았을 때 나는 충격을 받았다.

그 보고서는 내 시간을 다음과 같이 세분화할 필요가 있다. 즉, 근무일수, 회의, 공부 시간, 출장 시간, 총 근무시간, 운동한 시간, 봉사 시간, 공동체 시간, 그리고 그날의 일과를 포켓용 카드에 기록하여 항상 확인할 수 있도록 하는 One Card 시스템, 다시 해야 할 전화통화, 완료된 전화통화, 확정된 약속, 인터뷰들, 총 인터뷰들이 있다.

나는 이 보고서를 통해서 연간별 뿐만 아니라, 내가 날짜별, 주간별, 월별, 분기별로 어떻게 행동했는지에 대한 정보를 한눈에 알 수 있다. 이것은 나의 영업기록 — 판매한 고객기록 미결정된 케이스, 그리고 지불된 커미션 리포트와 함께, 내가 날짜별부터 연도별까지 무엇을 하고 있는지 알기 위해 필요한 정보를 제공해줄 뿐만 아니라, 다음 해의 목표를 정하거나, 만약, 연도 중간에 있다면 목표를 조정하기 위한 기본 자료 역할을 한다.

Section 5 _ Planning

영업계획서를 작성할 때는 프로듀서를 포함한 팀원 전체가 모여서 아이디어를 나누는 것이 좋다.

이런 모든 것을 기록 보관하는 데 시간이 많이 들까? 아니다. 그것은 당신 자신을 훈련시키는 습관이고 하루에 한두 번의 수고로 현재의 기록을 보관하는 데 충분하다. 이러한 정보들의 다수는 분석과 기록 보전의 목적으로 우리의 컴퓨터 담당 사원들에게 제공되고 있다.

당신이 목표를 이루는 것을 도와줄 중요한 사람들에게 그 목표에 관해 의견을 서로 교환하는 것은 중요한 일이다. 내게는 내 부인과 비서가 그러한 사람이다. 그리고 지금 나는 두 명의 새로운 보조사원을 채용하고 있고 우리는 서로 더 업무를 잘 할 수 있도록 도와주기 위해 우리의 목표를 사용한다.

사무실 경영

사무실 경영은 비즈니스맨이 되는 데 있어서 그 다음으로 중요한 분야이다. 나는 6만 명이 거주하는 도시에 파견된 에이전트이다. 나는 나의 사무실에서 155마일 떨어져 있다. 내겐 나와 5년간 함께해온 정규직 비서(Full time basis)가 있다. 나는 기회가 있을 때마다 그녀를 평가해왔기 때문에 그녀를 인정하고, 그녀가 훌륭하게 업무를 수행하기 때문에 나는 많은 성과를 이루었다.

내게 6년간 나와 함께한 비정규직 컴퓨터 전문가가 있다. 그녀는 일주일에 한 번씩 사무실을 방문하는데 늙고 컴퓨터와 거리가 먼 내게 없어서는 안 될 존재이다. 보조사원과 함께 업무를 하는 정규직 비서도 있다. 나의 정규직 비서는 많은 기여를 하고 있고, 우리는 그녀의 월급을 나의 초년도 커미션의 증가와 함께 증가시키고 있다. 보조사원의 월급을 조정하는 일은, 내가 지난 2년간 경험을 했듯이 경기가 좋지 않은 때를 만나면 매우 힘든 일이 되므로 반드시 유연성이 있어야 한다.

그녀의 업무는 모든 정해진 서류발송업무, 언더라이팅, 고객서비스를 다루고 모든 약속을 확정하고 내가 Fact-Finding 인터뷰를 시작한 후 모든 자료들을 모으는 것 등등이다. 그런데 당신은 당신 스스로 완전히 그 일을 알기 전까지는 그 업무를 다른 사원에게 넘기면 안 된다.

나의 고객과의 인터뷰 결과, 그들 중 다수가 만약 내가 죽으면, 계속해서 그들의 서비스를 위한 나의 사무실의 승계가 없을지도 모른다는 사실에 불안해 한다는 사실을 알았다. 그래서 나는 주위를 둘러보았고 사무실의 승계를 제공하기 위해 나의 사업에 동참한 업무 보조사원들을 찾았다.

우리는 미리 준비한 공식적인 계약서는 없지만, 미래에 이와 같은 일이 일어날 가능성은 충분히 있다. 신입사원을 적응시키는 것은 결혼을 하는 것만큼 힘들 수 있지만, 나는 그 혜택이 그 불편함을 상쇄할 수 있다고 생각한다. 마지막으로 나는 아이디어를 토론할 사람들도 있을 뿐더러 비용을 지불할 규모의 경제도 가지고 있다.

재정적인 관리(Financial Management)

비즈니스맨이 되기 위한 마지막 주된 영역은 재정적 관리다. 나는 당신이 비용관리를 어떻게 해왔는지를 알지는 못하지만, 영업에 있어 내 경우는 어떠했느냐의 질문을 받는다면, 지극히 일반적인 해답은 내가 더 많이 판다면 내 재정적인 문제는 쉽게 해결될 것이라는 암시를 주는 것이다. 만약 그것이 사실이라면 왜 대단히 많은 수입을 가지고 있는 사업체들이 망하는가? 잘못된 재무경영이 그 해답이고, 우리에게도 이와 같은 일이 일어날 수 있다.

사업 이익 보고서는 나의 노력이 재정적으로 나와 내 가족들을 위해 보상을 받는지의 여부를 말해주기 때문에 매우 중요하다. 이 보고서는 또한 내가 수입과 지출의 적절한 비율을 유지할 수 있게 해준다. 그 리포트는 내게 매우 소중한 존재이다. 왜냐하면 그것은 내가 중요한 개념을 이해하게끔 도와줄 뿐더러 내가 그것들을 이해하고 나서는 내 사업의 고객들에게 가장 지식이 많은 보험 영업사원이 되는 것을 도와주었다.

내가 내 총 결산 이익을 높이기 위해서 무엇을 해야 하는지를 이해하면서, 나는 그 지식을 나의 고객들에게 전해줄 수 있었고 그들에게 더 가치 있는 사람이 되었다. 이것이 내가 판매를 할 수 있도록 도와주는 계기가 되었다.

그러나 사업 이익 보고서는 사람들을 잘못 인도할 수 있다. 왜냐하면 그것은 수입과 지출의 상관관계를 보여주지 않기 때문이다. 만약 내가 소득만 가지고 계산을 한다면, 내가 재정적으로 굉장히 잘하고 있다고 스스로를 속이게 될 수 있다. 사실, 나의 사업 지표 보고서를 토대로 더 좋은 실적의 년도가 많았음을 알 수 있다. 불행하게도 비용이 증가한 해는 수입이 줄어든 해이다. 순 수입 그래프는 사실을 그대로 보여주고 우리 업무의 롤러코스터와 같은 변덕스러운 수입의 변동을 보여준다.

해결책은 더 많이 파는 것이라고 말하는 보험 회사들을 믿지 말라. 대신 진정한 이슈는 이익이라는 것을 깨달아라. 만약 미국의 다른 모든 회사들이 이익을 평가 도구로 사용한다면, 우리도 그것을 따라야 한다.

우리가 대부분의 사람들에게 이렇게 해야 한다고 그들에게 권유하면, 우리 자신도 그것을 해야 한다. 만약 당신이 상속 계획을 배웠다면, 처음으로 당신 자신의 것을 해보라. 유언장과 트러스트(Trusts)를 짜 보고 그 플랜에 따라 제시하는 보험상품을 사라. 이러한 과정은 어려운 잠재고객을 Sale로 이끌어 들이는 데 있어 당신을 강력하게 만들 것이다. 게다가 잠재고객이 이러한 힘든 결정을 내리기까지 동반되는 고민을 그들이 느끼고, 힘들게 따라가는 것과 똑같은 감정을 당신도 경험해야 할 필요가 있다.

이 분야에서 비즈니스맨이 되기 위한 세 가지 중요한 요소가 있다. 1) 균형 잡힌 목표 설정과 시간 배분 2) 사무실 경영 3) 재정적 관리. 소요경비와 인플레이션이 증가한 만큼 커미션이 계속해서 줄어들고, 우리의 상품과 서비스에 대한 법적인 압력이 강화되고, 전국적인 건강 보험들이 위협적으로 나타나고, 종신보험에 대한 세금 부가가 가능하고, 은행들과 주식 브로커들이 우리의 영역을 침범하고, 리베이트 경쟁이 계속될 때에 당신은 비즈니스맨으로서 이에 잘 대처 할 것인가? 아니면 무덤에 묻힐 것인가?

60/20/20 - 증명된 성공 공식을 활용하라

60/20/20 공식은 내 영업과 수입을 높이는 주요한 수익 창출 활동(Revenue Producing Activities: RPAs)을 찾고, 만들어가며, 신중하게 진행해나가는 동안, 내 현재 영업과 수익을 유지하기 위한 시간 분배와 시장 적합성에 대한 공식이다.

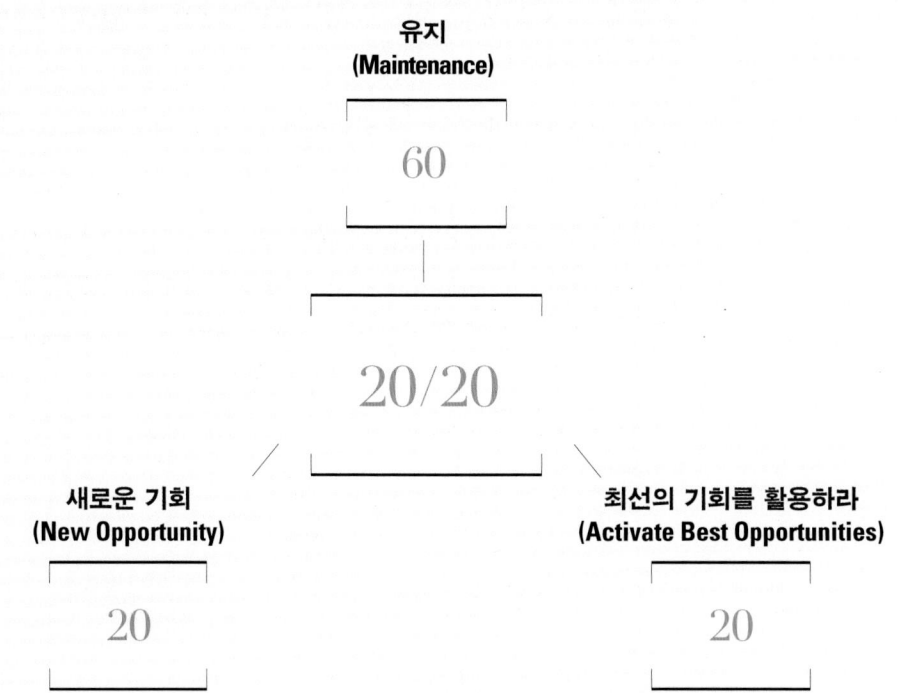

유지(Maintenance)
나의 현재 활동에 시간과 정력의 60%를 사용하라. 나는 비즈니스를 개발하기 위해 수년을 보내왔으며 앞으로도 계속 발전시키고 확대시킬 것이다.

새로운 기회(New Opportunity)
내 시간의 20%를 확장/강화를 위한 새로운 아이디어를 창출하는 데 사용하라. 나의 주요 어드바이저나 절친한 사람과 주기적으로 브레인스토밍하라. 내가 생각하기에 우선적인 수익창출 기회와 실행을 목록으로 작성하라.

최선의 기회를 활용하라(Activate Best Opportunities)
추가적이고 창조적인 마케팅 기회로써 내 영업에 최상의 수익창출 활동을 활용하라. 이러한 수익창출 기회 중 일부는 실패할지도 모르지만 단 하나의 성공이 많은 실패를 보상할 수 있다.

60% 현재의 성공궤도 유지 **+** **20%** 새로운 아이디어 **+** **20%** 창조적인 마케팅 **=** 기하급수적 성장

60/20/20 공식의 실행을 통해서 당신의 영업은 더 체계적이고, 통제가 가능하며, 이전보다 차별적으로 신장될 것이다.

60 프로듀서는 계속해서 커져 가고 있는 절세효과를 지닌 연금플랜 시장, 그 중에서도 그가 특별한 전문성과 실전 경험을 가진 401K라고 하는 중소기업 종업원을 위한 기업연금 시장을 확보하고 있고, 자신만의 특화된 틈새 시장을 가지고 있다면, 그는 이 분야에서 계속 꾸준히 성장할 수 있을 것이다. **그렇다면 현재 이룩한 이 분야에 60%의 시간을 활용하라.**

20 프로듀서는 브레인스토밍을 함으로써 상속플랜에 관하여 걱정하고, 이를 필요로 하는 중소기업 중역들과 접촉하는 기회를 많이 놓치고 있다는 사실을 최종적으로 깨닫게 된다. 또한 그들의 사업계획에 있어 걱정거리와 요구사항을 해결하기 위해 이들 중역들과 함께 일할 부수적인 기회가 있음을 깨닫게 된다. 프로듀서는 은퇴계정을 갖고 있는 그 많은 일반 종업원들이 기본적인 Financial planning의 기회도 놓치고 있다는 사실도 깨닫게 된다. **그렇다면 여기에 20%의 시간을 투자하라.** 이러한 새로운 기회들 중에서 어떤 것이 가장 의미가 통하는가? 그것은 각 활동의 개별적인 상황에 따라 달려있다.

20 나의 영업에 최선의 기회가 될 것이라 생각하는 것을 하라.

첫 번째 기회 (First Opportunity)

이 프로듀서는 좋은 유대관계를 맺고 있는 확실하고 아주 전문성을 지닌 상속설계 전문가를 알게 된 것을 기쁘게 생각할 것이다. 자신은 절세효과 있는 연금플랜 전문가로서 자신이 갖고 있는 상속설계 케이스를 새로운 전략적 제휴자에게 넘겨 줄 수 있고, 그 제휴자를 통하여 자신은 시간도 별로 안들이고 40%~50%의 수입을 올릴 수 있다(Joint-Work).

두 번째 기회 (Second Opportunity)

프로듀서가 또한 Business Planning Specialist들을 알고 있다면, 그들로부터 자신의 고객들을 소개 받아 Business Planning과 유사한 개념인 Personal Financial Planning도 할 수 있을 것이다.

프로듀서는 그와 연계하여 단체 연금플랜 고객을 소개함으로써 그로 인한 보상의 40%~50%를 Joint-Work를 통하여 받는다. 나는 이러한 사람이 나의 활동에 계속적으로 참여할 수 있도록 제도적으로 고려해볼 수도 있다. 만약 그가 내가 생각하기에 적당하다고 판단하는 'Fitness' 테스트를 통과한다면 사업 플랜에 전문성을 지니는 보조 파트너로서 그를 영입한다.

세 번째 기회 (Third Opportunity)

프로듀서가 기업 종업원 대상의 단체연금 플랜 401K 분야에 관심이 있어, 거기에 전문으로 하는 적합한, 젊고 진취적이고 유능한 Financial Planner를 알고 있다면, 그 프로듀서는 파이낸셜 플래닝 판매 프로세스를 알고 그 전문성 있는 Planner와 고객을 대할 때 파트너로서 활동한다. 분명히 나는 직감적인 반응만을 바탕으로 하는 결정은 피하고자 할 것이다.

이러한 3가지 수익창출 기회에 있어서 올바른 선택은, 은퇴를 위한 절세 플랜 전문가(qualified plan specialist)로서 당신의 핵심적인 전문성을 손상시키지 않고 나의 활동에 어울리는, 즉 현재의 일에 유지, 집중하는 것이 가장 적절한 것이다.

Section 5 _ Planning

The Impact of 60/20/20

잠재적인 마케팅 기회를 끊임없이 만들어가는 것은 나의 현재 성장 곡선을 증가시키거나 새로운 성장 곡선을 만들게 할 것이다(Section 1의 Sigmoid Curve를 참조하라). 각 시나리오는 나의 활동에 있어 긍정적인 영향을 가진다.

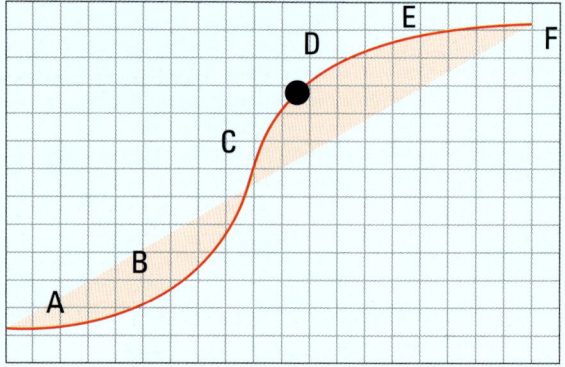

나의 영업에 있어 가치를 더하고 수익을 창출할 수 있는 새로운 마케팅 개념을 만들고 실행함으로써 나의 성장 사이클을 증가시킬 수 있다. ('●'로 표시된 부분)

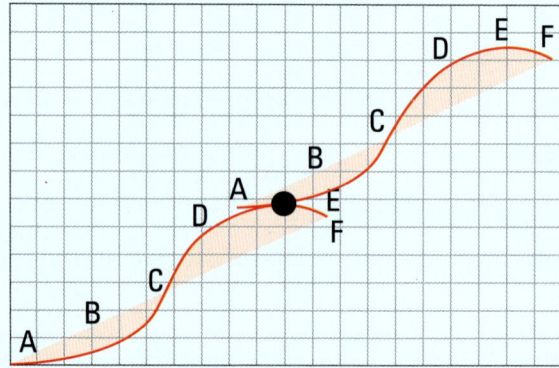

나의 영업에 있어 상당한 가치를 더하고 탁월한 수익을 창출하는 주요한 마케팅 신개념을 만들고 실행하는 자체가 주요한 성장 사이클의 시작이 될 수 있다. ('●'로 표시된 부분)

60/20/20 공식을 꾸준히 실행하고 수익을 창출하는 마케팅 기회를 선택하고 실행하는 것은 나의 영업에 있어 끊임없는 성장을 보증해준다.

> ## 리스크를 받아들여야 하는가?

> ## 마케팅 프로젝트에 시간과 돈을 투자해야 하는가?

> ## 실행할 가치가 있는가?

이러한 것들은 성장기회나 마케팅 아이디어에 직면할 때 흔히 나오는 자연스런 질문들이다. 비용, 리스크, 그리고 자원과 투자 등은 수익에 대해 고려해야 할 분명한 고민사항들이다. 보장이 없는 상황에서 견실한 성장 기회에 대응하지 못하거나 꺼린다면 자신의 영업이 정체될 수밖에 없다.

이러한 개별적인 기회는 서로 다르기 때문에, 개별적인 리스크나 장점, 그리고 나의 영업활동과의 적절성 등을 기반으로 평가되어야 한다. 그러나 나의 직감적인 반응만으로 이 같은 결정을 하는 것을 피할 수 있도록 다음 가이드라인(마케팅 프로젝트의 실행가능성 결정 방법)은 당신이 올바른 선택을 하도록 도울 것이다.

마케팅 프로젝트의
실행가능성 결정 방법을 활용하라

나의 마케팅 계획은 본질적으로 내 영업에 대한 마케팅 기회/아이디어를 개요화하는 것이다. 아래의 5단계가 진행과정에서 통과해야 할 주요 골격들이다.

I. 기회 · 아이디어에 대한 기술(Description)

- 나의 마케팅 기회 · 아이디어가 무엇인지, 어디서, 어떻게 활용되는지, 또 고객이 누구며, 누가 될 것인지를 간략하게 기술하라.
- 나의 마케팅 기회의 성공을 결정하는 주요한 요소들을 기술하라.
- 만약 스폰서를 해주는 관련기관의 보상을 기대할 수 있다면, 그 프로세스를 간략하게 기술하라.

II. 전략적 분석(Strategic Analysis)

● 간략하게 '왜'라는 질문을 제기하라. 왜 이러한 마케팅 기회가 의미 있는가? 왜 이것이 올바른 전략인가?

● 내·외부 환경 조사를 통해 당신의 포지션을 지원하라.

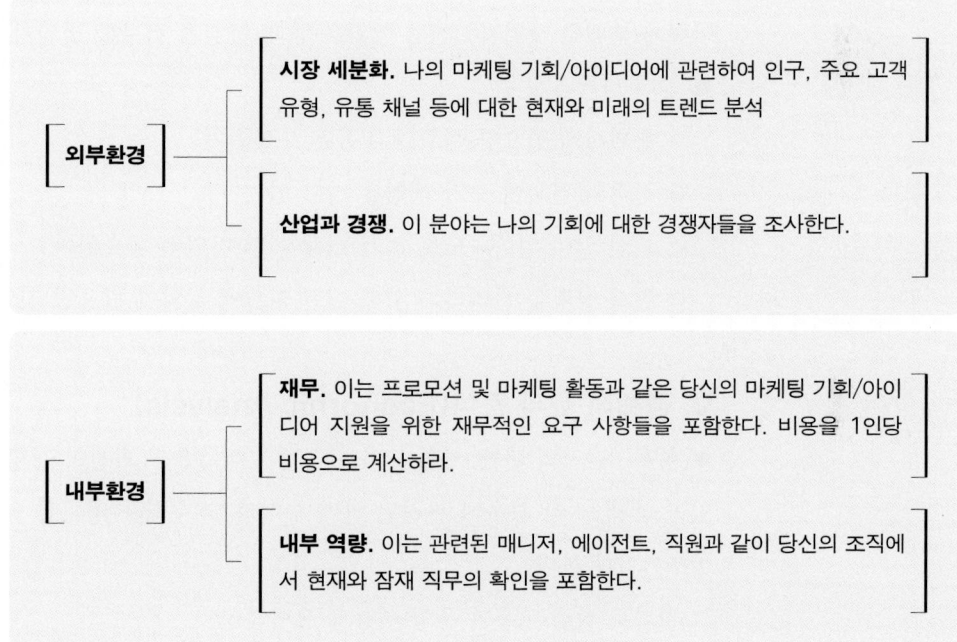

III. 전략

● 이러한 마케팅 기회는 미래에 당신의 조직을 어떤 포지션에 둘 것인가?

- ☐ 제공 상품
- ☐ 제공 서비스
- ☐ 시장 수요
- ☐ 고객 수용
- ☐ 판매 방법
- ☐ 유통 방법
- ☐ 규모/성장
- ☐ 수익/이익

전략적 분석으로 달성된 결론과 일치하는 명확한 전략의 기술을 통해 당신은 다음 단계인 Action Programs를 시작할 수 있다.

IV. 실행계획(Action Programs)

- 전략은 언제/어떻게 수행할 것인가? 결과는 언제/어떻게 달성될 것인가? 자원은 언제/어떻게 분배될 것인가? 진행 상황은 언제/어떻게 검토할 것인가?
- 좀더 명확하게:
  - 특별하게 필요한 행위나 활동은 무엇인가?
  - 각각의 결과에 누가 책임을 지고 있는가?
  - 이런 일이 일어나도록 하기 위해 어떤 자원이 필요한가?
  - 진행 상황을 관리하기 위해 어떤 피드백 절차가 활용될 것인가?

V. 경제적 효과 분석(Economic Analysis)

- 향후 3년간의 판매 예측을 하라. 3가지 예측은 ? 최선의 상황, 최악의 상황, 가장 가능성 있는 상황 — 각 경우에 관련된 판매 수익과 그 수익을 평가한 방법에 대한 설명을 포함해서 이루어져야 한다.

그 결과로 실행 비용과 운영 비용을 요약하라.

리스크를 수용하는 6단계

Six Steps of Risk-Taking

성장 기회에 대한 중요한 투자를 고려할 때 다음의 6단계를 참고하라.

1. 강력하고 의미 있으며 고무적인 비전을 찾아내라.

2. 조사하라. 많이 알수록 더 잘 준비할 수 있다.

3. 의논하라. 가능한 많은 다른 관점을 얻어라.

4. 최악의 상황에 대한 시나리오를 상상함으로써 현실을 검토하라. 상상은 현실보다 훨씬 더 나쁠 수 있다.

5. 도움을 구하라. 도움은 나의 용기와 확신을 재강화 시킨다.

6. 하나씩 차근히 진행하라. 작은 발걸음이 당신을 정상으로 이끈다.

Take calculated risk. That is quite different from being rash.

"계산된 위험은 수용하라. 그것은 무모함과는 전혀 다르다."
— Gen. George S. Patton

Section 5 _ Planning

영업활동 강화 프로젝트

주요한 마케팅 기회/프로젝트를 고려할 때, 그 프로젝트와 기대 이익을 증대 시키기 위해 항상 **투자**, **기대 수익**, **시간**을 고려해야 한다. 당신의 활동을 강화하기 위해 몇 가지 수익 창출 기회에 대해서 생각하도록 하기 위해 다음의 20가지 활동이 도움이 될 것이다.

총매출(REVENUE)

-

경 비(EXPENSES)

=

순수익(NET PROFIT)

20가지 영업 강화 활동

수익=영업강화 활동으로부터 얻거나 기대되는 수익, 비용=영업강화 활동을 위해 지출된 비용, 이익=수익-비용, 시간=소요된 시간

	연간 수익	연간 비용	연간 이익	연간 시간
1. 수익을 창출할 수 있는 고객에게 집중하기 위해 당신의 고객 기반을 세분화 시킨다.				
2. 높은 잠재력과 수익을 창출하는 고객에게 집중하기 위해 당신의 마케팅을 구조화 시킨다.				
3. 75~100% 더 많은 수익 창출 시간을 얻기 위해 조력자를 고용한다.				
4. 당신의 전문성을 필요로 하는 잠재 고객을 끊임없이 소개할 만한 3명의 저명한 CPA와 확고한 업무 관계를 발전시킨다.				
5. 당신의 비전문 분야에 조언하고 비용을 공유하는 보조 파트너(혹은 협회)를 확보한다.				
6. 지도와 동기부여, 지원을 위해 그리고 당신을 고무시키고 당신에게 'A' 타입의 잠재고객을 소개 시킬 '협력자' 그룹을 발전시킨다.				
7. 당신의 'A' 고객과 타깃 시장에 직접 관련된 공공/자선 활동에 관련되어 있거나 지도부가 되고자 한다.				
8. 당신의 주요 수익창출 활동에 집중하는 비즈니스 플랜을 개발하고 진행한다.				
9. 당신의 분야에서 최고를 향해 나가기 위해 핵심 전문 분야를 끊임없이 배우고 훈련한다.				

	연간 수익	연간 비용	연간 이익	연간 시간
10. 당신의 'B'와 'C' 고객을 관리하기 위해 가치 있는 전문가를 받아들인다(당신은 75%를 멘토화 된 전문가로, 25%를 프로듀서로 신판매를 나눈다).				
11. 소개의 6가지 법칙을 따르고 'A' 고객 당 최소한 3명의 소개를 얻는다.				
12. 당신의 모든 'A' 고객을 1급의 골프 출장과 접대에 초대함으로써 연간 고객 감사일을 가져야 한다.				
13. 'A' 고객에 대해 일반적인 서비스와 지원 책임을 넘어서 그들을 돕고 지원하여 그들에 대한 진정한 대변인이 되어라.				
14. 사무실에서 최소한의 시간을 보내고 최대한 많은 시간은 관계를 발전시키고 창조적인 해결점을 개발하며 판매를 마감하도록 당신의 '새로운' 사무실을 구조화한다.				
15. 당신은 끊임없이 당신의 영업에 투자(시간과 돈)한다. 즉 주기적으로 당신의 영업을 평가하고 거기에 선택된 마케팅 아이디어를 주입하는 데 시간이 걸린다. 그리고 이러한 마케팅 기회와 부가적인 지원에 대한 돈을 투자한다.				
16. 당신은 벗어날 수 없는 높은 생산 기준을 개발한다.				
17. 당신의 3가지 주요 수익창출 활동을 제외하고 위임한다.				
18. 'A' 고객의 주요 관심사항을 결정하고 분기마다 정보 제공 및 교육을 위한 세미나를 진행한다. (부동산 플랜, 상속플랜, 개인연금, 단체연금 등)				

	연간 수익	연간 비용	연간 이익	연간 시간
19. 당신은 전략적으로 저명한 파이낸셜 플래너의 도움으로 당신의 신규 고객에게 자신과 자신의 서비스를 마케팅한다. (당신은 자연스런 이행을 위해서 플래너를 확보한다.)				
20. 호혜적인 관계를 개발하기 위해 상호 배타적인 상품과 서비스를 위해 당신의 'A' 고객 부분을 타게팅해왔던 다른 판매서비스회사(vendor)와 제휴한다. (시장 제휴) 예: 프로듀서 타깃 시장-의사 마케팅 제휴-약품 판매, 의료기 판매, 오진 보험 판매				

Section 5 _ Planning

갭 분석 Gap Analysis

이상적인 영업을 개발하기 위해 필요한 주요한 자원들을 결정하는 것이 Gap Analysis이다.

Gap을 연결하기

여러분의 솔직한 목표와 정확한 피드백이 이와 같은 연습으로 하여금 영업에 실제로 실행 가능하도록 요구된다.

- 비즈니스를 성장시키기 위해서 어떤 지원을 필요로 하는가?
- 어떤 서비스를 통해서 신규 고객을 발견할 수 있고 평생 그들과 관계를 유지해 나갈 수 있겠는가?
- 어떤 교육 프로그램이 당신에게 더욱 효과가 크겠는가?
- 여러분의 영업을 확장 시키기 위해 어떤 발전 요소가 필요한가?

이러한 질문에 대해 생각해오면서 여러분의 영업활동 성장에 대해 걱정하거나 좌절한다면 Gap Analysis는 영업을 발전시키는 실제적이고 보다 적극적인 통찰력을 줄 수 있다. 우리는 영업을 성장, 확장 시킬 자원을 제공함으로써 돕고자 한다. 그것은 니즈가 확실할 때 달성된다. 고객을 잘 알고 있거나 우선시하지 않는다면, 고객 니즈를 적절하게 처리하는 것은 불가능하다. 그때만 비로소 문제를 해결할 수 있도록 전략이 구체화 될 수가 있다.

다음에 첨부된 'Gap analysis' 조사는 여러분의 비즈니스를 성장시키는 데 중요한 지원과 서비스 사이에 그 차이를 결정하고, 지점, 사업부 그리고 일하고 있는 보험회사가 어떤 지원과 서비스를 제공해야 하는가를 결정하는 데 도움을 줄 것이다.

가능한 솔직하게 질문에 답하라. 당신의 스태프와 대리점 매니저, 지역 매니저, 그리고 당신의 Gap을 연결시키도록 도울 수 있는 누군가와 그것을 공유하라.

갭 분석 설문지

이름: Date:

지원/서비스	당신의 영업에 지원/서비스의 중요성				제공되는 지원/서비스 정도			
	아주 중요		중요하지 않음		항상		없음	
	1	2	3	4	1	2	3	4
1. 타깃 시장의 행동을 획득하는 데 통찰력 제공								
2. 타깃 마케팅 프로세스의 세밀한 이해를 제공								
3. 일러스트레이션 소프트웨어 제공								
4. 세미나 프로그램 제공								
5. 고객에게 판매 접점 자료 제공								
6. 고객을 위한 실용적인 자원이 될 수 있도록 전문적인 기술 제공								
7. 실용적인 협력 파트너가 되기 위해서 전문적인 기술 제공								
8. Financial Planning training 제공								
9. Asset Allocation Plan training 제공								
10. Retirement Plan training 제공								
11. Estate Plan training 제공								
12. Computer Strategies training 제공								

Section 5 _ Planning

지원/서비스	당신의 영업에 지원/서비스의 중요성				제공되는 지원/서비스 정도			
	아주 중요		중요하지 않음		항 상		없 음	
	1	2	3	4	1	2	3	4
13. 사업주와 전문직 종사자 사이에 고객 발굴 및 마케팅에 교육 제공								
14. 고객으로부터 소개나 추천을 확보하기 위해 교육 제공								
15. 어드바이저로부터 소개나 추천을 받기 위한 교육 제공								
16. 사업주와 전문직 종사자에게 생명보험의 세밀한 활용에 있어 교육 제공								
17. 투자 상품을 파는 데 있어 교육 제공								
18. 판매 스킬 교육 제공								
19. 부동산 플랜 사례에 생명보험을 적용하는 교육 제공								
20. 크고 복잡한 사례에 기술적인 지원 제공								
21. 경쟁력 있는 정보 제공								
22. 생명보험 및 연금 상품에 대한 세부적인 교육 제공								
23. 비즈니스를 관리하는 데 도움 제공								
24. 컴플라이언스 관련한 충분한 자료와 안내 제공								

지원/서비스	당신의 영업에 지원/서비스의 중요성				제공되는 지원/서비스 정도			
	아주 중요		중요하지 않음		항상		없음	
	1	2	3	4	1	2	3	4
25. 전략적인 커뮤니케이션 제공								
26. 경쟁력 있는 생명보험 상품 제공								
27. 경쟁력 있는 연금상품 제공								
28. 경쟁력 있는 투자 상품 제공								
29. 격려와 동기부여 제공								
30. 비즈니스를 진척시키고 서비스하도록 근무하는 대리점 제공								
31. 보상 프로그램 제공								

영업소/지점이 여러분의 비즈니스를 크게 강화시키기 위해 집중해야 하는 가장 우선적인 4가지 활동을 중요도 순으로 기입하라.

1. _____
2. _____
3. _____
4. _____

추가 사항 :

_____

_____

갭 분석 설명서 Gap Analysis Illustration

이상적인 영업활동을 개발하기 위해 (5년 후 나의 영업에 대한 비전) 여러분은 현재보다 더 많은 인적, 기술적 자원을 필요로 할 것이다. Gap Analysis 조사에서 나타난 것처럼 여러분 각자는 5년 뒤에 어디에 있을지를 계획해야 할 뿐만 아니라, 비전을 목표로 나아갈 때 필요한 자원 또한 계획해야 한다. 다음의 Gap Analysis Illustration을 참고하라.

(1) 영업 개시시점에, 이상적인 영업을 위해 충족시켜야 할 필요한 것들이 많다는 사실을 깨닫게 되지만, 이러한 영업활동은 처음부터 예상되는 일이다.

(2) 여러분의 영업이 성장할 때, 영업활동을 강화하기 위해 필요한 자원을 점차 더해 간다.

(3) 일단 이상적인 영업활동이라고 느끼는 것을 개발했다면, 내가 필요한 것들의 대부분은 충족되었으며 단지 사소한 개선과 계속적인 관리만을 필요로 한다.

Note:
새롭게 성장할 수 있는 가능성이 고려되고 있다면, 나의 필요한 것들은 그 가능성의 깊이에 따라 변화할 것이다.

갭 분석 설명서

- 당신 영업의 비전
- 영업활동을 강화하는 방법에 대한 확실한 focus
- 어디로 향하는지, 어떻게 도달하는지 인지하라
- 아직 가지지 못했지만 도달하기 위해 필요한 것을 인지하라. 인내심과 끈기를 가지고 당신의 비전에 집중하라

이상적인 영업을 실현시키기 위해

1. 영업 초기
필요한 것을 많이 가진다.
영업을 확장 시키기 위해 필요한 것들을 충족시키는 데 집중

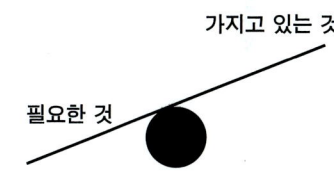

2. 영업 확장
필요한 것이 충족될 때 영업의 비전이 더욱 분명해진다.
집중되고 점진적이며 계속된 발전

3. 이상적 활동
대부분 주요한 필수 요소들은 충족된다.
개발, 관리가 필요하다.

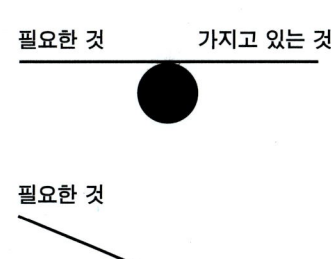

New York Metro Region Business Plan 2002

ALTOBELLI DISTRICT
Anthony J. Altobelli, MBA
District Manager

Year 2008

나의 영업계획서
(Business Plan)

Financial Advisor's

Name _____

District/Branch

_____ Life Insurance Co.

차 례 (contents)

Misson Statement	1 영업에 대한 비전
Personal Mission Statement	2 나의 계획에 대한 비전
Self-Assessment	3 자기 평가서
Set a Goal	4 목표 정립
Income Planning	5 수입 플랜
Segment of Market	6 시장 세분화
Products Recommendation	7 상품 어프로치
Civic Market Promotions	8 비즈니스 지원 방법
Target Market Plan	9 타깃 마켓 플랜
The Ideal Schedule	10 시간 관리/이상적 스케줄
	11 결론

영업에 대한 비전(Mission Statement)

이것은 비즈니스의 정의에 대해 말하는 명확하고 이해 가능한 기술서이다. 그 기술서를 가끔 읽게 될 때 당신이 무엇을 하는지, 그것을 왜 하는지를 상기시켜줄 수 있는 방법으로 기술해야 한다. 때로는, 당신이 하고 있는 일(Job)을 고객이나 손님에게 설명할 수 있는 좋은 표현이다. 한 예를 들면, 어떤 부서에 대한 Mission Statement는 '보험 혹은 투자 상품의 개발과 소싱을 통해 그리고 부가가치적인 서비스로 지원되는 컨설팅 판매를 통한 부의 창출과 보전'이다. 또 다른 예는 '적합한 플래닝을 통해 재정적인 안정을 달성하도록 전문가를 지원하는 것', '좋은 상품의 개발과 적용을 통해 재정적인 안정을 달성하는 것'이다. 당신의 미션이 어떤 것이든 간에 Mission Statement를 만들어라. 그것은 당신 자신과 당신의 영업활동을 특별하게 지원할 것이다. 여러분 자신과 영업활동에서 당신을 특별하게 하라.

나의 계획에 대한 비전
(Personal Mission Statement)

자기 평가서 (Self-Assessment)

당신이 어디를 가고 싶은지 계획하기에 앞서 지금까지 어디에 있어왔는지를 검토하는 것이 중요하다. 이것은 당신이 어디에서 출발할지를 분명히 해서 당신의 강점과 약점을 확인할 수 있도록 하는 어느 정도의 현실적인 확인 방법이다. 그것은 또한 당신의 개인 재정을 검토해서 월간 소비와 지출을 바탕으로 당신의 수입 수준이 어느 정도가 되어야 하는지 결정할 수 있도록 하는 예산 프로세스의 역할을 한다. 우리는 고객들에게 이의 실행을 요청하고 우리의 현재 상태를 검토하고 우리의 집을 정리함으로써 'Walk the Talk' 하는 것이다.

Section 5 _ Planning

Personal Self-Assessment

당신 자신을 1~10으로 평가하라. (1=나쁨, 5=평균, 10=좋음)

외적 특징
- 신장과 체중 비율
- 일반적 외모/자세/미소
- 의상/타이/신발
- 운동 습관
- 여가 시간
- 적절한 식습관(낮은 지방/높은 탄수화물)

최근 건강 진단 날짜
가장 강한 외적 특성
가장 약한 외적 특성

내적 특징
- 금융 지식
- 시사 상식
- 커뮤니케이션 스킬(말하기/듣기)
- 전문적 지식(CLU/CFP/CPA)

가장 강한 내적 특성
가장 약한 내적 특성

인성
- 자신감
- 성실성
- 가족
- 사적 금융
- 인간 관계

가장 강한 인적 특성
가장 약한 인적 특성
가장 기분 좋을 때
가장 흥미로운 것

재정적인 자기 평가서(Financial Self-Assessment)

자산

현금 및 현금 등가물
현금
당좌예금
보통예금
MMF
매출 채권

유가 증권
개별 주식/채권
국공채
뮤추얼 펀드
보험금 가치
연금
기타 투자상품

개인 자산
자가용
집안가구
미술품/수집품
의류
보석류
기타

부동산
거주주택
기타

연금
회사 퇴직금
각출형 은퇴계좌
개인은퇴계좌

합계

부채

유동부채
임대료
주택유지비
신용카드/어음
보험금 프리미엄
잡비

세금
국세
지방세
기타

개인부채(대출)
자가용 대출
주택 대출
교육 대출
주거 개선 대출
보험 대출
연금 대출
기타

합계

자산-부채(순 가치)

순 가치(1/1/01)

전년도 대비 증감

목표 정립(Set a Goal)

계획을 면밀히 짜서 그 계획에 따라 활동하지 않으면 도대체 아무것도 손에 잡히지 않는 것이 보험영업의 특징이다. 나는 매년 초 목표(Goal)를 정해서 일을 했다. 내가 에이전트였을 때나, 세일즈 매니저였을 때, 지점장이었을 때나 항상 비즈니스 플랜을 세워서 일을 하는 습관을 세웠다. 물론 목표를 정해서 하다 보면 1월, 2월에는 계획대로 나아가기 힘들 때가 많다. 우리 비즈니스가 연초부터 가속을 내기란 힘들기 때문이다. 그러나 전체적인 틀이 어디로 가고 있는가? 그 방향을 잡아 계속 리뷰하면서 연말까지 목표대로 가는지를 체크하는 것이 우리 비즈니스에 꼭 필요하다. 이렇게 습관적으로 해 나가면, 11월쯤 되면 연초에 세운 계획과 비슷하게 맞아 떨어진다. 나는 거의 20년 동안 경험을 통하여 이것을 확인했다.

목표를 세우는 일

이는 아마 비즈니스 플랜 부문에서 가장 중요한 측면이다. 목표는 '마감 시일을 가진 꿈'이라고 한다. 꿈은 당신이 해야 하는 일에 이유를 제공하며 목적의식을 주입시킬 수 있다. 꿈은 명확해야 하며 성취에 대한 시간 제한이 정해져야 한다. 큰 집을 가지는 것이 바람이라면, 목표는 2007년 1월까지 60평짜리의 집을 강남 지역에 구매하는 것이다. 목표는 2006년 12월에 CFP 시험을 통과하는 것이다. 1년 목표는 가장 명확해야 한다. 5년 목표는 당신이 꿈을 꿀 수 있도록 해야 한다. 당신이 믿는 것은 현실이 될 수 있고 그렇게 될 것이다. 여기서 그 목적은 생각할 수 없는 것을 꿈꾸고 그것을 믿으며 목표를 향해 가는 추격 미사일처럼 자동조정장치로 당신의 마음과 행동을 합쳐서 그것을 달성하는 것이다. 일을 하다가도 목표를 생각하면 가슴이 뜨거워 진다. 이러한 목표는 당신이 하는 일을 왜 하는지 상기시키면서 계속 당신의 마음속에 있어야 한다. 자신의 목표를 자각하여 되풀이하지 못하는 사람은 기껏해야 무엇인가 달성하는 데 있어 운이 좋았을 뿐이다. 자신의 목표가 분명하고 깊이 새겨져 있는 사람은 개인적인 힘을 발견해왔으며 성공과 만나는 길에 있다.

목표 정립의 7가지 팁

1. 당신의 목표에 대해서 정기적으로 써라.
2. 당신의 목표를 분명하게 하라.
3. 당신의 목표를 긍정적으로 제시하라.
4. 당신의 삶에 있어 모든 중요한 일에 목표를 두어라.
5. 당신의 목표에 실행단계별 시간 계획을 세워라.
6. 점수화하라.
7. 당신의 꿈으로부터 목표를 발전시켜라.

7가지 목표

1. _____
2. _____
3. _____
4. _____
5. _____
6. _____
7. _____

2005년 목표

이름: _____   지역/지구/대리점 _____

2005 PRODUCTION CREDITS(초년도 커미션)

종신/변액종신	변액연금보험	건강관련보험	TOTAL 초년도환산 커미션

- 나는 MDRT가 될 것이다 :   예_____   아니오_____
- 계속 교육: AFPK, KCLU, CFP
- 당신은 어느 부분을 완료했는가?
- 당신은 금년에는 어느 부분을 담당할 것인가?
- 수입 목표는

  초년도 커미션: _____
  보너스: _____
  리뉴얼: _____
  기타: _____
  총 수입 _____

- 지역에 가장 큰 기여를 했다고 생각하는 것은? _____
  _____

- 영업소/대리점을 향상시키기 위해 어떤 대안을 가지고 있는가? _____
  _____

- 영업소/대리점에 기여도를 향상시키기 위해 2005년에 무엇을 할 것인가? _____
  _____

생산성 목표

	허용 가능한 최소 수준	적정 목표	최고한도 목표
PRODUCTION CREDITS(초년도 커미션)			
유지 커미션/보너스			
총 수입			
신규 고객			
성과 수준 MDRT/TOT/전사순위			
평균 환산 PER CASE			

목표 정립

1년 목표

■ 비즈니스

목표	날짜

■ 개인

목표	날짜

5년 목표

■ 비즈니스

목표	날짜

■ 개인

목표	날짜

목표 정립 - 사례

1년 목표

■ 비즈니스

목표	날짜
MDRT 달성	
3W (Sell 3 Apps. Per Week)	
100명의 신규 고객 추가	
Run 16 Apts./Week	
Turn key 마케팅 시스템 구축	

■ 개인

목표	날짜
신형 렉서스 LS 430 구입	
우발 사고를 대비해 수입의 10% 저축	
가족을 위해 하룻밤 시간 할애	
주당 4번 운동	
골프 시작	

5년 목표

■ 비즈니스

목표	날짜
Sales Manager로 승진	
TOT of MDRT 달성	
개인 비서 채용	
개인 운전수 채용	

■ 개인

목표	날짜
강남에 새집 마련	
자녀의 교육 프로그램 시작	
자선 단체의 조정자 그룹 가입	

수입 플랜(Income Planning)

이 섹션에서는 여러분이 해당 연도에 수입과 지출을 집행해야 할 예산을 미리 계산해본다. 첫째, 영업에 필요한 예상 지출이 얼마나 되는지를 계산하고, 둘째, 당신의 가족 지출이 얼마나 필요한가를 산출하고난 후, 여러분이 첫해에 벌어야 하는 수입을 먼저 계산하고, 그 후 5년 동안 수입을 계속 증가하기 위한 현실적인 성장률을 정한다.

당신이 5년 내에 매년 100,000 달러를 버는 목표를 세웠다면, 올해 당신이 벌어야 하는 목표와 같은 성장률을 사용하여 거슬러 올라가든지 어느 방식으로 하든지 간에, 이것은 현실적으로 실행되어야 하고 꿈이어서는 안 된다. 당신이 현실적으로 받아들일 수 없다고 생각되는 수입수준은 결코 달성되지 않을 것이다. 보수적인 측면에서 선정한 다음, 적절한 때 그 수치를 올리는 것이 낫다. 이 섹션을 완성하기 전에 당신이 벌어야 하는 것과 쓰고자 하는 것을 검토하기 위해서 자기 평가 섹션을 참고하라.

2005년에 계획된 필요 수입

고정비용
- 임대 혹은 모기지 지불
- 재산세
- 화재 보험
- 공과금
- 자동차 보험
- 장애 보험
- 소득세
- 사회 안전 비용
- 기타

생활비
- 식비
- 의류
- 세탁 및 수선
- 비즈니스 외 식사
- 자동차 비용
- 의료비
- 기타

비즈니스 비용
- 대량 우편/타깃 우편/Wave Mail
- 시외 전화
- MDRT 연회비(Dues) 등
- 출장비
- 접대(Business Entertainment)
- 문구류/카드/제품
- 수업료
- 비즈니스 개발
- 카 폰(Car Phone)

저축
- 보험 프리미엄
- 갹출형 은퇴구좌
- 시스템 투자 저축

잡비
- 교회/자선단체
- 극장/콘서트/놀이공원
- 클럽 회비
- 선물
- 휴가

연간 총 필요 수입

Section 5 _ Planning

1년간 수입 플랜

총 목표 수입	
갱신/융자	
목표 수입을 달성하기 위한 초년도 커미션	
초년도 커미션 목표를 월별로 할당	
월별 목표를 달성하기 위해 필요한 판매 (건당 환산)	
주간별 필요한 판매 (월별로 4로 나누어서 반올림)	
주간별 필요한 마감 예약(클로징 예약 건수) (2-1 비율을 사용해서 2X 판매가 필요)	
주간별 필요한 개시 예약(오프닝 예약 건수) (2-1 비율을 사용해서 2X 마감이 필요)	

5년간 수익 플랜

	1년	2년	3년	4년	5년
초년도 커미션					
지속적 커미션/보너스					
총수입					
사업 비용					
순수입					

시장 세분화 (Segment of Market)

이 책을 통해서 배운 시장 세분화로 한번 계획해보는 것도 좋은 예가 된다. 이는 나의 목표를 어떻게 달성하는지를 정의하는 첫 번째 단계이다. 전화번호부를 뒤져 모든 사람에게 구매할 것을 요구하기보다는 시장 세분화를 통해 나의 강점을 활용하여 당신의 최상의 상품을 가장 수용할 만한 시장에 집중하는 것이 훨씬 시간 효율적이고 비용 효과적일 수 있다. 우리는 모든 프로듀서가 고객 4백 명의 목표가 달성될 때까지 최소 3개 시장을 어프로치해야 한다고 생각한다. 이때 잠재 고객의 유입은 소개를 통해 이루어지고 기존 고객으로부터는 단지 비즈니스를 반복해야 한다. 지점에서는 '3 ON 3 MARKETING' 이라 불리는 시스템을 도입하기로 해보자. 이 시스템은 3단계로 구성되어 있다. 신규 에이전트들은 3단계 모두를 꼭 사용하도록 권하고 있다. 그것들은 다음과 같다.

- **LEVEL 1 마케팅(대중 우편&대중 시장)**
  - 월간 5백 통 이상의 개인 메일링
  - 새로운 모기지에 대한 전화

- **LEVEL 2 마케팅(타깃 시장에 타깃 메일)**
  - 타깃 메일링.
  - 타게팅된 시장에 진출하기 위해 단체연금 시장, 개인연금 시장
  - 각 건(Piece)별에 대한 전화 응대

- **LEVEL 3 마케팅(소개 개발, 관련 단체, 네트워킹, etc.)**
  - Target Marketing Program을 통해 중소기업체 시장과 개인 Lifestyle에 따른 시장을 인식
  - 관련 시장에 메일
  - 관련 시장 내의 네트워크 조직에 참여

DSF(Developing Sales Force) 에이전트는 1, 2, 3을 사용할 것.

ESF(Experienced Sales Force) 에이전트는 주로 Level 3만을 사용할 것.

Level 1은 가장 자본 집약적이지만 빠른 결과를 낳는다.

Level 2는 비용이 적게 들면서, 비즈니스 시장으로 바로 들어가야 한다.

Level 3은 당신의 '연고, 또는 소개 시장'을 이용하지만 잠재고객을 배양하고 결과물을 얻어내기까지는 시간이 걸린다.

Level 3을 통하여 주당 8명에서 10명의 잠재고객을 발굴하는 데는 시간이 걸리기 때문에, 3가지 방식 모두를 사용하는 것이 좋다. 점진적으로 Level 3 방식이 효과가 나타나기 시작하면, 가장 적은 비용, 가장 효과적인 Level 3을 위해 다른 방법을 탈락시켜야 한다.

마케팅 시스템과 마케팅 어프로치는 다음과 같다.

■ LEVEL 1 대량 메일 시스템
- 모기지 상환 정기보험
- 교육 자금
- 보장이 필요한 정기보험
  - 시장: 부유층, 고소득층

■ LEVEL 2 타깃 메일 시스템
- 개인 연금 플랜(private pension plan)
- Pension maximization
- CI 보험
  - 시장: 자영업 종사자
  - 시장: 전문가
  - 시장: 절세, 면세

■ LEVEL 3 타깃 시장 개발
- 광고 편지
- 리서치 인터뷰/시장 조사
- 네트워킹
- 시장 세분화에 따른 메일 프로그램
  - 시장: 집중하여 개발 중에 있는 시장
  - 시장: 기존 고객

비즈니스 개발 방법

적절한 방법을 결정하기 위해 다음을 고려하라.

- 관련된 모든 비용과 시간 투입
- 당신의 분야에 필요한 노력과 외부 관련업체들의 이용 가능성
- 당신의 능력과 재능

시장에 따라 개발 방법들은 자체적인 성공률을 가지고 있기 때문에, 계획하는 데 당신의 활동을 먼저 고려해야 한다. 다음 차트는 기대 성공률을 계산하는 데 도움이 되겠지만 자신의 판매 활동과 당신의 세일즈 매니저의 활동에 따라 조정해야 한다.

인터뷰 성공률
(1명의 고객 판매 인터뷰를 하기 위해 필요한 평균 고객 접촉 수)

저비용

시장 중심(Market Driven)		상품 중심(Product Driven)	
소개	3:1	권유-전화	20:1
Center of Influence	4:1	권유-대면	10:1
네트워킹	3:1		

자본 집약

시장 혹은 상품 중심

Direct Mail	100:2
Mass Mail	200:1
광고	Variable
세미나	4:1

"시장 중심(Market Driven)" 내가 누구인가를 알리는 접근방법의 하나로, 상품과 서비스에 대한 구체적이고도 완벽한 설명을 잠재고객에게 노출시킴으로써, 그들의 주된 관심에 대한 시야를 제한 시키는 방법이다. 예를 들면, 종합적인 파이낸셜 플래닝은 나의 인터뷰 기술이 제한적인 분야로 집중 되어야 한다. 이렇게 함으로써, 당신은 그들의 종합적인 파이낸셜 컨설턴트로서 인정과 신뢰를 얻게 되어 당신의 궁극적 목표를 얻게 된다.

"상품 중심(Product Driven)" 이 비즈니스 개발 방법은 내가 제공하는 상품, 회사, 그리고 사람들이 항상 편하게 나를 만나 상담할 수 있도록 하는 능력을 통해 얻은 고객을 말한다. 얻고자 하는 적절한 시장 세분화를 결정하는 데 있어 다음의 요소를 고려하라.

- 나의 연고시장과 소개에 의한 발굴
- 나의 사회적 네트워크-클럽, 종교 단체, 서비스 조직 등
- 과거 경력, 사회적, 교육적 접점
- 나의 재주와 능력-연설, 작문, 대면 커뮤니케이션, 파트너와의 업무 등

LEVEL 1-매스 메일링/상품 중심

신규 주택 소유자	
신규 자녀 양육자	
신혼 부부	
퇴직자	이들은 수적으로 많으며 집단 수준에서 가장 시장성이 좋다
어린 아이를 둔 가정	
대출 수령인	
고소득 가정	
IRA 참가자	

Section 5 _ Planning

LEVEL 2- 타깃 메일/상품 중심

CPAs/회계사
치과의사
지압사
수의사
특정 타입의 의사
간호사
변호사
자영업자
소규모 사업 관리자
교사
비영리 종사자
Qualified Plan Retirees(은행 이자수입에 의존하는 은퇴자)
대기업 관리자
대기업 종사자
Pension Plan Recipients(연금 수혜자)

> 이들은 수적으로 많지 않지만 메일을 보내고 추적하기에는 충분하다

LEVEL 3-계층별 메일/마켓 중심

라이프 스타일 시장 지정
기업 시장 지정
기존 고객
고아 고객

> 이들은 당신에게 특별하고 수적으로 한정되어 있으며 비교적 당신 편에 있는(Warm Basis) 시장으로 집중화 되어 있다.

상품 어프로치(Products Recommendation)

이용할 상품과 어프로치를 결정하는 데 다음을 고려하라.
- 당신의 전문 수준
- 당신의 타깃 시장의 교육, 수입, 태도
- 시장에 대한 상품의 적합성

고액정기보험	연금
종신보험	변액연금
변액보험	기업은퇴연금
VUL	은퇴플랜
CI	상속플랜
LTC	교육자료플랜
저축성 적금	

이들 중 어떤 것도 특정 시장에 명확하게 구별되지는 않지만 특정 시장에 더 받아들여지는 상품/어프로치가 있으며 당신은 몇 가지를 선택해서 그것들에 대해 알아야 할 필요가 있다는 것을 염두에 두어야 한다.

한번에 하나만 마스터하라!

비즈니스 지원 방법(Civic Market Promotions)

이러한 툴은 주로 부가적인 비즈니스와 당신의 고객으로부터 소개를 증대 시키고 고객과 커뮤니티에 대해 파악하는 수준을 높이기 위함이다. 그것들은 시간이 지남에 따라 신규 고객을 개발하기 위해 이용할 수 있다.

고객 뉴스레터, 행사 카드, 메모, 대중 연설, 커뮤니티 관여

이들 아이템에 대한 우편 리스트를 개발할 때 다음을 고려하라.
- 나의 현재 고객, 연고시장, 소개시장
- 나의 사회적 네트워크-클럽, 종교 단체, 서비스 조직 등
- 과거 경력, 사회적, 교육적 접촉으로 형성된 시장
- 나의 재주와 능력-연설, 작문, 대면 커뮤니케이션, 파트너와의 업무 등

나의 전문성, 현재 상황, 필수적인 시간 할애, 커뮤니티 관여나 연설할 때 조직 성격을 고려하라.

이들은 우선적 고려사항을 관리하는 데 매우 효과적인 4가지 보고 절차이다.

나의 매니저는 경력 초기에 이러한 리포트를 완성하도록 도울 것이다. 그러나 나의 독립성이 점점 커 갈수록 비즈니스 관리에 나의 자신감 또한 커지고 이러한 형태의 모니터링은 낮은 순위로 여기게 된다. 그것은 잘못이다.

타깃 마켓 플랜(Target Market Plan)

시장 세분화를 한 후에, 당신은 다음을 결정해야 한다.
- 집중화할 특정 시장
- 그 시장의 상품과 서비스 니즈
- 사용할 고객 발굴 방법
- 그 방법으로 고객 접촉 비율이 산출되어야 한다.
- 접촉 비율을 이용한 기대 약속
- 각 방법에 대한 시간 할애

시장 플랜 시트는 내가 순서대로 쉽게 이해할 수 있는 형식으로 위의 사항들을 쓸 공간을 제공한다. 이런 정보는 내 순서를 따르도록 지원해야 한다. 실패는 만날 잠재고객의 부족 때문이다. 잠재고객 부족은 보통 이러한 플랜의 실행에 대한 실패이다. 내가 꼭 해야 할 필요가 없는 것은 적지 마라.

※ Civic Market이란?

Local Market을 개발하는 방법의 일환으로, 예를 들어 강남의 서초구라는 지역을 설정해서 Marketing한다면, 서초구 내에 있는 정부기관, 관공서, 각종 서비스 단체, 비영리 단체 등을 집중 연구하여 주로 이런 곳을 효율적으로 Marketing하는 Tool을 의미한다. 미국에서 고능률 프로듀서들은 주로 이러한 마켓에 집중공략함으로써 그 지역의 영향력 있는 유력한 인물로 부각되기도 한다.

Section 5 _ Planning

The Market Plan

시장	니즈	방법	비율	주간 컨텍	주간 APPS	소요 시간

시간 관리/이상적 스케줄(The Ideal Schedule)

이 부분은 내가 어떤 활동을 할지 확인시키고 그것들은 범주화해서 우선 순위를 부여하고 Ideal Schedule로 그들을 구성할 수 있도록 지원한다. 나는 매일매일의 날짜를 조정해서 어느 수준의 일상업무와 일관성이 있도록 해야 한다.

우리는 나의 Red Time/Green Time/Yellow Time 시스템에 따라 시간 관리를 하도록 제안한다. 고객을 발굴하고 Ideal Schedule 상에서 Green Time에 약속을 잡는 데 필요한 모든 시간들을 지정함으로써 스케줄을 시작하라. 사례 발표, 편지 등은 Yellow Time에 지정되어야 한다. 은행 가기, 운동, 집에 가는 것과 같은 사적인 항목은 Red Time에 지정해야 한다.

동일한 활동이 매일 동일한 시간에 행해질 수 있도록 각 활동들을 지정하는 데 최선을 다하라. 단조롭게 들릴지 모르겠지만, 시간을 효율적으로 활용하여 결국 성공으로 가는 데 가장 필요한 요소다. 이러한 행위 패턴이 결정된 후에는 당신이 무엇을 해야 하는지 궁금할 이유가 없다. 나는 완전히 기능적으로 기계처럼 반복적인 판매를 한다면, 대다수가 단지 꿈꿀 수만 있는 것을 훨씬 넘어선 정도의 성공을 당신이 성취할 것이라고 확신한다.

다음은 Green, Yellow, Red라고 생각하는 활동들의 예이다. 기타 다른 것들도 있겠지만 이해해야 할 중요한 것은, 이 3가지 형태가 뚜렷이 구별된다는 것이다.

시간 관리

Green Time	Yellow Time	Red Time
판매	제안	운동
고객 발굴	신청서 작성	이발
	통신	식사
	마케팅 활동	

Section 5 _ Planning

> **"성공하는 사람들의 특성은 성공하지 못하는 사람들이 거부하거나 하려고 하지 않는 일을 반복적으로 하는 것이다."**

Green Time

Green 활동은 단지 판매와 고객 발굴과 관계가 있다. 우리는 Green Time을 주요 비즈니스 시간으로 생각한다. 매주마다 약속을 만들거나 판매 프리젠테이션을 위해 쓰여지는 시간이다. 우리는 년간 10만 달러를 벌어들이기 위해 매주 8~10명의 잠재고객을 만나야 한다는 것을 기억하라. Green Time 시간대에 기타 다른 활동들이 이 스케줄에 잡혀져 있다면. 그것이 뭐든 일정에서 빼라. 그리고 전화를 해서 Green Time 일정을 다시 만들어라.

Yellow Time

Yellow 활동은 판매에 필요한 활동이지만, 그 자체로 수입을 창출하는 활동은 아니다. Yellow 활동은 단지 Green 시간대가 아닌 때에 이루어져야 하고, Green Time 주위에 일정이 잡혀져야 한다. 뭐든지 팔릴 때까지는 아무것도 일어나지 않는다는 것을 기억하라.

Red Time

우리는 Red Time을 Dead Time이라 부른다. Red Time 혹은 Downtime은 나의 비즈니스가 일어나지 않는, 즉 '비가동 시간', '가게 문을 닫은 상태'를 의미한다. 시간 관리에 있어 요령은 주중에 가능한 많은 시간 동안 나의 비즈니스가 일어나도록 하는 것이다. 더 많은 시간 동안 비즈니스를 수행하면 할수록 더 많은 이익이 창출된다. 우리는 사무실에서나 집에서 이 스케줄을 벽에 꽂아 둘 것을 추천한다. 이것은 Green, Yellow, Red Time에 나의 잠재의식이 예민해지도록 훈련시킨다. Green Time 중에 여러분은 약속을 잡기 위해 전화를 하거나 판매 인터뷰를 한다. 우리의 시스템을 따르면 100% 이상 효율성을 증대 시킬 수 있고, 수입을 2배 이상으로 늘릴 것이다.

"If it is to be, It's up to me"

"일이 그렇게 되었다면, 그것은 내 탓이다."

시간 관리 스케줄의 예

월요일	화요일	수요일	목요일	금요일	토요일
7:00 YELLOW	7:00 YELLOW	7:00 YELLOW	7:00 YELLOW	7:00 YELLOW	7:00 YELLOW
8:30 am GREEN 11:30 am	8:30 am GREEN 11:30 am	8:30 am GREEN 11:30 am	8:30 am GREEN 11:30 am	8:30 am GREEN 11:30 am	8:30 am GREEN 11:30 am
RED or YELLOW	RED or YELLOW	RED or YELLOW	RED or YELLOW	RED or YELLOW	RED or YELLOW
1:00 pm GREEN 4:00 pm	1:00 pm GREEN 4:00 pm	1:00 pm GREEN 4:00 pm	1:00 pm GREEN 4:00 pm	1:00 pm GREEN 4:00 pm	1:00 pm GREEN 4:00 pm
RED or YELLOW	RED or YELLOW	RED or YELLOW	RED or YELLOW	RED or YELLOW	RED or YELLOW
6:00 pm GREEN 9:00 pm	6:00 pm GREEN 9:00 pm	6:00 pm GREEN 9:00 pm	6:00 pm GREEN 9:00 pm	6:00 pm GREEN 9:00 pm	6:00 pm GREEN 9:00 pm

Section 5 _ Planning

이상적 스케줄

월요일	화요일	수요일	목요일	금요일	토요일

결 론

심사숙고하여 잘 정해진(잘 짜여지고 성실하게 수행되며 적절한 통제 방법으로 조절된) 비즈니스 플랜은 성공적인 활동으로 이끌 것이다.

다음 사항에 기꺼이 전념해야 한다.

- 솔직하고 이성적이며 지속적인 플래닝 프로세스
- 나의 플랜을 수행하기에 충분히 집중된 시간과 에너지 투입
- 나의 플랜을 완벽히 수행하도록 하는 자기 계발
- 나 자신과 비즈니스에 투자하려고 하는 의지
- 전문적인 연구와 교육의 지속적 패턴
- 관리 시스템에 의해 제공되는 지도와 지원의 수용
- 고객, 잠재고객을 대하는 'Golden Rule'에 대한 믿음
- 일하고 있는 회사와 이 회사에 대한 기본적인 로열티

이러한 지침을 받아들인다면 Company와 Branch인 Agency와의 관계는 긍정적이고 수익성 있는 것이 될 것이다.

Market Plan of:

Designed in Connection with:

Date:

6

팀을 만들어

SECTION.06

끈기
어떠한 어려움에도 불구하고 참아내는 힘
이것이 승자의 자질이다.
끈기는 커다란 어려움에 직면하여도 포기함이 없이 밀고 나가다
여러 번 좌절을 겪으면서 획득한 능력이다
끈기란 모든 장애를 극복하고, 마침내 우리의 목표를 이루기 위해
필요한 모든 것을 위해 고통을 지는 것을 의미한다.

PERSISTENCE
The power to hold on in spite of everything, to endure—
this is the winner's quality.
Persistence is the ability to face defeat again and again without giving up
to push on in the face of great difficulty.
Persistence means taking pains to overcome every obstacle,
to do all that's necessary to reach our goals.

일하라 고객 발굴자/계약 체결자/고객 관리자/고객 분석자
Finder/Binder/Minder/Grinder

Section 6 _ Finder/Binder/Minder/Grinder

컨설턴트의 딜레마

필자가 일해온 AXA ADVISORS가 매년 실시하는 연도상 대회인 NALC(National Agent Leaders Conference)는 7천여 명의 컨설턴트 중에서 선발된 5백여 명의 컨설턴트와 가족을 포함한 천여 명이 참석하는 회사의 최대 규모의 행사다. 매년 미국 또는 세계의 유명 휴양도시에서 3박 4일간 화려하게 개최하는데, 그 컨퍼런스의 클라이맥스는 뭐니 뭐니 해도 2일째 밤에 진행하는 Annual Award Dinner Night이다.

여러 분야의 수상자 이름이 발표되면 화려한 무대에서 시상식이 진행된다. 이어서 National TOP 10 발표가 이어지는데, 사회자는 수상자에 대한 프로필을 소개한다. 예를 들어 20년 동안 근무했다면 20년 동안 AXA ADVISORS에서의 수상 경력을 일일이 나열해가면서 수상자를 한껏 치켜 세운 뒤 마지막에 수상자의 이름을 부르면, 수상자는 우레와 같은 관중의 박수를 받으면서 자랑스럽게 단상에 오른다. 이때 단상에는 수상자의 배우자와 자녀뿐만 아니라 Back Office에서 함께 일하는 모든 스태프가 다 올라가서 꽃다발과 트로피, 화려한 스포트라이트를 받으며 함께 기뻐한다. 높은 영업 성과가 한 개인의 능력만으로 이루어지는 것이 아니라 팀원들 간의 협력이 중요하다는 것을 입증하는 예이다. 이때 팀은 대개 5~10명 정도가 한 팀이 되어 이러한 큰 실적을 이룩해낸 사실을 알 수 있다.

전국 TOP 10에 든 그들의 노력과 능력도 뛰어나지만 무엇보다도 더 중요한 것은 그들이 팀원들과 훌륭한 팀워크를 이루어서 일하고 있다는 데 있다. 즉, 보험영업을 사업가 마인드 (Entrepreneurship)를 가지고 한다는 것이다. 한국의 컨설턴트는 혼자서 이리 뛰고 저리 뛰면서 주로 연고 위주로 하는 영업 방식에서 벗어나, 과감히 팀을 조직하여 역할을 분담해서 일을 하고, 컨설턴트는 그 중에서 가장 중요한 역할인 보조자가 잡아놓은 약속된 곳에 가서 계약만 체결하는 보다 전문화되고 사업가적인 영업으로 전환해야 할 시기가 되지 않았나 싶다.

자신이 진정 어느 부류에 속한 것인가를 확인하는 것은 대단히 중요하다. 어떤 컨설턴트는 수입이 10만 달러 수준에서 4년째 제자리걸음을 하고 있었다. 그는 더 열심히, 더 오래 일하고 있었으나, 이에 상응한 수입을 올리지 못하고 있었다. 그는 거의 모든 일을 혼자서 해내는 유일한 컨설턴트였다. 그는 행정적인 업무능력을 가졌기 때문에 늘 혼자서 행정적인 일을 하다 보니, 성과창출을 위한 활동(Revenue Producing Activity)에 투자하는 시간이 그만큼 떨어지고 있음을 깨닫지 못했고, 가이드라인의 Best Practice 모델에 따라 활동하지 못하고 있었다.

이 컨설턴트는 그의 활동을 신장시키기 위해 무엇을 했을까?

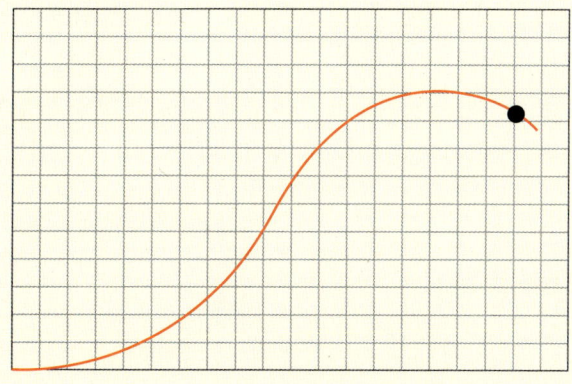

그는 S커브 위에 그의 활동 위치를 표시하였다. 그의 위치를 표시함으로써, 이 컨설턴트는 그가 만약 그의 사업을 어떤 식으로든 재발견하지 못하면, 그는 진보하지도 못할 뿐더러 점진적으로 퇴보할 것이라는 것을 깨달았다. 그는 긴급하게 새로운 S커브를 시작할 필요가 있었다.

이 컨설턴트는 최근에 영업에 있어 '획기적인 점프(Quantum Leap)'라 불리는 고능률을 위한 실행 경영과 강화 세미나에 이틀간 참석했다. 거기서 그는 이 사업에서 성공한 컨설턴

Section 6 _ Finder/Binder/Minder/Grinder

트들로부터 강의를 들으면서 당장 실행하면 확실하게 생산성을 확실히 증진시킬 아이디어와 가치 있는 정보들을 모았다. 그리고 가장 중요한 사실은 그는 자신이 배운 정보들을 곧바로 행동에 옮겼다는 것이다.

실행 강화(PE) #1

고객을 세분화하라

이 컨설턴트는 자신의 고객을 우선순위에 따라 세 가지 유형으로 세분화했다. 그는 25명의 우선순위 높은 산출 그리고 높은 잠재성을 가진 고객들(A 고객들)에 집중했다. 중간 정도의 우선순위를 가진 고객들(B 고객들)은 함께 일을 했던 동료 컨설턴트에게 위임했다. 그리고 높은 서비스를 받으나 별로 산출이 없는 나머지 고객들(C 고객들)을 새로운 컨설턴트들에게 넘겨서 그들은 배운 것을 실행으로 옮기려고 하는 동료들과 Joint Work(성과창출 시 커미션을 나누어 가지는 제도)를 할 수 있게 했다.

실행 강화의 효과

이렇게 고객을 세분화해서 일을 함으로써 그 컨설팅드는 그의 정상의 매출 발생이 높은 잠재성을 가진 고객들에게만 초점을 맞춘다. 그는 또한 그의 B와 C 고객들과 의사소통, 서비스 또는 행정업무를 하지 않음으로 인해 상당량의 시간을 절약할 수 있다. 그 컨설턴트는 그 시간을 높은 산출을 내는 고객과의 관계를 발전시키고 재강화하는데 초점을 맞추기 위해, 그리고 이 고객들의 니즈에 창조적인 해결책을 개발하고 디자인하기 위해 쓸 것이다. 결과적으로 생산은 실질적으로 증가할 것이다.

실행 강화(PE) #2

정규 행정 보조사원을 고용하라

그는 이제까지 자신이 오직 25%의 시간만을 고객들과 잠재 고객들 그리고 새로운 관계들을 만드는 데 쓰고 있다는 사실을 깨달았다. 그는 전체 시간의 75%를 비수익 활동(Non-Revenue Producing Activities), 예를 들면 고객 서비스, 질문, 행정, 기본적 제의서 작성과 프리젠테이션, 사무실 안에 있을 때 발생하는 시간 낭비 등에 쓰고 있었던 것이다.

그는 만약 지금껏 소비한 비수익 활동시간의 반이라도 절약한다면 생산성을 두 배 이상 올릴 수 있다는 것을 발견했다. 그는 훈련을 잘 시키고 그의 활동에 같은 태도를 취하게 만든 정규 행정 보조사원을 채용했다.

실행 강화의 효과

정규 행정 보조사원은 비수익 활동들의 대부분을 맡음으로써 컨설턴트가 가장 잘할 수 있는 것—주요 수익발생 활동—을 할 수 있게 해주었다. 그는 최소 10만 달러의 회수를 위해 3만 5천 달러를 투자한 것인데, 자신과 자신의 활동을 위한 견실한 투자였다.

실행 강화(PE) #3

외부의 전략적 제휴의 개발

그의 활동을 한 단계 더 올리고 양질의 높은 산출을 내는 고객들을 제공하기 위해서, 그 컨설턴트는 그가 정기적으로 고객추천을 받던 가장 크고 가장 명망 있는 회계 회사

Section 6 _ *Finder/Binder/Minder/Grinder*

를 찾아갔다. 방카슈런스로 규제가 철폐됨으로써, 회계사들은 그때 보험과 투자상품을 판매하도록 허용되었다. 그리고 그 컨설턴트는 회계사들과 연계하여 Joint-Work를 함으로써 서로 윈-윈하는 기회를 보았다:

컨설턴트는 재정 설계의 개념과 그들의 회사를 위한 증가된 이익의 기회(Joint-Work)를 이용하여 파트너 회사들에게 접근하였다. 파트너(회계사)들은 완전히 허가를 받고 있으나 판매 과정에 참여하고 있지는 않는다. 그들의 주요 기능들은 회계 고객들을 그 컨설턴트에 소개 시키고, 플래닝(Planning)을 위한 진행과정을 보조하고 고객에게 프리젠테이션을 제공하기 전에 재무계획서(Financial Planning)의 마지막 손질작업을 준비하고 있는 것이다. 컨설턴트는 이 재무계획서(Financial Planning)를 제시하고, 그 플래닝(Planning)에 나타난 니즈에 따라 필요한 것들을 만족시키기 위해 상품을 판다.

핵심적으로 그 회계회사는 고객 발굴자/발표자료를 만드는 사람(Finder/Grinder)이 되고, 그 컨설턴트는 고객 관리자/계약 체결자(Minder/Binder)가 되는 것이다. 그 컨설턴트는 최근에 큰 재산 그리고 상해 상품(자동차보험, 화재보험 등) 컨설턴트와 지역 은행장을— 그들의 시장은 상호 배타적인 상품과 서비스를 제공한다 — 궁극적으로 이 전략적 동맹의 회원으로 만들기 위해 노력하고 있다.

실행 강화의 효과

이러한 고객 발굴자들을 타게팅함으로써, 컨설턴트의 고객 발굴 그리고 마케팅에 대한 걱정은 다소 치유될 수 있을 것이다. 그에게 더 많은 시간을 아끼게 하여, 그로 하여금 고객과의 관계들을 더욱 재강화하여, 창의적이고 시기 적절한 해결책들을 디자인하고, 상당한 영업건수를 마감하는 데 집중토록 한다. 추가적으로 컨설턴트의 잠재고객에 대한 발굴을 가시적으로나마 볼 수 있게 되어, 생산과 매출과 이익을 손에 잡을 수 있도록 계획에 의한 영업을 하게 되어 생산성이 증가할 것이다.

고객 발굴자/계약 체결자/
고객 관리자/고객 분석자의 정의

고객 발굴자

계약 체결자

나는 누구인가?

고객 관리자
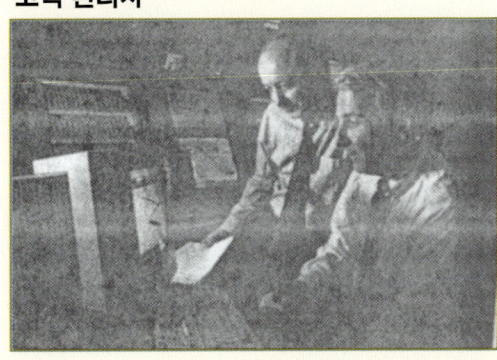

고객 분석자

Section 6 _ Finder/Binder/Minder/Grinder

이전 장에서 논의한 것 같이 정신적이고 육체적인 장벽을 넘기 전에 자기 자신에 관해 반드시 알아야 할, 실행 강화와 관련한 기본적인 것들이 있다. 우리의 강점과 약점을 그리고 좋아하는 것과 싫어하는 것을 발견하는 것은 실적과 활동을 개선시키는 데 전략적으로 중요하다. 우리의 사업과 관련되어서, "나는 누구인가"를 알아내는 것은 나의 실행을 성장하게끔 하는 주요한 요소이다. 그러므로 나는 이 장의 모든 부분을 고객 발굴자, 계약 체결자, 고객 관리자, 고객 분석자 또는 이것들을 조합함으로써 내 자신을 어느 부류에 속할 것인가?를 찾는 데 우선순위를 두었다. 이러한 자기인식은 자신의 실행을 현저히 성장하게끔 하길 원하는 사람에게 결정적으로 중요하다.

자, 그러면, 우선 각 범주의 정의부터 내리도록 해보자.

고객 발굴자(Finder)

고객 발굴자(Finder)는 견실한 고객 발굴자이고 관계를 매우 쉽게 만드는 사람이다. 대개 매우 활동적이고 사교적이고 좋은 대화자이다. 이 사람은 친교 모임에서 다소 쉽게 그리고 매우 편하게 일할 수 있다. 그리고 대부분의 경우에 있어서, 그가 만나는 모든 사람들에게 긍정적인 인상을 심는다. 이 사람은 사람에 대한 열정을 가지고 긍정적이고 지속적인 인상을 가지고 있지만, 많은 경우에 있어 기술에는 능숙치 못하다.

계약 체결자(Binder)

계약 체결자(Binder)는 보통 고객 발굴자보다 더 기술적이다. 그는 상세한 업무를 알고 조직화되어 있으며 복잡한 제안들, 세금, 법적인 문제들의 더 세부적인 부분에 대해서 쉽게 이야기할 수 있다. 계약 체결자는 좋은 대화자이지만 반드시 '사교적인 사람'이 될 필요는 없다. 이 사람에게 복잡한 문제를 줘라. 그는 그 문제를 풀 것이며 그것을 명확하고 정확하게 프로의 자세로 설명할 수 있을 것이다.

고객 관리자(Minder)

고객 관리자(Minder)는 주로 기존의 고객들을 유지하고 새로운 사업의 기회들을 창조하는 데 필수적인 서비스와 의사소통의 역할을 한다. 본질적으로 고객관리자는 지속적이고 가치 부가적인 지원과 서비스를 고객들에게 확실히 전달한다. 이 역할은 각 고객과의 관계를 더욱 굳건하게 하고 성장하게 하는 관계를 유지하는 데 필수적이다. 그러나 앞에서 언급하였듯이 서비스와 지원의 종류와 양은 고객 세분화 (A, B, C급 고객)에 의해서 배분되어만 한다. 더 작은 부분에 있어서 이 사람은 또한 고객 분석자의 역할을 한다.

고객 분석자(Grinder)

고객 분석자(Grinder)는 보통 사교적인 사람이 아니다. 반면에 기술적인 면에 익숙해 있을 것이다. 이 전략적인 사람은 주로 제안서를 작성하고 수치를 계산하고 프리젠테이션을 만들고 전반적인 행정업무를 책임지는 '배후의 인물'이다. 때때로 계약 체결자가 중요한 역할을 하지만, 이 포지션은 고객 분석자가 영업업무를 조정하고 고객 발굴자와 계약 체결자가 그들이 가장 잘하는 것—고객 발굴, 시장화, 상품제시 그리고 판매를 하는 시간을 줄여준다는 점에서 매우 중요한 역할을 한다.

최근에 나온 LIMRA International이 발간한 〈생명보험에 대한 고객의 선호도와 생명보험을 살 건지, 사지 않을 건지에 대한 소비자의 결정〉에서는 소비자를 기쁘게 하는 것은 양질의 서비스라고 말한다. 왜냐하면 그들은 그것을 기대하지 않기 때문이다. 그러나 이 산업에서 다소 슬픈 논평은 양질의 영업활동을 통해 고객 발굴자와 고객 관리자는 이러한 양질의 서비스를 지속적으로 제공함으로써 고객과의 관계를 재강화할 수 있다는 것이다. 묘사된 네 가지 역할들을 보면서 혹자는 개인 영업자가—특별히 상당한 고객을 가지고 있는—네 개의 모든 역할들을 수행하면서 생존할 수는 없을지 궁금할 것이다. 결론적으로 나의 대답은 누구도 네 가지 역할을 다 수행하면서 생존할 수 없다는 것이다.

Section 6 _ Finder/Binder/Minder/Grinder

고객 발굴자/계약 체결자/고객 관리자/고객 분석자의 사례 연구

이 장에서는 Freddy라는 프로듀서의 예를 들어 그의 활동을 살펴보기로 하자. S커브 상에서 두 가지 다른 예를 발견할 수 있다.

그림 1〉 사례연구 — Freddy 고객 발굴자, 혼자서 다하기

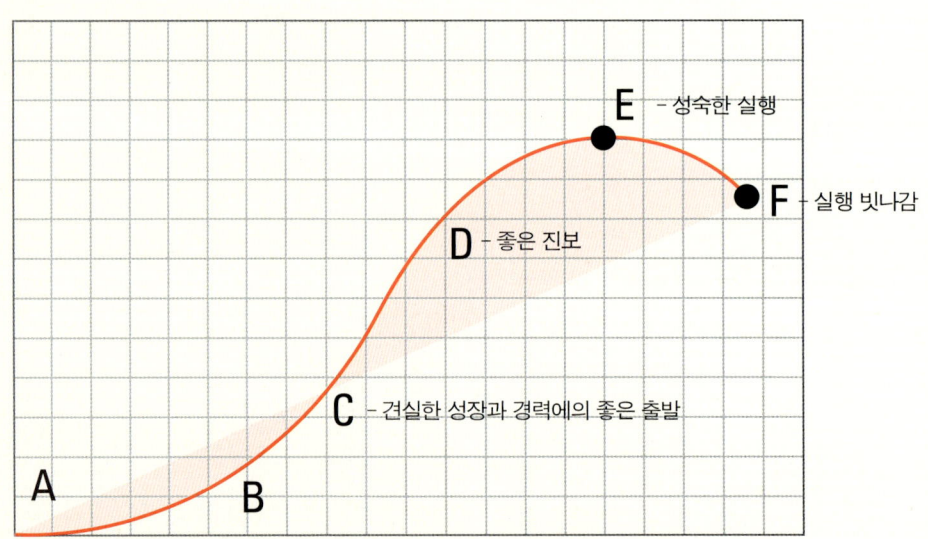

Freddy는 초기 활동에서 굉장한 출발을 하였다. 그는 연평균 70건의 판매를 했으며 3년 후에는 10만 달러의 총이익을 얻었다. 그는 자신과 그의 활동들을 마케팅하고 있었으며 관계들을 발전시키고 있었다. 견실한 지식 기반을 마련하여 고객용 제안서들을 전개하고, 프리젠테이션을 발전시키고, 200명이 넘는—계속 늘어나고 있는—고객 기반을 지원하고 서비스 하는 데 최선을 다하고 있었다. 그는 모든 것을 혼자서 다했다. 그러나 어느 시기를 지나면서 그는 '사무실의 소일거리'—고객서비스, 사례 제시, 지속적인 전화, 예상치 못한 방문, 사무실에서 있음으로써 생기는 전반적인 정신의 흐트러짐—를 진실로 좋아하지 않는다는 것을 깨닫기 시작했다.

고객 발굴자

그는 관계를 발전시켜 고객과의 약속을 이루어내는 것에 능숙했고, 또 그 일을 좋아했다. 그러나 그가 고객 분석과 고객 관리를 정말로 싫어하고 심지어는 피하려고까지 했다는 것에는 의심할 바가 없다.

S커브 상에서 Freddy의 현재 시점은 〈그림 1〉의 정상 부분 E에 표시된 X로 나타난다. Freddy의 활동은 빠른 시작을 보였다. 그는 고객기반과 수입을 세워나가면서 잘 진보하였다. (A-B-C-D)

Freddy는 현재 자신이 지극히 시간 소비적이고 게다가 하고 싶어하지 않는 서비스와 행정 업무에 얽매어 있다는 것을 알게 되었다. Freddy는 그가 싫어하는 것에 더 많은 시간을 보내고 그가 진실로 즐기고 있는 것에 대해서는 더 적은 시간을 보내고 있었다. 그에게 성공과 수입을 가져올 고객 기반의 성장은 더욱 힘들어지고 있고, 더 많은 서비스와 지원을 필요로 하며 점진적으로 더 많은 시간을 요구하게 될 업무에 방해를 받고 있다는 사실을 깨닫게 되었다. 이러한 고객분석과 관리의 혼란은 Freddy의 고객 발굴과 계약 체결의 시간을 40% 이하로 줄게 하는 원인이 된다.

Freddy는 S커브의 정상에 있기 때문에—정체상태—활동에 원기를 회복하기 위해서는 정체를 벗어나 새로운 S커브를 시작해야만 한다. 만약 그가 자신의 침체를 인정하지 않는다면, 또는 원기를 회복하기 위해 시작활동을 활성화하지 않는다면 Freddy의 활동은 F처럼 빗나가게 될 것이다. 고로 Freddy는 그의 활동을 활력 있게 시작하려면 우선 무엇을 해야만 하는가? Freddy는 그의 활동을 평가했다. 그가 고객과의 관계를 발전시킬 것과, 고객들을 위해 해결책을 제시하는 것 그리고 계약 체결이야말로 가장 중요한 것이라는 사실을 깨달았다. 그는 이 활동을 하는 것을 좋아했고, 여기에 매우 유능했다. 그는 고객 발굴자와 계약 체결자(Finder/Binder)의 역할을 계속 해 나가길 원했다.

Section 6 _ Finder/Binder/Minder/Grinder

그는 또한 그의 활동에서 행정, 서비스 측면에 있어서는 기대수준 이하로 좌절되고 혼란스러움을 깨달았다. 그는 그 활동들을 싫어했고, 그 활동이 자신의 수익 창출 행위인 고객 발굴과 계약 체결의 시간을 점점 더 뺏어가고 있는 것을 깨달았다. 이 딜레마를 해결하기 위해 Freddy는 그의 고객들을 관리하고 서비스하기 위한 행정적이면서 컴퓨터 기술을 가진 전직 프로듀서를 고용했다(고객 관리자/고객 분석자 Minder/Grinder). 이렇게 함으로써 Freddy는 고객 발굴과 계약 체결에 대해 더 집중할 수 있게 되었고, 동시에 40%의 시간을 더 많은 고객 발굴과 계약 체결 스케줄에 추가할 수 있었다. 그 결과 더 많은 판매를 할 수 있었다.

추가적으로, Freddy는 더 긍정적인 자세를 갖게 되었다. 왜냐하면 그는 그가 좋아하는 것을 하기 때문이다. 그는 그가 싫어하는 일에 대해 권한을 위임하고 있으며, 가장 중요한 것은 그의 활동을 다시 새롭게 하여 그 자신에게 미래를 위한 긍정적인 전망을 주고 있다는 것이다.

그의 새로운 S커브의 구조는 다음과 같이 나타난다.

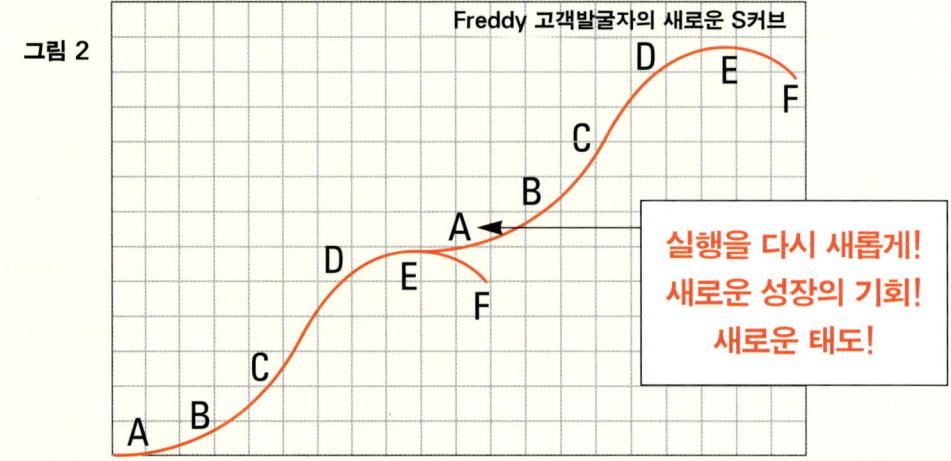

그림 2 — Freddy 고객발굴자의 새로운 S커브

실행을 다시 새롭게!
새로운 성장의 기회!
새로운 태도!

고객 발굴자/계약 체결자/고객 관리자/고객 분석자 수익생산활동

고객 발굴자의 수익 창출 활동들(RPAs)

- 기존의 고객들과 일하기
- 추천고객 그리고 조언을 구하기
- 고객 세분화 (A, B, C, D)
- 힘의 자원을 개발하기
- 어드바이저와의 관계를 발전시키기
- 세미나를 활성화하기
- 자선 이벤트를 주관하기
- 관공서, 비영리단체 지원하기(Civic Market p.181참조)
- 고객 야유회 주관하기
- 연도별 평가서 제작하기
- 듣는 기술을 향상시키기
- 더 많은 관계들을 만들기
- 다른 고객 발굴자와 함께 일하기

계약 체결자의 수익 창출 활동들(RPAs)

- 더 강한 관계들을 발전시키기
- 어드바이저와 함께 일하기
- 초기에 어드바이저를 데리고 오기
- 활동 프리젠테이션
- 프리젠테이션에 고객 분석자 활용하기
- 요약 글을 활용하기
- 프리젠테이션을 간단히 하기

- PSS(Professional Selling Skill) 코스 수강하기(판매기법을 배우는 코스)
- 전략을 먼저 만들고 상품을 나중에 만들기
- 목표들과 걱정들을 다시 살펴보고 확정하기

고객 관리자의 수익 창출 활동들(RPAs)
- 지원팀 사원을 고용하기
- 지원팀 사원을 훈련시키기
- 권한을 이양하기
- 연도별 평가 계획
- 고객 야유회 조직하기
- 생일/휴일에 고객에게 전화하기
- 모든 활동과 그것을 행한 사람들의 리스트 만들기
- 고객 발굴과 계약 체결에 시간을 보내기
- 고객 관리를 마케팅 활동으로 만들기
- 고객 관리를 비용 센터가 아닌 이익 센터로 생각하기
- 달력 보내기
- 프로의 이미지를 개선하기
- 파일들을 깨끗이 하고 시스템을 만들기
- 고객 의사소통을 강화하기

고객 분석자 수익 창출 활동들(RPAs)
- 다른 고객 분석자들과 일하기
- 매우 기술적인 고객 분석은 권한 이양하기
- 고객 발굴을 돕기 위해 고객 분석의 기술들을 이용하기

- 프리젠테이션을 단순화하기
- 상품 판매에 초점을 두는 것이 아니라 문제를 푸는 것에 중점을 두기
- 나의 목표와 근심에 초점을 두는 것이 아니라 고객들의 목표와 근심들에 초점을 맞추기
- 주관적이 아닌 객관적이 되기
- 내가 사고 싶을 정도의 해결책을 제시하기
- 컴퓨터 기술을 증진시키기
- 전문적인 지식을 개선시키기

Section 6 _ Finder/Binder/Minder/Grinder

고객들을 유지하기 위한 다섯 가지 비밀
By Ralph Stillwell

Minnesota Mutual의 Agent인 Ralph Stillwell은 24년간 National Quality Award를 받아왔다. 그는 또한 20년간 MDRT 회원이기도 하다.

보험업계에는 이런 속담이 있다. "사람들은 당신이 얼마나 많이 돌보느냐 보다 당신이 얼마나 많이 아는가에는 덜 신경을 쓴다." 그것은 사실이다. 여기 내 고객들에게 내가 얼마나 많이 신경을 쓰는지 보여주는 다섯 가지 방법이 있다.

① 생일 축하 전화

이 전화는 고객들에 대한 나의 개인적이고 전문가적인 관리를 보여준다. 그것은 보통 나의 고객이 그날 가장 처음 받는 생일 축하이다. 왜냐하면 나는 생일 하루 전날 전화를 하기 때문이다. 심지어 내가 메시지를 남길 수밖에 없을 때에도, 고객은 그 사려 깊음에 감사를 한다. 내가 고객에게 이야기를 할 때, 내가 전화한 이유는 당신의 행복한 생일을 바라는 것뿐이라고 설명한다. 종종 나의 고객들은 보험에 관해 질문을 한다. 만약 고객이 질문을 하게 되면 우리는 그 고객의 당장의 근심을 상의하기 위해서 그리고 우리의 연별 평가서를 작성하기 위해서 약속을 정한다. 고객이 먼저 보험의 주제를 제기했기 때문에, 이 논의는 생일축하 행위의 의도를 흐리게 하지 않는다.

② 끝나지 않은 상태로 놔두기

대부분의 에이전트들은 모든 것을 완벽하게 매일매일 끝내야 한다고 믿고 있다. 그러나, 한 가지 또는 두 가지를 남겨두어서 당신이 약속을 지키기 위해 보험증권을 전달한 후 밤에 전화를 걸 수 있게 하라. 약속된 정보를 전달하기 위해서 잠재고객 또는 기존고객에게 가능한 한 빨리 전화를 걸어라. 그것은 또 다른 보험가입자를 만들어 주는 — 예를 들면 손자 손녀들에 대한 보장보험 같은 — 것이다. 판매에 연관되지 않은 생각을 나누기 위한 약속을 지속하는 것은 고객에게 당신이 수수료를 받고 나서도 그 고객을 생각하고 있다는 것을 환기시켜 준다. 과거 20년 동안, 사업에서 개인적 서비스는 줄어들고 있다. 사람들은 나쁜 서비스를 기대해 왔다. 당신의 좋은 서비스는 고객의 마음을 다시 새롭게 하고 감사하게끔 만든다. 약속들을

보험 영업도 Finder/Binder/Minder/Grinder로 역할을 분담해서 일하는 것이 훨씬 효과적이다.

신속하게 수행하는 것으로서의 컨설턴트의 명성을 획득하라.

③ 고객들이 현재의 자료로 업데이트 될 수 있도록 도와라

고객들에게 관심 있는 글들을 보내라. 당신의 고객들에게 맞는 주제의 글을 만나게 되었을 때, 그 글을 다음과 같이 시작되는 메모와 함께 보내라. "혹시 이 글을 보셨는지 모르겠습니다. 저는 이 글을 흥미롭게 느꼈고 고객님도 그럴 것이라고 생각했습니다." 현재의 관심 있는 글들, 특히 변호사거나 또는 회계사인 고객들에게 세금 법의 변화와 해석들을 보내는 것이다. 만일 고객이 그 정보를 이미 보았다 하더라도, 그는 당신이 자기를 생각했다는 것에 여전히 기분이 좋을 것이다.

④ 고객들을 다른 사람들에게 소개해 주어라

당신이 생각하기에 고객이 관심을 가질 수 있는 것들이라면, 고객을 라이온즈 클럽 미팅 또는 운동경기에 초대하라. 공통의 관심을 가진 사람들에게 고객을 소개 시켜 주는 것은 일부러 부탁하지 않아도 고객추천의 토대가 된다. 고객을 운동경기에 초대하는 것은 편안한 분위기를 만들고 대개의 경우 업무적인 질문을 이끌 수 있다.

⑤ 고객의 만족을 질문하라

보험상품을 전달한 3일 후에, 고객에게 전화를 걸어 그가 그 상품에 관련해 어떤 질문이나 문제가 있는지 문의하라. 그것은 마치 웨이터가 고객에게 주문에 만족했는지를 묻는 것과 같다. 우리도 이것을 해야만 한다. 그것은 상품을 구매하지 않거나 거부할 가능성을 없앤다. 또한 영업 실패로 이끄는 성가신 질문들을 없앤다. 대개 고객의 성가신 질문들을 예상해서 그 어려움들을 덜어주면 쉽게 답변 될 수 있다. 더 중요한 것은 당신의 걱정이 그에게 프로의식으로 나타나게 되어 상대에게 첫 검토를 위한 단계를 마련토록 한다는 점이다. 마지막으로 한 해에 여러 번 고객들과 접촉하게끔 만드는 시스템을 이용하도록 하라. 어떤 경우에는 나타나지 않는 것이 고객의 마음을 좀더 우호적으로 만들기도 하지만, 많은 컨설턴트들이 고객의 눈에서 벗어나면 진실로 고객의 마음에서 벗어난다는 것을 발견하고 당황한다.

스태프로부터의 작은 도움 By Steve Moeller

Steve Moeller는 American Business Visions의 회장이다.

모든 사업은 두 가지 목표가 있다. 현금 흐름을 최적화하는 것과 자산을 늘리는 것이 그것이다. 전통적인 커미션 기반(Commission-based)의 금융 서비스 영업활동은 정말로 현금을 산출하는 반면, 기업 자산에 있어서는 아무런 변화를 주지 못한다. 만약 당신이 계속해서 판매를 하지 못한다면, 현금은 멈출 것이고 당신의 활동 가치는 제로가 될 것이다.

반면 수수료 기반(Fee-based)의 Wealth Management 사업은 자산을 끌어 모아 갖고만 있으면 당신에게 무언가 떨어진다. 기존의 고객으로부터 들어오는 정기적인 매출로 인해 당신의 사업은 정량화 될 수 있고 유동화 될 수 있는 가치를 갖게 되고, 더 많은 고객을 모을수록 그 가치는 점점 더 커진다.

세미나 교재인 《The E-Myth》의 저자 Michael Gerber는 모든 작은 사업의 소유주는 세 개의 다른 성격 타입들의 혼합물이라고 했다. 즉 기술자, 관리자 그리고 창업자이다. 기술자는 매출을 일으키는 활동을 한다. 반면 관리자는 업무를 조정하고 다른 국면들을 통해 조직의 성장을 이끌고 스텝을 고용하고 목표를 제정하는 창업자의 비전을 수행한다.

당신 자신의 사업을 만드는 데 있어서, 목표는 반드시 기술자가 되는 것에서 창업자가 되기 위해 관리자가 되는 것으로 옮겨져야 한다. 궁극적으로 당신은 사업의 '안'에서가 아닌 '위'에서 일하길 원한다. 어떻게 점 A에서 점 C로 옮길 것인가? 처음 해야 할 것은 당신의 목표들을 명확하게 하는 것이다. 만약 당신의 사업이 진실로 일이 아닌 사업이 되기 위해서는 반드시 매출을 발생시켜야 한다. 그것은 곧 자산을 발생시키는 일이다. 그리고 만약 당신이 100만 달러의 자산을 만들기를 원한다면, 당신은 연 매출의 반을 필요로 할 것이다.

만약 그 수입이 평균 약 80포인트의 자산관리 수당으로부터 온다면 당신은 6,250만 달러의 운용자금이 필요할 것이다. 당신은 당신의 개인적인 목표들을 이루기 위해 다른 수치들을

Section 6 _ Finder/Binder/Minder/Grinder

대치할 수 있다. 일단 당신이 원하는 매출을 추정을 한 후, 당신의 비용이 어떨지에 대해 상세한 예산을 만들어라. 만약 당신이 50만 달러의 매출을 발생시킨다면, 당신은 아마도 또 다른 수천 수백의 기타 수당과 수수료에 의지할 수 있을 것이다. 매출액이 60만 달러인 전형적인 자산운용을 하는 것은 당신에게 일년에 약 35만 달러의 순 수입을 남기고 약 25만 달러의 비용을 일으킬 것이다.

이러한 성공의 처음 단계에 도달하기 위해, 나는 약 3년간의 계획을 세울 것이다. 그 계획은 먼 환상처럼 보이는 것이 아니라, 당신에게 그 목표를 이룰 수 있는 충분한 시간을 줄 것이다. 3년간 당신이 경영하고 싶은 금액, 당신의 순 수입, 당신이 일주일간 일하길 원하는 시간, 사업에 당신이 가질 자산의 양, 그리고 은퇴를 위해 저축할 양을 적어보라.

일단 2-3년간의 목표를 세운 후에, 그것들을 이루기 위해 무엇을 해야 하는지 고려해보라. 당신이 사업을 경영할 때, 당신은 활동에 의해 급여를 받지 않는다. 오로지 결과만을 통해서 받는다. 그리고 당신의 사업 목적들을 이루기 위해 의심할 여지 없이 열심히 일을 해야만 하는 반면, 단순히 많은 시간을 투자하는 것만으로 목표를 이루지는 않을 것이다. 일을 더 현명하게 하는 방법을 발견할 필요가 있다.

바로, 이 부분이 위대한 조직이 당신을 도울 수 있는 부분이다. 꿈을 이루기 위해 당신은 서비스를 오류 없이 전달할 수 있는 잘 디자인된 조직 구조 속에, 적절한 자리를 채우는 최적의 사람들을 가져야 할 필요성이 있다. 모든 사업은 성공하기 위해 반드시 제공해야 하는 네 가지 주요한 기능들을 가진다. 첫째는 새로운 계약을 체결하는 활동이다. 다른 말로는 마케팅이다. 그 후에는 당신이 매출을 발생시키기 위해 행하는 운영이다. 다음은 마케팅과 운영을 지원하는 인프라를 만들기 위한 재정과 행정이다. 그리고 마지막으로 사업을 위한 비전을 갖고 그것을 어떻게 달성해야 하는지를 아는 경영이 있다.

당신이 사업을 시작할 때, 당신은 아마도 새로운 고객들을 찾기 위해 대부분의 시간을 마케팅에 썼을지도 모른다. 그러나 당신의 사업이 성장할수록 관심을 점점 더 운영과 행정업무에 돌려야 한다. 고객들을 만나지 않고 그들의 문제점들을 풀기 위해 일하지 않을 때, 당신은 컴퓨터 시스템을 관리하고 있고 감사활동, 장부정리 그리고 개인적인 업무들을 하고 있다. 전형적으로 이 시나리오에서는 당신은 마케팅을 소홀히 여기고 수입은 침체될 것이다. 당신은 더 열심히 일하는 것으로 보상을 하려고 할 수도 있다. 그러나 돌아다니며 일하는 것은 당신뿐이다. 당신이 세운 목표를 향해 나아가는 유일한 길은 당신을 얽매이게 하는 많은 활동들을 이양할 수 있는 종업원과 협력업체를 고용하는 것이다. 그 행동은 당신의 사업을 계속해서 세워나갈 수 있도록 할 것이다.

가장 먼저 고려해야 할 사람은 매일 서류 작업과 세부 일들을 해줄 행정 보조 사원이다. 당신은 아마도 장부정리와 회계업무뿐만 아니라 컴퓨터의 설치와 유지도 외부업체에게 주길 원할 것이다. 다음으로 컴퓨터로 자료를 분석하고 당신의 고객에게 실적 보고서를 제공하고 고객들을 만나는 일을 담당할 수 있다.

만약 당신이 기술적인 면에 익숙하다면, 스태프에게 당신의 업무를 많이 이양하는 것에 불편함을 느낄 수도 있다. 그러나 어떤 것이 가장 좋은 시간활용인지 생각해 보라. 창업가로서 당신의 가장 큰 기여는 배우기, 생각하기, 계획하기, 목표를 세우기, 전략적 동맹을 창조하고 유지하기 그리고 생산성 증대하기를 통해 이루어질 것이다. 물론 당신은 고객과의 관계를 세워야 하고 새로운 고객을 창출해야 한다. 만약 당신이 사업을 구조화하여 이러한 활동들에 집중할 수 있다면, 당신은 사업 '속'에서 힘들어 하는 것이 아니라, 사업을 '지배' 할 수 있을 것이다.

이 사업모델의 강점은 이것이다. 만약 당신이 하와이에 한 달간 가기로 결정을 했더라도, 당신의 사업은 당신 없이도 왕성하게 활동할 것이다. 사업의 매출을 올리기 위한 방법으로 지속적인 판매로 인한 커미션 획득을 택했다면 결코 가질 수 없었던 재정적인 독립과 자유를 주는 것이다.

일단 당신이 이상적인 사업 구조를 창조하였고 그것을 적격의 사람들에게 맡긴 이후에는, 당신과 종업원이 열심히 일할 수 있게 도울 환경을 만들어 주고 당신의 자원을 최적화해야 한다. 이것은 반드시 적격의 컴퓨터, 데이터베이스, 소프트웨어 시스템, 가구, 납품업체 등을 가져야만 하는 것을 의미한다. 이런 것들은 당신의 스텝들이 시장에 가치가 부가된 서비스를 제공할 수 있게 한다. 그래도 기억하라. 모든 것을 당신이 다 할 필요는 없다. 당신의 책무는 고객을 희열에 넘치게 하기 위해 팀을 구성한 지원, 영업, 조직들의 활동을 조정하는 것이다.

무엇을 아웃소싱해야 하는가? 필요한 각 서비스를 고려할 때, 그것을 회사가 할 때의 기회비용을 생각하라. 당신은 더 통제력을 갖기 위해서 혹은 더 경제적으로 보이기 때문에 모든 것들을 당신의 회사 내에서 수행하도록 유혹을 받는다. 그러나 당신이 잃는 것을 과소평가하지 말라. 수수료 기반 사업 경영은 많은 사람들의 전망에 의하면, 매년 20%~40% 사이에서 급성장하고 있다. 당신의 사업이 그 정도 또는 더 빠르게 성장하기 위해서는 당신과 당신의 동료들이 시간 낭비의 업무들로부터 자유로울 수 있는 효율적인 조직을 가질 필요가 있다.

당신은 앞으로 지속적으로 진보해나갈 수 있는 방법이 필요할 것이다. 그것은 문서화된 계획과 예산을 갖는 것으로 해결된다. 당신은 매달 매출과 비용을 추적하게 만드는 스프레드시트와 중간 목표들을 정하는 계획, 그리고 어떻게 당신이 목표를 이룰 수 있을지에 대한 대비책을 가져야만 한다. 이것은 굉장한 양의 업무를 필요로 한다. 그러나 그것은 당신이 자원을 분배하고 요구되는 중간 평가 및 조정을 돕는 데 핵심적이다.

당신은 또한 모든 사원들에게 고용 계약서를 써줄 필요가 있다. 그러한 계약서는 구체적인 기술과 책임을 정의하고 조직이 성공하기 위해, 그들이 할 필요가 있는 것들을 이야기 한다는 점에서 업무 소개서 정도의 의미를 뛰어 넘는다. 이러한 고용 계약서는 사업 내의 모든 것들이 어떻게 이루어져야 하는지를 서류화하도록 도와준다. 만약 누군가가 떠난다면, 당신은 반드시 대체 요원을 고용하여 매우 빠르게 새로운 사원을 적응시켜야 한다. 조직 내 각 멤버를 위한 목표를 정하라. 그리고 성취 업무들과 문제점을 검토하기 위해 중요 인물을 매달 한 시간이나 두 시간동안 만나라. 그리고 당신 사업의 각 부분을 위해 계획을 세워라. 그리고 각 사람이 주어진 목표를 달성했을 때 보상 받을 수 있는 구조를 가져야 한다.

업무에 대해 한마음으로 협력하기 위해, 때때로 모든 스텝들을 데리고 사무실 밖으로 나가라. 이것은 당신이 손수 뽑은 팀원들이 당신 사업의 목표를 이루는 것을 돕기 위해 상상력과 창의성을 사용할 기회를 제공한다. 당신은 팀의 모든 사람이 같은 미션과 적절한 인센티브를 가졌을 때 성취할 수 있는 것을 보고 놀랄 것이다.

당신이 본질적으로 기술자였던 영업사원에서부터 사업 준비자와 창업자가 되는 변환을 겪으면 겪을수록, 당신의 삶의 질은 드라마틱하게 개선될 것이다. 당신의 사업 '안'에서 힘들어 하는 것 대신 당신의 사업을 '지배'하며 일하는 것으로 인해, 당신은 가장 큰 자산과 기쁨을 누릴 수 있다.

Section 6 _ Finder/Binder/Minder/Grinder

고객 발굴자/계약 체결자/고객 관리자/고객 분석자의 성공 공식

공식 #1 성공의 기둥은 접근(Access)이다!

프로듀서가 판매를 시작하거나 또는 고객 발굴 작업을 하기 전에, 반드시 타깃 마켓에 접근하여야 한다. 그리고 그들과 관계를 정립하는 것이 접근의 주요한 열쇠이다.

공식 #2 접근 = 기회(Access = Opportunity)

접근은 주로 특정한 타깃 마켓의 영향력 있는 사람들과 신용을 쌓는 것을 의미한다. 이 타깃 마켓 내에서 중요한 사람들에게 마케팅과 판매를 함으로써, 분명히 많은 기회들이 생길 것이다. 접근은 고객 발굴자(Finder)와 고객 관리자(Minder)가 주로 발견한다.

공식 #3 접근 + 전문가 확보 = 기하급수적인 판매 성장 (Access + Expertise = Exponential Sales Growth)

1) 타깃 마켓에 영향력이 있는 사람들에게 접근하여 2) 견실한 관계를 세우는 것과 3)타깃 마켓의 편의를 도모해주는 분야의 핵심 전문가를 확보하는 것은 당신의 영업성장을 이끌 불가분의 관계이다.

공식 #4 전문적인 고객 발굴 + 전문적인 고객 분석 = 쉬운 계약 체결 (Expert Finding + Expert Grinding = Easy Binding)

견실한 관계로 발전시킨 타깃 마켓 내에 있는 중요 의사 결정자에 접근하는 것이 바로 고객 발굴을 전문적으로 하는 열쇠이다(Expert Finding). 여기에다 간단 명료한 제안서와 프리젠테이션을 연계해라. 이렇게 할 때야말로 명확한 의사소통의 Tool이 바로 전문적인 고객분석이다(Expert Grinding). 그러면 당신은 쉽게 판매를 할 수 있을 것이다(Expert Binding).

접근의 기둥

가장 프로패셔널한   **가장 바람직한**

조정자 그룹들
(이사회 : Master Mind Group)

기존 고객들
(높은 산출의/높은 잠재성의)

추천고객들
(최우수 고객으로부터 받은)

타깃 마케팅
(정의된 시장들에 집중한)

판매전화
(전문적이지 못하나 때때로 필요한)

가장 덜 프로패셔널한   고객발굴 수단들   **가장 덜 바람직한**

Section 6 _ **Finder/Binder/Minder/Grinder**

계약 체결의 열 가지 단계들(Binding)

계약 체결의 열 가지 단계들

계약체결을 위해 기적이 필요한 것은 아니다. 단지 다음의 단순한 10가지 단계를 따르라.

1. 당신의 잠재고객이 바로 "예"라고 말할 수 있게 하라. 당신이 고객과 이야기할 때, 고객이 "예"라고 대답할 질문을 하라. 이것은 고객의 마음에 긍정적인 형태를 만드는 것을 돕는다.

2. 잠재 고객들이 반대하는 이유를 알아내라. 당신의 잠재 고객들을 엄밀히 조사하고, 질문을 하라. 모든 반대에 있어서, "왜"라는 질문을 던져라. 당신은 오로지 한 회사하고만 사업을 하였습니까? 왜 당신은 회사를 바꾸지 않습니까?

3. 잠재 고객들이 바라는 것을 찾아내라. 어떻게 당신의 상품이 그것을 충족할지를 보여주라.

4. 특성을 팔지 말고 혜택을 팔아라. 이 충고는 친숙하다. 사람들은 어떻게 상품과 서비스가 그들의 삶을 더욱 쉽게 만들 것인지에 반응한다는 것을 기억하라.

5. 하나에 집중하라. 당신의 초점을 흐리게 하지 말라. 하나에 집중하고 혼동하지 말라.

6. 언제 입을 다물어야 할지를 알라. 판매 기회는 많이 놓친다. 왜냐하면 판매사원이 잠재고객이 기꺼이 사려고 하는 시점에도 계속 이야기하기 때문이다. 사람을 읽는 방법을 배우고, 언제 그들을 소개해줄 준비가 되어 있는지를 확인하는 법을 배워라.

7. 적격의 사람에게 판매를 하라. 만약 당신의 상품이나 서비스를 실질적으로 이용하는 사람들을 소개해줄 소개자의 리스트를 만든다면, 그들은 구매의 마지막 결정을 하도록 당신을 도울 것이다.

8. 끈기를 가져라. 만약 잠재고객을 방문할 필요가 있다면, 판매가 성공할 때까지 방문을 계속하라.

9. 잠재고객이 계약서에 서명하게끔 요청함으로써 판매를 꽉 잡아라. 이것은 고객의 마음을 목적이 아닌 서명에 있게 한다.

10. 잠재고객이 현명한 판단을 했다는 것을 재확인시켜라. 고객들이 당신과 사업을 함으로 인해, 즐거울 것이라는 점을 강조하라. 그리고 어떻게 진행되고 있는지 정기적으로 체크하는 것을 잊지 말라.

보완적인 관계의 혜택

당신의 부족한 점을 확인하고 공백을 메워라

당신이 좋아하는 것과 싫어하는 것 그리고 강점과 약점을 아는 것이 중요하다는 것이다. 당신의 활동에서 몇 발자국 물러나 '활동 안'을 살펴봄으로써, 활동을 쇠약하게 만들 비효율, 모순, 병목현상을 발견할 것이다. 이러한 문제들을 해결하기 위해 많은 돈을 계속 투자해야 하는 것은 아니다. 그것은 당신의 경영 방식이나 신규시장에 초점을 맞추는 방식의 변화에 관한 문제이다. 당신과 상호 중복되지 않는 재능과 경험을 가진 파트너와 영입하는 것으로 해결될 수 있다. 또는 고객발굴을 재강화할 수 있는 전략적인 동맹이 필요할 수도 있다.

공백을 메우기 위해 보완적인 관계들을 구하라

당신은 상호 보완적인 팀을 구성함으로써 많은 시간투자와 악화를 피할 수 있다. 사례연구에서 보았듯이, Freddy는 자신이 좋아하는 것과 싫어하는 것 그리고 장점과 단점을 확인하는 과정을 거쳐 자신의 단점을 보완해줄 수 있는 사람은, 사업을 알고 제안서 작성과 프리젠테이션을 즐기며 고객들을 관리하는 사람이라는 것을 깨달았다. 적격의 고객 분석자/고객 관리자(Grinder/Minder)로 이런 공백을 메움으로써, Freddy는 그가 좋아하고 가장 잘 하는 고객 발굴과 계약 체결을 하기 위한 여유를 갖게 되었다.

상호 보완적인 관계는 당신의 이익을 실질적으로 증가시킨다

Freddy처럼 모든 것을 자기 혼자 처리하려고 하는 태도를 버리고, 믿을 만한 업무 동료를 확보하여 당신은 중점 업무에만 집중할 수 있게 하라. 당신이 즐기는 것에 초점을 맞출 수 있다면, 당신은 확실히 긍정적이고 더 동기부여 되고 행복할 것이다. 추가적으로 당신이 가장 잘할 수 있는 것을 하는 데 더 많은 시간을 가지게 될 것이다. Freddy의 사례에서는 이를 통해 그의 활동에 있어 두 가지 주 매출 창출 활동인, 고객 발굴과 계약 체결에 40% 더 많은 시간을 쓸 수 있었다.

게다가 당신은 당신의 주요 영역에 집중하고 당신을 보완해줄 동료가 그의 업무에 집중할 때, 당신 활동의 다른 부분들이 전문적으로 처리되고 있다는 것을 알게 되어 매우 평화롭게 느낄 것이다. 그리고, 더 긍정적으로 동기부여 되고 초점이 맞추어지고 혼란스럽지 않은, 또한 이익 창출활동의 40%를 절약한 컨설턴트는 그의 생산성을 60~80% 신장시킬 수 있는 좋은 기회를 갖는다.

상호 보완적인 관계의 혜택들

- 업무에 있어 보완적인 동료와 팀을 이룸으로써 상당한 시간과 노력과 돈을 절약한다.
- 보완적인 관계를 발전시킴으로써, 당신의 활동을 더 빠르게 발전시킬 수 있다.
- 당신이 좋아하고 가장 잘하는 것에 집중할 수 있다.
- 더 긍정적이 되고 더 동기부여가 될 것이다.
- 이익 창출 활동에 더 많은 시간을 할애할 수 있을 것이다.
- 마음의 평화를 가질 것이다.
- 매우 집중된 업무태도를 갖게 될 것이다.
- 매출을 신장하고 비용을 줄일 것이다.
- 성공과 퇴보를 나눌 동료를 구할 것이다.
- 공적인 관계에 있어서는 비용을 나눌 수 있다.
- 업무를 나눌 수 있다.

당신 활동의 공백을 메워라

아래의 예는 상호 보완적인 관계에 대한 것이다. 고객 발굴자, 고객 관리자, 고객 분석자로서의 역할을 나눔으로써 어떻게 프로듀서들이 그들의 활동에서 발생하는 '공백'들을 채울 수 있는지를 보여준다.

ex 상속플랜에 전문성이 있는 Betty는 기술적으로 능숙하고 좋은 커뮤니케이션 능력을 가졌지만 잠재고객 발굴과 관계 형성에 있어서는 아직 익숙하지 못하다.
Betty는 상속플랜에 건실한 배경을 가지고 많은 고객들은 상담으로 이끄는 계약 체결자이다.
그녀가 정확한 지식과 기술을 가졌음에도 불구하고 그녀는 잠재고객발굴을 싫어하고 피하며, 때때로 좋은 고객발굴자가 되지 못했다. 그녀가 만약 상속플랜에 취약한 Freddy(고객 발굴자)에게 자신을 마케팅 한다면 상속플랜 활동의 귀중한 부분이 될 수 있다. 만약 이 관계가 발전되지 않거나 Betty가 자신의 보완적인 동료를 찾지 못한다면 Betty는 고생하다가 결국 이 산업을 떠날 것이다. 반대로 고객분석자를 필요로 하는 조직의 입장에서는 좋은 경력의 고객 분석자를 놓치는 결과가 된다. Freddy(고객발굴자)의 입장에서는 반드시 그의 '업무상 공백'을 메울 수 있는 Betty와 같은 고객 분석자를 찾고 자신을 마케팅 해야 한다.

Section 6 _ *Finder/Binder/Minder/Grinder*

당신이 가장 잘하는 것에 초점을 맞추고
당신을 보완해줄 동료와 함께 팀을 만들어라!

기술적으로 진보된 세상, 복잡한 제품들, 발전된 판매 개념들, 엄격한 감시 속에서 남보다 앞서가기란 매우 힘이 드는 일이다. 또한 고객의 기반이 확장될수록 양질의 서비스와 지원에 대한 필요도 그만큼 더 커진다. 도움 없이 활동을 혼자서 해나간다는 것은 거의 불가능하다. 잠재고객 발굴 시간, 마케팅 시간, 창조적 해결책을 개발하는 시간, 훈련시간, 교육시간, 계약을 체결하는 시간에 덧붙여 당신이 제정신으로 남아있는 것이 기적이다. 당신이 그러한 많은 역할들을 해내야만 할 때, 굉장히 많은 스트레스가 쌓이게 마련이다.

이러한 스트레스를 덜기 위해 당신의 업무를 보완해줄 파트너와 팀을 만들어야 할 것이다. 첫째로, 당신이 누구인지 결정할 필요가 있다. 고객 발굴자인가? 계약 체결자인가? 고객관리자인가? 고객 분석자인가? 이 네 가지 표현 중 어떤 것이 당신을 가장 잘 표현하는가? 당신이 무엇을 가장 잘하는지 그리고 무엇을 진정으로 가장 잘하길 원하는지를 결정하라. 예를 들어, 만약 당신이 굉장한 잠재고객 발굴자이고, 사교적인 사람이고, 추천고객을 받고 약속을 신속히 받아낼 수 있다면, 당신은 대개 고객 발굴자로서 강점을 가진다. 고객 발굴자로서 당신은 사회적인 교제를 다소 쉽게 할 수 있다. 당신은 능숙한 의사 소통자이며 사람들은 자연스럽게 당신에게 끌린다. 당신은 진정으로 고객 발굴자의 역할을 즐긴다.

반면에 당신은 좋은 계약 체결자가 아니고, 계약 체결 때 나타나는 고객과의 충돌을 좋아하지 않는다. 게다가 당신은 기술적이지 않으며, 공인회계사와 변호사를 대하기가 어렵다. 그렇다면 당신은 무엇을 해야 하는가? 당신이 진정으로 고객 발굴자로서의 역할을 즐긴다면, 왜 그 역할에만 중점을 두어서 당신이 가장 잘하는 ─ 관계 형성, 약속 설정, 고객 추천 받기 ─ 것에 당신의 강점과 투자 시간을 최대화하지 않는가?

계약 체결 부분은 어떠한가? 당신의 업무를 보완해 줄 파트너를 구하라. 그 파트너는 당신과 유사한 원칙과 윤리를 갖고 있고 유능한 계약 체결자여야 한다. 그러나 반드시 좋은 고객 발굴자일 필요는 없다. 자신의 일을 사랑하는 계약 체결자와 팀을 이룸으로써, 고객 발굴자는 자신이 하고 싶어하고 잘할 수 있는 일을 할 수 있고, 계약 체결자 역시 마찬가지이다. 각자 자신이 가장 잘하는 것에 집중할 것이고, 업무는 더 효과적이고 효율적으로 진행될 것이다.

계약 체결을 걱정하지 않는 고객 발굴자 그리고 고객 발굴을 걱정하지 않는 계약 체결자라는 점에서 두 프로듀서들은 더 긍정적인 마음—낙관적인 마음—을 발전시키고 그들의 영업활동에 굉장한 성장 기회를 보게 될 것이다. 결과적으로는 '더 많은' 기회들과 '더 많은' 계약 체결로 '더 많은' 판매를 하고 '더 많은' 이익을 낼 것이다.
고객 발굴자와 고객 분석자를 더 자유롭게 하기 위해서는, 고객을 위한 서비스와 지원을 하

Section 6 _ Finder/Binder/Minder/Grinder

고 명확한 프리젠테이션으로 발전시키고 새로운 사업을 이해하고 걸려오는 전화를 구분해주고 그날의 모든 비수익 창출 활동들과 혼란에서 당신을 구해주는 능력 있는 행정 보조사원 역할을 할 고객 분석자이자 고객 관리자를 고용하라.

계약 체결자와 고객 관리자와 협력함으로써 당신은 당신이 싫어하고 수익을 창출하지 않는 활동들을 하지 않을 수 있고, 당신의 수익 창출 시간을 100% 개선할 수 있을 것이다.

Professional Sales (I)
소개에 의한 고객발굴 - Finder

> 요점: 결코 판매 전화(Cold Calls)는 할 필요가 없다
> 리퍼럴을 꾸준히 얻기 위해 어떻게 말 해야 하는지를 배워라
> 받은 리퍼럴을 영업을 두 배로 늘이기 위해 사용하는 방법을 배워라
> 간접적인 방법으로 리퍼럴을 요구하는 방법 알아내기
> 수백 명의 고객으로부터 리퍼럴을 받는 방법을 배워라

1. 어떻게 요구해서 받아낼 것인가?

잠재고객을 위한 소개를 요청하느냐? 영업 마케팅 리서치 (Marketing and Sales Research) 조사에 의하면, 대부분의 영업 사원들은 대개 잠재고객발굴을 위한 소개를 요구하지 않는 것으로 나타났으며, 그들은 단지 결과에 따른 커미션 창출을 위해 더 열심히 일하고 있다. 당신이 요청할 때 고객에게 기꺼이 리퍼럴을 제공 받을 수 있는 것, 이것은 분명히 기회라고 말할 수 있다. 찬스는 당신이 요청할 때, 기꺼이 리퍼럴을 제공해 주는 고객이 있다는 것이다. 판매전화(Cold Calls)는 리퍼럴 콜보다도 훨씬 더 어렵고 불편하다. 고객 → 고객친구 → 친구의 친구로 이어지는 소개연결(Referrals Leads)이 전화 판매보다 훨씬 쉽게 세일을 할 수 있다.

우리가 리퍼럴을 얻을 때, 리퍼럴 받은 잠재고객의 개인적인 가족사항이나 취미, 구매패턴 등을 함께 질문 하라. 연구조사서는 소개 받은 잠재 고객들은 그들의 개인적인 가족사항이나 취미 등의 정보를 파악한 컨설턴트에게는 좀처럼 거절하기가 어렵다고 발표했다. 잠재고객에 대한 취미, 관심사나 가족사항 등에 대해서 더 많이 알고 있으면 알고 있을수록, 고객은 당신이 자기에게 상당히 관심을 갖고 있다고 생각하고, 더 많이 믿는다. 즉 소개를 받으려면, 보다 더 적극적으로 확실하게 받아내라. 그 길만이 당신의 영업을 두 배로 신장 시키는 길이다.

리퍼럴을 얻는 5단계

1) 모든 고객에게 일일이 요구하라.

2) 왜 당신이 리퍼럴이 필요한가를 설득시켜라.

3) 몇 명 정도가 필요한지 구체적인 숫자를 주어라.

4) 리퍼럴 받을 잠재고객의 라이프 스타일과 구매패턴 등에 관해 더 많이 배우라.

5) 서류를 종결하기 전에 리퍼럴을 요구하라.

2. 소개 받은 잠재고객을 어떻게 활용할 것인가?

소개 받은 잠재고객을 활용하는 4단계

1) 도입(Introduction)

　　스크립트(Script) : 안녕하십니까? 김 사장님?

　　저는 홍 길 동 입니다. 저는 최근에 김 사장님의 친구이신 박 사장님(client's name)과 만나서 얘기를 나눈 적이 있습니다. 혹시 박 사장님을 아십니까?

2) 공감대를 찾아내라(Generate Rapport)

　　스크립트(Script) : 박 사장님께서 말씀하시기를 김 사장님께서 OOO취미나 OOO에 대한 지대한 관심을 가지시고 골프도 잘 하신다는 걸 알았습니다. 제가 바로 알고 있는지요? 그렇다면, 이 분야에 대해서 좀더 자세히 말씀해주실 수 있는지요?

3) 설명하거나 약속을 만들어라(Present or Ask for an Appointment)

　　스크립트(Script) : 최근에 제가 박 사장님께 저희 회사의 신상품인 VUL에 관해서 말씀드렸더니, 바로 하겠다고 하시면서 굉장히 좋아하시더군요. 김 사장님을 소개해 주시면서, 아마 김 사장님께서도 저의 설명을 들으시면 관심을 갖으실 거라고 했습니다. 제가 김 사장님께 전화드렸다고 박사장님께 말씀드려도 괜찮겠습니까?

4) 약속을 맺어라(Close for an appointment)

스크립트(Script): 저는 이것이 김 사장님께로 혜택이 갈 수 있을지는 모르겠습니다만, 박 사장님께서 김 사장님께 전화로 말씀드려 약속을 잡아보라고 적극 추천해주셨습니다. 다음주 화요일 오전 10시경이나 목요일 오후 3시경 중 언제가 좋으시겠습니까?

3. 리퍼럴을 통해 어떻게 판매 할 것인가?

당신의 고객과 리퍼럴 자원들은 활용여하에 따라 영업을 증진시키는 데 결정적인 도움을 받을 수 있다. 그러나 불행히도 대부분 컨설턴트들은 리퍼럴을 받자마자 그 이름을 곧 잊어 버리는 경향이 많다. 새로 받은 잠재고객이 컨설턴트와 상품에 대해 편안한 느낌을 받으면 훨씬 더 쉽게, 그리고 빠르게 성과가 나오게 된다. 그래서 이러한 잠재고객을 위해 간단한 선물을 보내도록 하라. 이러한 선물은 조그마한 커피잔 선물 셋트로부터 값비싼 골프 백이 될 수도 있다.

리퍼럴 자원을 통해 판매하는 3단계
1) 당신이 접촉하기 전 소개해준 고객이 먼저 잠재고객에게 전화하도록 부탁하라.
2) 잠재고객에 보내준 문서화된 설명자료를 소개해준 고객에게도 송부하라.
3) 당신이 Sale을 잘 할 수 있도록 소개해준 고객을 Sale에 투입 시켜라.

Section 6 _ Finder/Binder/Minder/Grinder

Professional Sales(II)
신뢰를 쌓는 법 - Binder / Minder

> 요점: 사람들이 어떻게 구매를 결정하는가를 배워라
> 신뢰 쌓기가 왜 중요한가를 배워라
> 전화통화에서는 15초 내에 신뢰를 쌓는 방법을 배워라
> 대면상담을 할 때 3분 내에 신뢰를 쌓는 방법을 배워라
> 언제 신뢰가 최고조에 달했는지를 알아내라

1. 구매를 결정하는 방법

한 연구보고서에 의하면, 산업에 따라 다르지만, 신뢰의 가치는 상품이나 서비스 가격의 17% 정도의 값어치가 있다고 한다. 이는 신뢰가 없다면, 5% 정도의 가격을 인하해도 고객은 당신을 떠난다는 것이고, 신뢰를 쌓았다면, 경쟁자가 16%의 가격을 싸게 해주어도 고객은 당신과 계속 머물러 있기를 원한다는 뜻이다. 또한, 만약 신뢰가 있는 경쟁자가 고객에게 가격의 20%을 인하해서 접근했을 경우, 고객은 당신에게 전화를 걸어 20%정도 깎아 달라고 요구할 것이다. 신뢰가 없다면, 결국 고객은 더 싸게 해주는 곳으로 찾아가고 다시 돌아오지 않을 것이다.

잠재고객이나 고객은 신뢰를 먼저 사고, 상품과 서비스는 나중에 산다. 상품과 서비스는 경쟁력이 있어야 이길 수 있다. 그러나, 상품과 서비스만을 경쟁하면, 항상 패자가 되고 만다. 왜냐하면, 가격에 버금가는 그 무언가가 있기 때문이다. 신뢰란 가장 중요한 Sales Skill이기 때문이다. 그렇다면 어떻게 하면 신뢰를 쌓을 수 있을까?

Exercise

1. 신뢰란 얼마나 중요한가를 생각해보라.

2. 신뢰를 얻기 위해 현재 사용하고 있는 테크닉은 어떤 것이 있는가?
3. 단순히 높은 신뢰를 가졌기 때문에, 내가 비싼 가격을 지불했을 때를 한번 생각해보라.
4. 상품가격이 싼 것에 관계없이, 단순히 신뢰도가 너무 낮아서 사지 않을 때를 생각해보자.

2. 항상, 누구와도 신뢰를 쌓아 가는 방법(상대가 누구든지)

사람들은 항상 자기와 비슷한 모양의 사람들로부터 구매하기를 원한다. 그들은 자기와 너무 다른 사람과는 서로 피한다. 우리는 평범하게 무언인가 나눌 수 있는 사람들과 신뢰를 쌓아 간다. 우리는 서로 공통점을 찾지 못하는 사람들과는 신뢰하지 않는 경향이 있다. 이러한 공감대(Rapport)형성은 신뢰를 쌓는 첫 번째 단계이다. 사람들은 자신의 개인적인 것들을 먼저 들어내서 이야기하는 사람들과 훨씬 더 빨리 공감대가 형성되는 경향이 있다. 그들은 대화도중에 무엇인가 조심하고 경계하는 이들과는 공감대를 갖기를 꺼리는 경향이 있다.

사람들은 그들이 신뢰하는 사람들에게 자신을 반사 시킨다. 그들은 신뢰하지 않는 사람들에게 자신을 반사하는 것을 꺼린다. 왜냐하면, 신뢰하는 사람들은 서로의 신뢰를 거울에 더 빨리 반사하려는 경향이 있다. 만약 비지니스하기를 원하거나 전화로 약속을 얻어내기를 원한다면,

1) 첫 15초 내에 신뢰를 얻어내라.
2) 듣는 사람(listener)으로서의 개성 있는 목소리를 반영시켜라.

상대방이 천천히 이야기하면, 당신도 천천히 이야기하라. 상대방이 속도를 내면, 당신도 속도를 내어 이야기하라. 그 지방색의 어조로 얘기하라. 미국에도 동부에 거주하는 Salesman은 남부지방에 사는 사람과 Selling 하는 데 가끔 문제가 있다.

이러한 거울에 비치는 것과 같은 반사작용은 대면했을 때에도 마찬가지이다. 만약, 신뢰가

Section 6 _ Finder/Binder/Minder/Grinder

잘 구축된 손님과 함께 있을 때, 손님이 앉은 자세대로 앉는 경향이 있다. 그들이 기대어 있으면, 당신도 기대어 앉게 된다. 우리가 그들과 얘기를 나눌 때, 거울과 같은 반사작용을 하면, 몇분 이내에 신뢰를 얻기 시작한다. 그러나 반사운동을 너무 빨리 하지는 말라. 한 보고서에 의하면, 신뢰를 얻는 사람은 서로 서로가 새로운 자세를 취하는 데에는 30초 가량 걸린다는 것이다.

다시 말하면, 그들이 새로운 자세를 취했을 때, 바로 따라하지 말라는 것이다. 적어도 20~30초 정도 기다린 후에 그들이 취한 자세를 따라 하라는 걸 의미한다. 만약, 이보다 더 빠른 속도로 따르게 되면, 그들은 당신을 사기꾼이나, 혹은 자신을 속이려 하고 있다고, 즉 진짜가 아닌 것으로 여긴다. 그렇게 되면, 신뢰는 무너지게 되고, 신뢰를 잃으면, 세일(sale)은 더 길게 걸리거나 실패하게 된다. 대면했을 때, 신뢰를 쌓기 위해서는 반드시,

1) 고객이 움직이는 대로 하라. 팔을 포개면, 당신도 포개고 다리를 걸터 앉으면, 당신도 같이 그렇게 하라.
2) 바로 그렇게 하지말고 20~30초 정도 기다렸다가 그렇게 하라.

Exercise
그룹내에서 연필을 파는 것을 한번 연습해보라. 그리고 당신이 판매하는 것과 같이 거울의 반사작용을 적용해 보라. 그들이 하는 것을 똑같이 하기 전 20~30초 가량 기다리는 연습을 해보라. 얼마나 자연스럽게 그렇게 할 수 있는지 점검해보라. 당신이 이야기하는 것이나 듣는 것으로부터 마음이 혼란스러움 없이 이를 잘 할 수 있는지를 연습해보라. 다리를 꼬고 있거나 뻗어 있거나, 앞으로 자세를 기대든지 뒤로 기대든지 옆으로 기대든지를 거울에 반영해보라. 양팔을 테이블에 놓던지 포개든지 거울에 반영해보라.

3. 당신이 쌓아 올린 신뢰의 정도를 알아내는 방법

이제까지 당신은 그들이 신뢰할 수 있는 사람들에게 고객이 어떻게 투영하는지를 배워왔다. 만약, 고객을 거울에 먼저 투영해본다면, 당신은 그만큼 더 빨리 신뢰를 얻을 수 있다. 그러나, 만약 당신에 대하여 전혀 흥미가 없거나, 당신이 다루기 어려운 고객과 함께 있다면, 당신은 어떻게 할까? 당신은 1960년대에 배웠던 세일즈맨과 같은 열정과 흥분을 보여 줘야 한다. 비록 그렇게 했다 손치더라도, 고객의 기분과 자세와 일치하지 않을 수도 있다.

이에 대한 답은, 첫째 거울에 먼저 비추어 보고, 다음에 리드를 하라. 일단 고객과의 공감대가 형성되면, 거의 모든 것이 유지되기 마련이다. 그리고 고객을 당신의 상상의 선상으로 그들을 신체적으로나 말을 통하여 끌고 갈 수 있다. 또 새로운 다른 자세나 표정으로 끌고 갈 수 있다. 일단 공감대가 형성되면, 당신의 자세나 위치를 한번 바꾸어 보라. 그러고 난 후, 고객이 과연 따라 오는지 아니면, 무엇을 하는지를 관찰해보라.

만약 그들이 당신과 같이 잘 따라 움직이면, 그 순간 당신은 더 많은 공감대를 가진 것이고, 고객과의 상관관계에 있어서, 그 어떠한 때보다도 더 많은 신뢰를 가질 것이다. **바로 이때가 케이스를 Close할 때이다.** 아니면 적어도 계약하겠다는 약속을 얻어 낼 수 있는 찬스이다. **왜냐하면, 그들이 여러분을 거절하려면, 먼저 그들 자신을 거절해야 하기 때문이다.** 사람들은 항상 구매하기 위해 잘 준비해서 구매하는 것은 아니다. 그냥 구매해버리는 것이다.

"속임수에 주의할 것"

고객이 무엇인가 조작하지 않도록 하는 것이 무엇보다도 중요하다. 만약, 고객의 장점을 분명히 언급하지 못하면, 당신이 사용하는 어떤 테크니컬한 방법을 이용해도 소용없이, 당신을 거절할 것이다. 그러나 만약 당신이 이 Sale을 통하여 돈을 벌 수 있는 것보다도 더 많은 고객의 웰빙을 위하여 관심을 가져 준다면, 당신은 평생동안 그 고객을 얻을 수 있을 것이다. 당신이 자신을 속이면, Short-Term Sales은 얻을지 몰라도, 길게 보면 손해를 보게 된다. 당신의 Business를 속이면 당신은 길게 살아 남지 못할 것이다.

Exercise

연필판매 연습을 한번 더 해보기로 하자.

파트너를 한 사람 골라서 당신이 판매할 때 거울에 투영시켜 보라. 그리고 공감대가 형성될 때까지 기다려라. 그러고 난 후 새로운 포지션과 자세로 옮겨가라. 그리고 그들의 반응을 살펴라. 만약 그들이 1분 이내에 당신이 따르는 방향으로 움직인다면, 이미 신뢰가 확인된 셈이다. 바로 이때가 어떤 때보다도 더 많은 공감대와 신뢰가 형성되었다. 만약, 판매를 위해 요청할 준비가 되었다면, 요청하라. 만약 약속을 받아 낼 준비가 되었다면 요청하라. 그러면 "예"라고 말할 것이다. 비록 사지 않을지라도, 계속 그들을 거울 속으로 투영시켜라. 그리고 다시 그들의 니즈를 위한 시도를 계속하라. 그들이 사기를 원한다면 당신을 찾을 것이다.

Professional Sales (III)
크로징 테크닉 - Binder

요점: 고객이 구매결정을 어떻게 하는지를 알아내기
　　　세일을 크로징하는 타이밍이 언제인지 배워라
　　　세일을 위한 크로징을 몇 번 정도 시도해야 하나
　　　3단계의 크로징 테크닉

1. 잠재고객의 구매전략을 알아내는 방법

크로징은 판매 프로세스(sales process)의 마지막 순서이고, 가장 중요한 단계이기도 하다. 그리고, 당신이 거머쥘 수 있는 보상이기 때문에 가장 중요하다. Sale을 시도하는 단계로서, 이 단계에서는 잠재고객이 구매결정을 내리는 데 필요한 어떤 정보를 주어야 하는지를 물어 보아야 한다. ~하면, 내가 산다는 결정적인 구매 조건들 —.

사람들은 일생을 통하여 실제적인 행동의 변화가 없으며, 그들의 구매습관 또한 변하지 않는다. 과거에 그들이 어떤 구매 패턴으로 구매를 해왔는지를 알아내어 당신에게 알려 주면, 미래에 그들이 어떤 방법으로 구매할 것이라는 예측은, 무언인가를 판매(Selling)하기 위한 방법을 배우는 주요한 Key Factor이다. 과거의 구매 패턴(Past Buying Behavior)의 테크닉은 잠재고객이 어떻게 상품과 서비스에 대해 먼저 구매결정을 해 버리는가를 알려 준다. 무엇을 하기 전에 구매를 결정해 버리는가를 질문해 보라.

'가상'(Let's Assume) 테크닉을 활용해보자.

가상테크닉은 그들이 절대로 당신의 상품과 서비스를 사지 않을 것이라(가상)고 생각했는데, 어떻게 하여 구매하는가를 알도록 해준다. 가상해서 당신에게 한번 질문을 던져 보라. 당신은 한해동안 ＿＿＿을 샀는가? 무엇이 당신으로 하여금 그것을 사게 했느냐고, 그리고

Section 6 _ Finder/Binder/Minder/Grinder

그것은 옳은 선택이었느냐고 말이다. 사람들이 어떻게 구매하는가, 하는 방법을 알아내는 가장 좋은 방법 중 하나는, 예전에 그들이 어떻게 구매해왔고, 미래에 어떻게 구매할 것이라는 것을 알아내는 일이다.

판매원이 보다 더 능률적이라면, 상품과 서비스의 Benefits만을 판매할 것이다. 판매설명서(브로슈어)에 나타나 있는 모든 특징(features)을 암송하는 것이 아니다. 즉 Salesperson 자신을 생각하는 대신에, 고객이 원하는 특징과 혜택(Benefits)만을 설명하는 것이 무엇보다도 중요하다. 이러한 테크닉은 Role-play를 통하여 익숙해지도록 훈련한다. 만약, 이를 잘 활용하면 Sales는 급격히 증가하게 될 것이다. 이렇게 잘 습득한 Role-play를 전체 Group 앞에서 배운 테크닉을 시범으로 보이도록 준비하는 것은 아주 좋은 아이디어라고 생각된다.

2 크로징 전략(Closing Strategies)

1) 고객 한 명을 획득하는 것이 One-Time Sale을 하는 것보다 장기적 안목으로 볼 때 훨씬 더 중요한 가치가 있다.

2) Up-Selling: Sale을 통하여 어떻게 당신의 수입을 극대화할 것인가? 고객은 보통 첫 구매를 한 후, 적어도 3번 정도 상품과 서비스를 추가 구매하게 된다. 만약, 당신이 추후 판매하기를 원한다면 언제든지.

3) 언제쯤 세일을 위한 크로징을 해야 하느냐?
    a) 크로징을 시도한 직후
    b) 거절할 때, 명확한 답을 제시한 직후

c) 구두로나 아니면 몸짓으로나 Buying Signal을 보일 때

4) 얼마나 자주 크로징을 시도해야 하나?

   a) 포기하기 전 적어도 6번 정도는 시도하라.

   b) 질질 끌고 있는 잠재고객을 만났을 때 대처하는 팁으로써, "꺼져 버려"라는 말을 들어도 밀리지 말고 계속 접근하라.

5) 3-Steps Best Closing 테크닉

   a) 가상적인 크로징(Assumptive Close),

   b) 두 가지 제안을 내라, 그리고 둘 중 하나를 택하도록(Alternative of choice Close)

   c) 마지막으로, 둘 중 하나를 골라 주어라(I Recommend Close)

크로징 테크닉에는 여러 가지가 있을 수 있으나, 위의 3단계 방법이 Top Producer 사이에서 가장 인기 있고, 가장 많이 사용하는 테크닉이라 할 수 있다. 대부분의 Salesperson들은 크로징의 가장 좋은 때를 잘 모르고 있으며, 그들은 잠재고객의 Buying Signal을 잘 읽지 못하는 경향이 있다. 그리고, 그들 중 대부분은 구매하기 전 여러 번 크로징을 시도해야 한다는 것을 알기보다는 거절이나 거부로 인해 자주 포기해 버린다.

고객이 처음에는 흥미를 보이다가, 그 다음부터는 전화 회답도 주지 않으며, 차츰차츰 관심이 없어져 가는 소위 질질 끄는 잠재고객에게도 어떻게 대처해 나가야 할 것인가를 준비해야 한다. 만약, 당신의 상품과 서비스를 잘 받을것 같은 호감이 드는 크로징을 갖고 있다면, 지금이 바로 세일할 때이다. 만약, 그렇지 못한 크로징 케이스를 갖고 있다면, Assume, Alternative of choice, I Recommend 방법을 활용하라.

7

타깃 마케팅을

타게팅

목적지에 도달하는 것은 우연이 아니라, 선택의 문제이다
그것은 기다려서 얻어지는 것이 아니라, 노력해서 성취하는 것이다.
로드맵이 설정되었다면, 먼저 뛰어 들어라. 그리고 꿈을 달성하라.

Targeting

Destiny is not a chance, it is a matter of choice.
It is not a thing to be waited for, it is a thing to be achieved.
Go ahead, set your road map and achieve your dreams.

SECTION.07

포지셔닝하라

Target Marketing

Section 7 _ Target Marketing

고객의 말에 귀를 기울여라!

다음에 기술되는 고객들의 피드백은 미국 보스턴에 위치하고 있는 금융서비스관련 리서치 회사인 Dalbar가 실시한 여러 소비자 조사로부터 나타난 결과이다. 이러한 조사들의 주요 결과가 잘 나타나있다.

개인재무상담에 대한 고객들의 피드백

4천 가구 이상을 대상으로 하는 1996년의 소비자 조사에서 조사 대상자들은 PFA(개인 재무 상담가, Personal Financial Advisor)에 대해 무엇을 기대하는지에 대한 답변을 요구 받았다. 'Dalbar의 연구'라고 불리는 이 연구에서 금융교육 및 세금감면방법이 가장 고객들에게 매력적인 분야로 나타났다.

금융교육에 대해 더 구체적으로 초점을 맞추어보면, PFA들은 이러한 교육을 통해 고객들의 행동을 변화 시켜주는 것이어서, 단순히 구매해야 할 주식이나 뮤추얼 펀드를 고객에게 집어서 추천해주는 것보다 훨씬 더 좋은 결과를 도출할 수 있다. 보스턴에 있는 Dalbar 리서치회사는 조사응답자의 83%가 다른 무엇보다도 PFA로부터의 금융교육을 원한다는 것을 발견하였다.

미국전역에 걸친 조사를 통해 나타난 결과를 살펴보면,
- 83%의 응답자가 금융상품이나, 위험감내수준, 상품용도 등에 대해 교육 받고 싶어 하는 것으로 나타났다. 이러한 교육은 해당 교육을 제공한 개인재무상담가로부터 구매하도록 그들의 행동에 영향을 준다.
- 80%의 응답자가 PFA가 세금감면에 도움주기를 원한다. 확실히 나의 고객이 세금을 줄일 수 있다면, 보다 많은 현금과 금융자산, 그리고 보다 많은 투자 가능수입을 발견하게 된다. 또한 명성과 신용을 한층 더 강화하는 계기가 된다.

- 70%의 응답자가, PFA가 그들 포트폴리오에서 최고의 수익을 내주기를 원한다고 응답하였다. 확실한 수익에 대한 기대가 여전히 중요하기는 하나 신뢰와 고객에 대한 교육을 기조로 한 굳건한 인간관계 또한 중요하다. 이를 통해 고객과 나와의 관계를 더욱 신뢰 있는 관계로 유지시켜줄 것이다.
- 64%의 응답자, 특히 45세 미만이며 가족이 있는 경우, PFA가 재무설계(Financial Plan)를 작성해 주기를 원했다. 그리고 이들에게 재무적인 안정과 경제적인 자립을 보장해줄 수 있는 재무계획을 원한다.
- 58%의 응답자가 PFA가 그들의 현 투자 상태를 바꿔주기를 원한다. 고객들은 어떤 특정 전략 없이 투자를 하였고, 이러한 투자가 미래 플랜에 어떠한 영향을 미칠지에 대한 이해가 부족하다. 이들은 확고히 믿을 만한 근거와 교육, 그리고 신뢰할 수 있는 개인 재무설계사와의 굳건한 인간관계를 원하고 있다.

Dalbar의 연구 결론은 이렇다. 그들의 고객을 잘 뒷받침하려면, PFA들은 반드시 교육에 초점을 두어야 한다. 고객들이 PFA를 믿기 위해서는 반드시 고객에게 재무계획에 대한 이해를 시킬 필요가 있다. 이 사실을 이해하고 있는 PFA는 21세기에 성공할 수 있는 매우 큰 찬스를 가지고 있는 셈이다.

PFA(개인 재무사)로서의 신뢰를 발전시키기(Dalbar의 연구)

1996년의 연구에 따르면 75%의 투자자들이 자신의 PFA 말을 신뢰하는 것으로 나타났다. 본 연구는 투자자들이 PFA에게 가지고 있는 신뢰 정도를 측정하였다.
- 투자자의 76%가 PFA들이 자기 자신의 관심사보다 투자자들의 관심사를 더 우선시 한다고 생각한다.
- PFA의 보수형태가 상호불신을 야기하는 주된 요소이다.
- 투자가가 직접 투자를 하게 되는 경우는, 그들의 PFA를 신뢰하지 않기 때문이다.
- 여성 투자자들이 남성보다 더 PFA를 신뢰한다.
- 중소도시의 투자자들이 대도시의 투자자들보다 더 PFA를 신뢰한다.

- PFA를 신뢰하는 투자자일수록 중개수수료나 Fee를 기꺼이 지불하려는 의사가 있다.
- 투자자들은 은행원, 증권중개인, 재무설계사, 보험중개인 등 모든 형태의 PFA들을 동등하게 신뢰한다.
- 상위 투자자들 중 9/10 이상이 백만 달러 이상의 투자에 대한 조언을 필요로 한다.

누가 재무설계를 필요로 하는가? (Dalbar의 연구)
- 투자자들이 반드시 문서화된 재무설계를 원하는 것은 아니다(단지 설득되기 전까지 이들이 그렇게 인식하고 있을 뿐).
- 투자자들은 상시 접촉가능하고, 투자대안에 대한 명확한 설명을 제시하며, 고객에게 현재의 투자상태에 대한 정보를 늘 알려주는 PFA를 선호한다.
- 가족이 있는 젊은 투자자들이 보다 문서화된 재무설계를 원하는 경향이 있다.

투자자들은 상호 대면하는 관계를 원한다 (Dalbar의 연구)
- 투자자들은 대부분의 투자정보원에 대해 회의적이다.
- 55%의 조사 응답자들은 뮤추얼 펀드 회사가 믿을 만한 투자정보를 제공한다고 생각한다.
- 미국의 투자자들은 텔레비전이나 라디오, 개별 경제지, 인터넷, 도서관, 뉴스 등에 대해 회의적이다.
- 이들은 PFA만이 제공해줄 수 있는 개별정보나 대면면담을 가치 있다고 생각한다.
- PFA가 제공하는 정보와 교육, 상시접근가능성에 대한 고객들의 니즈가 높다.
- 투자자들은 PFA 중 재무설계사(Financial Planner)가 가장 믿을 만하다고 말한다.
- 열 명 중 일곱, 특히 베이비붐 시대 사람들은 재무설계사(Financial Planner)가 국내 최고의 믿을 만한 투자정보원이라고 생각한다.
- 투자자들은 보험 에이전트, 변호사, 은행원들이 가장 신뢰하기 힘든 투자정보원이라고 생각한다.
- 전문 투자 자문가(Investment Advisor), 주식중개인, 회계사 등은 그 중간쯤인 것으로 나타났다.
- 본 연구의 결과, 사람 그 자체가 다른 투자정보원(잡지, 인터넷, 경제신문 등)보다 더 신뢰할 만한

것으로 나타났다.
- 사람들은 보험 에이전트나 변호사 등의 조언가들이 자신의 영역 이외에 대해 조언을 하기에는 덜 전문화되어 있다고 생각한다.
- 만약 PFA가 시장에서 신뢰를 얻고자 한다면, 이들의 직함은 바꿔야 한다.

투자자들은 PFA 중 보험 에이전트에 대해 가장 만족한다(Dalbar 연구)
- 소비자들은 최고의 PFA들에 대해 이들이 행하는 네 가지 기능 중 특히 두 가지를 높게 평가했다.
  (1) 상시 접근 가능성
  (2) 투자대안에 대해 명확한 설명을 제공할 만한 의향과 능력
- 소비자들은 PFA 중 은행가들에 대해 가장 덜 만족하였고, 주식중개인에 대해서도 비교적 덜 만족하는 것으로 나타났다.
- 상시 접근가능성과 명확한 의사소통에 대한 욕구를 잘 깨닫고 있는 PFA에 대해 고객은 매우 만족하게 될 것이다.
- 주식중개인에 대한 불만족에도 불구, 60%의 고객은 재정적 조언을 위해 이들을 찾는 것으로 드러났으며, 상대적으로 재무설계사(FP)에게는 27%, 보험회사에는 단지 8%의 고객이 조언을 구한다.
- 100,000달러 이상의 투자자산을 가지고 있는 투자자가, 재무설계사(FP)로부터 얻는 만족 정도가 전반적으로 제일 높았다.
- 가치 있는 고객으로부터 최상의 만족을 끌어내는 핵심 요소들은 다음과 같다.
  (1) 세금과 자산관리 등을 포함한 Financial Planning 서비스 폭
  (2) 투자자의 자산 전반을 다룰 수 있는 Financial Planner의 통찰력

Section 7 _ Target Marketing

타깃 마케팅 입문!

마케팅 원리들

상품이 무엇이든지 간에 마케팅의 원리는 똑 같다. 이것은 우리 보험 전문영업 인들이 결코 잊어서는 안 될 기본 사항이다. 때때로 우리는 보험 영업이란 진실로 특이한 사업이라고, 또한 이는 '판매' 사업이기 때문에 마케팅의 예술과 과학이 실제로 적용이 될 수 없다고 생각하는 매너리즘에 빠지는 경향이 있다. 그러나 상품은 상품이다. 마인드는 마인드이다. 메시지는 소비자에 의해 해석되는 메시지이다. 그리고 의사소통 과정에 연관된 마케팅 원리는 상품이 무엇이든지 간에 같다. 어떻게 보면, 이 책의 내용들 대부분이 타깃 마케팅에 관한 것들이다. 여러분이 현재의 보험영업에서의 마켓과 고객을 보다 세분화해서 포지셔닝함으로써 영업을 바라보는 여러분의 눈은 번쩍 뜨일 것이다.

> 우리 주위의 회사들과 산업들이 마케팅에서 승리와 실패들을 꾸준히 연구하면 할수록, 나는 에이전트와 매니저에게 도움이 될 생생한 것들을 주위에서 배울 수 있다. 그렇게 관심을 가지면 이 거대한 타깃 마케팅 원리에 대해 더 깊게 배울 것이다.

참된 'Delivery system(판매체계)' 타깃 마케팅은 경쟁하는 컨설턴트들의 가장 취약점이고, 컨설턴트들이 이를 공략하기 위해 반드시 배워나가야 할 과제이기도 하다. 타깃 마케팅은 과정이다. 가르칠 수 있고 배울 수 있고 연습할 수 있는 것이다. 이 타깃 마케팅의 입문서가 여러분에게 많은 도움을 줄 것이다.

타깃 마케팅은 고객 세분화와 함께 시작

1. 할 수 있는 모든 활동을 추구하는 것보다 작은 부분만 추구하라. '좁고 깊게'는 그 게임의 룰이다.

2. 이 작은 부분의 조사는 최대한 중요하다.
3. 정보 그 자체는 마케터들에게 전략적으로 중요하다.
4. 시장이 변하지 않는다고 가정하는 것은 우리들에게 치명적인 실수이다.
5. 계속되는 조사, 그리고 귀를 계속 열어두는 것이 불필요하다고 생각하는 것은 사업가들에게 있어서 큰 실수이다.
6. 내가 자신의 사업의 대상고객을 정말로 잘 알고 있다는 것은 미래를 위한 엄청난 투자이자, 미래에 있을 수익창출의 잠재성을 보여주는 일이다.

그리고 물론 시장 세분화에 대한 이야기는 제조업자들에게 더 적용되는 방법이지만 오늘날에는 제조업뿐만 아니라, 모든 금융기관에도, 타깃 시장(Target Market) 공략법으로 마켓을 다양하게 성장, 정복하므로, 또 이를 더 많이 세분화를 통해 계속해서 그 성과가 확인되어가고 있다. 사실 사업체들은 오늘날 세계 속에서 생존과 이익을 위한 중요요소는 틈새시장을 찾아내고 침투하는 것이라는 사실을 배워오고 있다. "나눠서 정복하라" 그리고 "좁고 깊게"라는 대부분의 산업의 마케팅 슬로건의 한 예이다. 회사들은 전체시장을 소화해 낼 수 있는 작은 조각으로 나누어 이를 추구하고 있다.

제조업체의 타깃 시장의 정의는 단순하다. 제조업체는 같은 필요와 같은 특성을 가진 사람들을 찾고 있다. 그러나 컨설턴트의 타깃 시장의 정의는 상당히 분야를 좁혀야만 한다. 컨설턴트는 그 정의에 한 가지 중요한 기준을 첨부해야 할 필요가 있다. 의사소통의 공통된 네트워크. 즉, 공통된 필요와 공통된 특성과 그리고 (가장 중요한) 공통된 의사소통의 네트워크를 가진 사람들로 묶는 일이다.

의사소통은 사람들끼리 서로 이웃이 되게 묶는 끈이다. 이웃들은 사라지지 않는다. 그들은 움직일 뿐이다. 모든 사람이 서로 알고 의사소통 하는 전통적인 이웃관계에서 살지는 못할지 모른다. 그러나 그들은 그들이 일하고, 업무상 협력하고 취미활동하고 놀 때, 이웃과의 의사소통 네트워크를 가진다.

의사소통은 컨설턴트가 추천인을 받을 때 둘 대신 오직 한 명만을 요구하도록 도와준다. 자, 그 컨설턴트는 오직 승인만을 요구하지, 추천인의 이름을 요구하지는 않는다. (예: 에이전트— "Mr. Jones, 이 리스트를 봐주시겠습니까? 제가 접촉을 계획하고 있는 10명의 엔지니어들입니다. 아시는 사람이 있나요? 저는 당신이 좀 안다고 생각했습니다. 당신이 제 고객이라고 그들에게 말해도 되겠습니까? 감사합니다.")

의사소통은 컨설턴트의 명성을 퍼지게 하는 주요한 요소이다. 의사소통 연결의 '끈'은 컨설턴트로 하여금 보험업에서 가장 잡히지 않는 것을 획득하게끔 해준다.

다음은 타깃 마케팅을 위한 'Planning Process'의 5가지 단계이다.
1. 타깃 시장을 확인하라.
2. 타깃 시장을 조사하라.
3. 전략을 작성하라—당신의 '천사들' 당신의 '전반적인 생각'
4. 침투 전술과 그것들을 어떻게 적용할지 작성하라.
5. 타깃 시장을 장악하라.

타깃시장 선정 프로세스

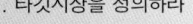

1. 타깃시장을 정의하라
2. 정의한 타깃시장을 조사하라
3. 타깃시장에 대한 전략을 개발하라
4. 타깃시장에 침투하라
5. 타깃시장을 점거하라

전략적 길잡이(Strategic Coach)의 저자인 Dun Sullivan은 "21세기, 전 세계에 걸쳐 가장 부유하고도 가장 영향력 있는 사람들은 바로 자신의 창조적인 철학을 그들의 삶과 일에서 나누고, 정치적인 경계선을 넘나들며 상호간에 밀접하게 연관된 성공적인 사업가"라고 하였고, 필자도 이 의견에 전적으로 동감한다.

그는 덧붙여 강조하기를, 자신의 타깃 시장에서 이러한 사업가에게 재정적 자문을 제공하고, 문제를 해결해 줄 수 있는 재무 자문가들은 단순한 성공의 차원을 넘어 엄청난 성공의 문으로 들어가게 될 것이라 언급하였다.

이들 역동적인 고객 군을 위한 성공적인 재무 자문가가 되기 위해 준비하라.

- 실전을 위한 진정한 사업가적 성장 모델을 개발하라(궁극적 비전을 향한 5년 성장 계획을 세워라).
- 고객 군을 세분화하고, 각각의 세분화 그룹에 대한 완벽한 사업가적 성장 모델을 위한 'A' 고객 그룹을 개발하라.
- 각각의 세분화 그룹(A 고객 그룹)에 대해 모니터 할 수 있고 보조할 수 있고 거래할 수도 있는 기술을 최대한으로 확보하라.
- 각 세분화된 그룹(A 고객 그룹)과 타깃 시장이 가지고 있는 핵심 이슈에 대해 숙달하라.
- 각 세분화 그룹(A 고객 그룹) 내 고객들에게 가장 중요한 일생의 조언가(Advisor)가 되라.
- 향후 25년 동안 폭발적으로 성장할지도 모르는 각 세분화 그룹(A 고객 그룹)의 가능성을 염두에 두라.
- 타깃 시장 내 각 세분화 그룹(A 고객 그룹)에서 당신의 고객기반을, 성공하고 야심찬 사업가들로 완벽하게 구성될 수 있도록 바꾸어라. 실전에 성공하기 위한 열쇠는, 미래에 지속적으로 다양한 요구를 지니고 있는 성공적인 고객들을 확보하는 일이다.
- 당신의 네트워크인 타깃 시장과 세분화 그룹(A 고객 그룹) 내에 있는 기업가 그룹에 대한 경제 전문가가 되라.
- 가장 이상적인 잠재고객 대상인 기업가들에게 초점을 맞춰라.
- 공통의 니즈와 공통의 특질, 공통의 성격, 그리고 무엇보다도 서로 통하는 공통의 대화채널을 가지고 있는 기업가에게 초점을 맞추어 타깃 마케팅을 활발히 진행하라.
- 타깃 시장 내의 기업가들에 대하여 한 분야에 아주 뛰어난 전문가(Specialist)가 되라.

당신의 세분화 그룹(A 고객 그룹)과 기업가 고객이, 그들의 사업이 폭발적으로 성장함에 따라, 당신 자신도 함께 폭발적으로 성장하게 된다는 것을 인식하라

서베이: 고객 중심의 컨설턴트가 가장 성공적

By Russ Prince

진정한 생명보험인으로서 성공한다는 것은 단지 생명보험을 판매하는 것이 아니다. 이 사실은 지난 4년에 걸쳐 311명의 최고의 보험 에이전트들을 대상으로 한 조사의 결과 중 하나로, 이들 에이전트는 보험중개인, 전속대리점, 비전속 대리점, 전문 컨설턴트, 비전문 컨설턴트 등 전 분야에 걸친 것이다.

최고 보험 에이전트가 되기 위해서는 5년 연속 연간 순 수입(세전)이 50만 달러 이상이 되어야 한다. 이러한 최고의 보험 에이전트들은 생명보험을 단순히 파는 것이 아니다. 대신, 이들은 각 개인이나 법인과 함께 일하며 이들이 원하는 니즈를 발견해내고 이들 니즈에 맞추어 금융상품을 활용하게끔 한다. 즉, 최고의 보험 에이전트들은 재무적인 문제해결책을 제시하는 것이다. 대부분의 경우 생명보험상품의 판매는 이들이 고객과 함께 일한 결과물의 연장선인 것이다.

이들 에이전트가 다른 에이전트들과 구별되는 이유는 바로 이들이 매우 고객 중심적(Client-Driven)이라는 사실이다. 이들에게 생명보험이라고 하는 것은 고객의 재무적 니즈를 해결하기 위한 토론의 연장선상에서 가능한 방편으로 제시되는 것이다. 고객의 데이터를 수집하고 고객의 재정목표를 파악하여 이들의 우선순위에 따라 소위, Financial Planning에 의한 상품추천을 한다. 이와는 대조적으로, 대부분의 보험 에이전트들은 상품 중심적(Product-Driven)인 사고를 가지고 있으며 바로 생명보험이 중심이 되는 판매를 하고 있다. 이들은 고객의 재무적 문제에 대한 모든 해결책을 생명보험으로 국한시키고 있다.

우리 회사에서 실시되었던 상당수의 리서치를 살펴보면, 앞날을 생각하는 고객들은 생명보험을 자손에게 상속 시켜 줄 자산, 생성, 혹은 보존할 수 있는 방법으로 생각하고 있다. 그다지 많은 자산을 보유하고 있지 않은 이들 고객은 자신이 같이 있어주지 못할 때, 사랑하는 사람의 재무적 안정을 확보해주고자 하는 소망이 있다.

그러나 최고의 보험 에이전트들은 생명보험을 보는 방식이 다르다.
이들에게 생명보험은 고객의 재무적 고민을 해결해주는 하나의 방법이다. 최고 보험 컨설턴트들을 대상으로 인터뷰를 한다면, 이들은 단지 자산을 생성 혹은 보존하는 것에 국한되지 않은 다양한 생명보험상품에 대해 이야기할 것이다.
예를 하나 든다면 기업연금 플랜이다. 이것은 확정형 연금(Defined Benefit Plan)이며, 홀 라이프(종신)와 어뉴이티(연금)로 구성되어 있는 플랜이다. 이것은 고객이 노년에 은퇴를 위한 충분한 자금마련을 해놓지 못했을 때 적어도 12만 달러 이상의 제공을 보장해줄 수 있는 유일한 방법이다.

생명보험이 원래의 '생명보험'의 의미로 판매되지 않는 또다른 예들로서는 급여 프로그램의 일환으로 쓰이는 기업소유의 생명 보험(COLI)라던가 또는 투자목적으로 활용될 수 있는 다양한 종류의 변액 보험이다. 상당수의 보험 에이전트들은 변액 보험을 뮤추얼 펀드에 의해 자금이 마련되는 보험의 한 형태로 생각하고 있으나 반면, 리서치에서 보여지듯 대부분의 전문가들과 기업가들은 변액보험을 몇 가지 혜택이 부가되고 세금혜택이 있는 뮤추얼 펀드에 대한 투자로 생각하고 있는 것으로 나타났다.

이러한 예는 보험상품을 개발하는 전문가들이 얼마나 창의적인지를 알게 해준다. 이들은 세분화된 시장의 니즈를 정의하고 이들이 알고 있는 세금과 금융 관련 지식을 이들 니즈와 혼합해낸다. 그 결과로 단지 자산을 생성 혹은 보존하는 데 그치지 않는 생명보험상품을 만들어내는 것이다. 사실, 은퇴상품의 다음 세대로는 생명보험과 모던 포트폴리오(Modern Portfolio Theory)를 혁신적으로 결합한 형태가 될 것인데, 다양한 고객의 어떠한 재무적 니즈라도 부합 가능한 입증된 플랜이 될 수 있는지의 논의는 여전하다.

이러한 예는 생명보험에 대한 시민들이 보는 시각이 최고의 보험 에이전트들이 보는 방식과 같지 않다는 것을 보여준다. 최고의 보험 에이전트들은 보험상품을 개발하는 전문가들과 마찬가지로 사고방식에 있어서는 혁신적이라고 할 수 있다.

임의의 683명의 보험 에이전트들을 표본으로 한 연구에서 가장 성공적인 보험 에이전트들은 생명보험을 파는 것이 아니라 금융 해결책을 제공한다고 결론 내렸다. 생명보험에 대한 초년도 커미션을 이용하여 보험 에이전트의 성공정도를 살펴보면 각기 다른 수준임을 알 수 있다.

통계적으로 보험산업에서 지리적 위치나 나이, 성별, 재직기간 등을 고려하여 볼 때, 이 연구는 에이전트들이 자신을 생명보험을 파는 사람으로 보지 않고 금융 해결책을 제공하는 사람으로 볼 때 이들의 보험판매실적이 더 우수하다는 것을 밝혔다.

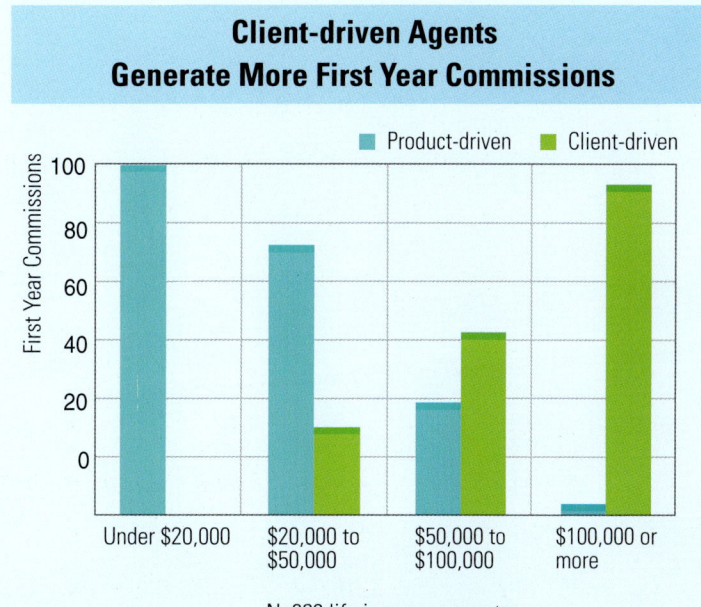

통계적 분석 방법인 요인분석을 통해 어떤 보험 에이전트들이 고객 중심적이며 어떤 보험

에이전트들이 상품 중심적인지를 알아보았다. 그 결과 앞장의 표 2에서 보이듯이, 고객 중심적일수록 생명보험판매에 대한 커미션이 높은 것으로 나타났다.

하지만 보험산업 전반에서 고객 중심적이라는 얘기가 화두가 되는 반면 실제에서 그런 경우는 거의 드물다고 본 연구는 밝혔다. 대부분의 보험 에이전트들은 명명백백하게 상품 중심적 이다. 생명보험을 파는 것과 금융 해결책을 제공하는 것 둘의 차이는 매우 크다. 이것은 단순히 일을 도덕적으로 하는 방식에 한정되는 것이 아니다. 이것은 보험 에이전트가 훨씬 더 성공적일 수 있는 방법이며, MDRT가 될 수 있는 방법이다.

고객을 세분화하라

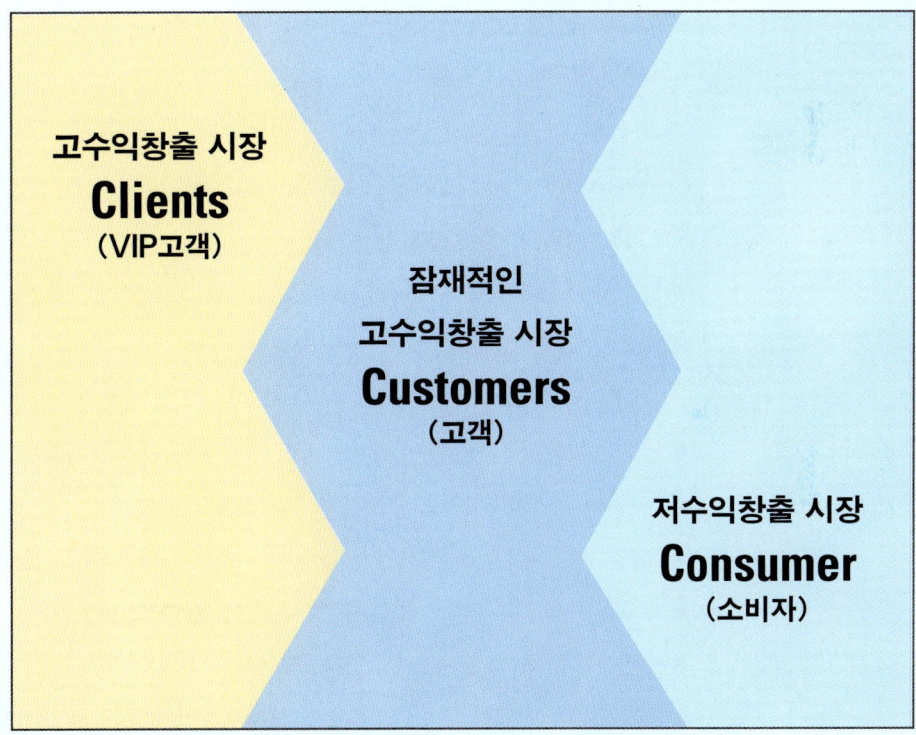

미국의 고객 분류는 일반적으로 한국보다 더 엄격하다. 우리가 일반적으로 말하는 고객이라는 개념의 정의부터 다르다. 미국에서는 Consumer, Customer, Client의 개념이 엄격히 구분되어 있다. 이를 우리의 영업에 적용해 보면,

Client: 우리에게 대단히 중요한 고객이다. Client는 내 수입의 상당한 부분을 채워준다. Client는 나의 동력자로 필요하면 언제든지 나를 돕는 일에 주저하지 않는다. 평생 동안 한결 같은 마음이길 서로 기대한다. 우리는 Client의 삶을 통하여 인생을 배우고, 주며 살아가고 있지만 고객이라는 엄격한 구분은 있다. 우리는 이들에게 특별한 관심을 가지고 관리해야 한다.

Section 7 _ Target Marketing

Customer: 일반적인 고객이다. 우리가 이들을 어떻게 관리하느냐에 따라, Customer의 태도도 달라지고 우리의 활용도도 달라진다. 우리는 이들 중 Client가 될 만한 고객을 찾아 다시 몇 개의 유형별로 나누어 관리할 필요가 있다.

Consumer: Consumer에게는 고객이라고조차 말하지 않는다. 굳이 붙인다면, 단순 고객이라고나 할까? 평생에 한두 번 정도 찾는 고객을 말한다. 이들은 1회성으로 한 번 구매하고는 다시 찾아오지 않는다. 그저 지나가는 길에 구매하고는 잊어버린다. 이들에게 많은 시간을 투자하여 관리하기보다는 다른 곳에 투자하는 것이 훨씬 효과적이다.

- 당신은 어떻게 고객들에게 서비스하고, 지원하고, 연락을 취하는가?
- 다른 사람들보다 어떤 한 고객이 더 가치 있다고 보는가?
- 얼마의 시간을 서비스와 지원에 소비하는가? 별 가치 없는 고객들에게도 서비스나 지원을 하는가?
- 최고의 가치 있는 고객들에게 충분한 시간을 할애하고 있는가?
- 수익률과 잠재 수익률에 따라 고객들을 분류하고 있는가?
- 저가 고객들에 대한 서비스와 지원을 위하여 몇 %의 시간을 소비하는가? 얼마나 많은 시간동안 고수익창출 고객과 잠재적인 고수익창출 고객에게 할애하고 있으며 이들을 위한 업무를 수행하는가?

실전 향상을 위한 핵심—고객 세분화
- 오직 고가치/잠재적 고가치 그룹들에게 집중할 것
- 고객을 A/B/C 3개의 그룹으로 분류할 것

'A' 세분화 그룹—고수익창출 그룹—높은 가능성(25~50명의 최고 고객들)
  ○ 매우 고가치한 그룹
  ○ 우수한 서비스와 지원

- ○ '금을 다루듯이' 고객을 지원할 것
- ○ 지속적으로 이들 고객들과 정기적으로 대면(최소한 분기단위)할 것
- ○ '보통을 넘어선 비밀스러운' 조언 서비스
- ○ 고객에 대해 '완전히 이해'할 것
- ○ 고객을 '사랑'할 것

'B' 세분화 그룹―잠재적 고수익창출 그룹―높은 가능성 (잠재적인 'A' 세분화 그룹)

- ○ 고수익창출 그룹이 될 수 있는 이들 고객의 가능성에 늘 주시
- ○ 몇몇의 고객을 선택하여 'A' 세분화 그룹으로 이동 준비
- ○ 정체되는 고객은 'C' 세분화 그룹으로 분류
- ○ 보조파트너에게 이 그룹 관리를 넘길 가능성 고려―75/25로 분배(75는 파트너/25는 자신)

'C' 세분화 그룹―저 수익창출 그룹―낮은 가능성 (이외 남은 고객 전부)

- ○ 새로운 입문자에게 완전히 고객들을 넘길 것―75/25로 분배(75는 새로운 입문자/25는 자신), 혹은 완전히 포기할 것
- ○ 최대 시간 소요―최소 수입
- ○ 가장 많은 시간과 서비스 소요

왜 고객들을 세분화해야 하는가?

1. 당신의 주된 수입원인 고객들에게 늘 최선의 관심을 두기 위해서
2. 수익창출활동 시 많은 고객들에게 쓰이는 엄청난 시간을 절약하기 위해서
3. 'C' 세분화 그룹에게 쏟고 있는 수익창출과 상관없는 시간을 없애기 위해서
4. 보다 많은 수입과 이익을 얻기 위해서
5. 보다 긍정적인 태도를 개발하기 위해서

Section 7 _ Target Marketing

고객 세분화는 수익창출정도에 따라 세분화하라

세분화 이전

컨설턴트 Joe의 고객전부
(모든 고객을 똑같이 다룸 – 어떤 특정 세분화 그룹에 대한 집중도 없음)

- 모든 고객을 비슷하게 다룸
- 차별화정책 없음
- 고수익창출 고객에 대한 강조 없음
- 높은 가능성을 가진 고객에 대한 강조 없음
- 저 수익창출 고객에 대해 엄청나게 많은 시간 소지
- 고객전부를 유지
- 서비스와 지원을 거의 위임하지 않음
- 지치게 하며 매우 시간 소모적

당신 스스로가 전문가처럼 느껴지지 않는다!!

세분화 이후

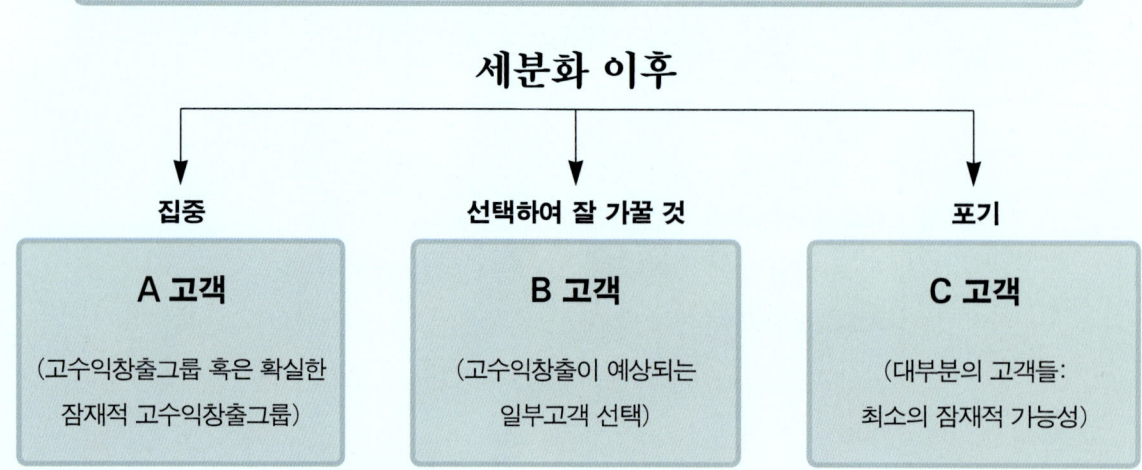

집중	선택하여 잘 가꿀 것	포기
A 고객	**B 고객**	**C 고객**
(고수익창출그룹 혹은 확실한 잠재적 고수익창출그룹)	(고수익창출이 예상되는 일부고객 선택)	(대부분의 고객들: 최소의 잠재적 가능성)

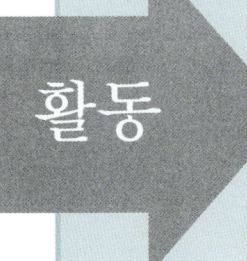

- 주로 최고의 고객 – 오로지 A 고객들에게 집중하라.
- 주로 높은 잠재가치를 지닌 B 고객들을 위해 일할 수 있는 새로운 사람을 영입하는 것을 고려하라.
- 주로 고수익창출과 잠재적으로 그러한 A 고객들에 대하여 관심을 집중하라.
- 주로 최소한 시간을 B 고객에게 써라 ― 위임.
- 주로 최대한의 시간을 A 고객들에게 사용하라. 그리고 누군가에게 맡기지 말라.
- 주로 B와 C 고객들에 대한 모든 서비스와 지원책임을 다른 사람들에게 넘겨라.

- 더 많은 시간을 고수익창출, 혹은 창출 가능한 고객들에게 투자가능
- 더 많은 판매기회 확보
- 더 큰 건 계약 가능
- 저 수익창출, 혹은 창출 가능한 고객으로부터 탈출
- 판매증가 및 이익 증가
- 보다 긍정적 태도
- 자신감 증가

Section 7 _ Target Marketing

세분화 연습

다음에서 제시되는 고객 세분화 활동은 당신의 고객 중 고수익창출 고객과 잠재적 고수익창출 고객에게 당신이 집중할 수 있도록 해줄 것이다.

당신에게 상당한 수익을 가져 다 줄 이러한 고객—단지 이러한 고객 뿐만은 아닐 것이다—에게 집중하는 것이 목적이다. 이미 언급한 데로 고객 군을 'A', 'B', 'C' 세 그룹으로 분류하는 것은 당신이 어디에다가 시간과 에너지와 전문가적 자질을 쏟아야 하는지를 명확하게 알려준다. 바로 'A' 고객들이다. 반면, B와 C 고객들은 다른 사람들에게 책임을 양도한다. 다음에 제시되는 것들은 당신이 다음을 정의하는 데 도움을 줄 것이다.

1. 최고의 20명 'A' 고객(수익기준)
2. 가장 필요로 하는 최고의 10명 고객(예상수익 기준)
3. 최고의 60명 추천인들(최고의 20명 고객 기준)

이러한 활동은 당신의 고객 중 최고의 수익창출고객과 잠재적 수익창출고객에 대해 집중함으로써 고부가가치 시장을 공략 가능하게 한다. 고부가가치 시장, 고수익창출 고객들에게 집중함으로써 당신의 실적과 경제력, 사고방식 등이 강화될 것이다.

Top 20명 고객에게 집중하기

Top 20명 'A' 고객을 만드는 것을 목표로 삼아라. 이러한 기법은 당신이 핵심 고객들을 명확하게 정의하고 효과적으로 공략하게 할 것이다.

우선, Top 20명 'A' 고객 리스트에 당신의 모든 'A' 고객 리스트를 나열하라. 이러한 작업이 조금은 이상해보일지 모르지만, 이러한 나열은 의식적으로나 무의식적으로 당신이 정말로 잠재고객 발굴이 막힐 때는 고객을 세분화하라. 이를 통하여 매주, 매달, 매분기마다 원하는 것을 얻을 것이다.

필요로 하는 Top 20명의 고객을 찾아내는 과정이다. 이를 통해 지난 24개월간 고객으로부터의 수익 내림차순으로 20명의 리스트를 손에 쥐게 된다. 이때 명심해야 할 것은, 오직 이들 고객이 당신으로부터 구매해왔고, 당신이 이들로부터 수익창출을 해온 경우에만 Top 20명의 고객 일부가 될 수 있다는 사실이다. 만약 수익에 의한 Top 20명의 고객 모두가 'A' 고객이라면 이들은 당신에게 또다른 'A' 고객에게 접근할 수 있는 기회를 제공해줄 것이다. 이들은 자신과 비슷한 경제적 위치에 있는 또다른 잠재 고객에게 당신을 소개시켜 주기 때문이다.

Section 7 _ Target Marketing

현재 TOP20명 고객

No.	성명	수익
1		
2		
3		
4		
5		
6		
7		
8		
9		
10		
11		
12		
13		
14		
15		
16		
17		
18		
19		
20		

10명의 초대 관심고객 리스트(Most Wanted List)에 집중하기

'A' 그룹에 필적하는 10명의 고객을 선정하라. 이들에 대한 연결고리를 찾는 것부터 시작하라. 자신을 소개할 기회를 확보하고, 당신이 누구를 아는지, 누가 그들을 아는지를 알아보라. 그들의 사업에 대한 뉴스기사나 보도자료 거리, 개인의 소견서 등을 써서 보내라. 그들과 연락할 수 있고 지원할 수 있는 모든 기회를 동원하라. 10명의 초대 관심 고객을 Top 20명의 'A' 고객 그룹과 같이 분류하라.

10명의 초대 관심 고객

No.	이름	전화번호	지인	예상 수익
1				
2				
3				
4				
5				
6				
7				
8				
9				
10				

10명의 초대 관심 고객에게 집중함으로써 당신은 계획적, 조직적으로 고수익 창출이 가능한 생산적인 고객들에게 시간과 에너지를 쏟을 수 있다.

Section 7 _ Target Marketing

60명의 우수 추천인들에게 집중하기

다음에 제시된 표를 Top 20명 고객이 3명씩 추천하는 리스트로 채워 넣어라. 양질의 추천을 받아 60명을 채워 넣을 때까지 계속하라.

현재 TOP 20명 고객

No.	추천 1	추천 2	추천 3
1			
2			
3			
4			
5			
6			
7			
8			
9			
10			
11			
12			
13			
14			
15			
16			
17			
18			
19			
20			

'A' 리스트

❈ 만약 당신이 연간 100명의 고객에게 판매하였다면, 상위 20명의 고객이 당신 수익의 절반을 차지한다.

❈ 만약 당신이 연간 200명의 고객에게 판매하였다면, 상위 20명의 고객이 당신 수익의 절반을 차지한다.

❈ 만약 당신이 연간 400명의 고객에게 판매하였다면, 상위 20명의 고객이 여전히 당신 수익의 절반을 차지한다.

Section 7 _ Target Marketing

타깃 시장에서 스스로를 전략적으로 포지셔닝하라!

일단 당신이 선택한 타깃 시장 내에서 핵심 전공 분야에 대해 선택 및 집중하기로 하였다면, 어떻게 하면 타깃 시장을 선점하고 장악할 수 있을지에 대하여 자신을 전략적으로 포지셔닝 해야 한다. 이를 위해서는 실제로 선점하기 위한 핵심기회를 포착하기 위한 시간과 비용투자를 기꺼이 감수해야만 한다.

다음에서 묘사하는 내용은, 401K(기업연금) 전문가인 Joe가 다음 단계로 정진하기 위해 반드시 발전시켜야 할 굳건한 인간관계를 위한 핵심활동의 리스트이다. (다음 장 모형도 설명 참조)그가 깨달은 것은 그들로부터 무엇인가 받는 것을 기대하기 이전에, 이들에게 가치를 제공해주어 관심을 얻어야만 한다는 점이다. Joe는 상호 호혜적 관계를 발전시킴으로 이러한 자원이 자신과 자신의 활동에 가치를 부여할 수 있다.

Joe의 리스트를 살펴보면,
(1) 회사의 주요 간부들과의 관계를 면밀히 할 것—401K 상품을 선정하는 의사 결정자들임
(2) 지역 사업장들에 대한 은퇴 세미나를 개최하고 은퇴설계의 중요성에 대해 교육할 것—성인 교육반 개최 및 은퇴설계 전문가로서의 신용도 증대
(3) 지역상권연합회 소속 회원들을 확보할 것—지역 사업장 및 소속 멤버들에게 당신과 당신의 전문성을 알리고 가르치고 홍보할 회원들 확보
(4) 지역상권연합회에서 리더의 역할을 고수할 것—해당 사업장에서의 리더의 역할을 고수함으로써 401K 전문가로서의 신용도 증대 및 인지도 향상
(5) 시민 마케팅 정신을 함양할 것—주요 자선기금모금행사를 찾아 스폰서를 자청함으로써 해당 지역에서 탄탄한 지명도와 명성 획득
(6) 경제연합회나 비즈니스 포럼 등에 참여할 것—스스로를 적절한 위치에 포지셔닝함으로써 국회의원이나 시장이 당신을 해당도시의 비즈니스 포럼에 위촉하게 됨. 이러한 결과로

신용도와 명성이 강화되며, 401K전문가로서의 지명도 또한 상승

(7) 해당 사업장에서의 주요 의사 결정권자를 파악할 것—해당 지역에 관여함으로써 당신은 영향력의 중심에 있는 주요 인물들을 정의할 수 있게 되고, 이는 미래의 판매기회를 획득하는 것임.

(8) 지방 행정관들과의 관계를 개발할 것—이들은 소규모 사업장의 직원들에 대한 은퇴설계나 의사 결정자들과 접촉하기 때문에, Joe를 추천하거나 Joe에게 이들 사업주들을 소개할 가능성.

타깃 시장 평가

에이전트

작성일

자기 자신과 시장 크기, 의사소통 네트워크의 강도를 면밀히 판단할 것

	타깃 시장의 이름/설명			Comments
	1	2	3	
공통의 필요?(Y/N)				
공통의 성격?(Y/N)				
의사소통 네트워크?(Y/N)				
지역적인 조밀도?				
당신으로부터 평균처리				
수입정도				
의사소통의 강도(H/M/L)				
시장의 크기				
당신은 이 시장에 적합한가?(Y/N)				
끈기?(H/M/L)				
침투의 우선순위				

* 각 마켓을 우선순위에 의해 순위를 내시오.

Section 7 _ Target Marketing

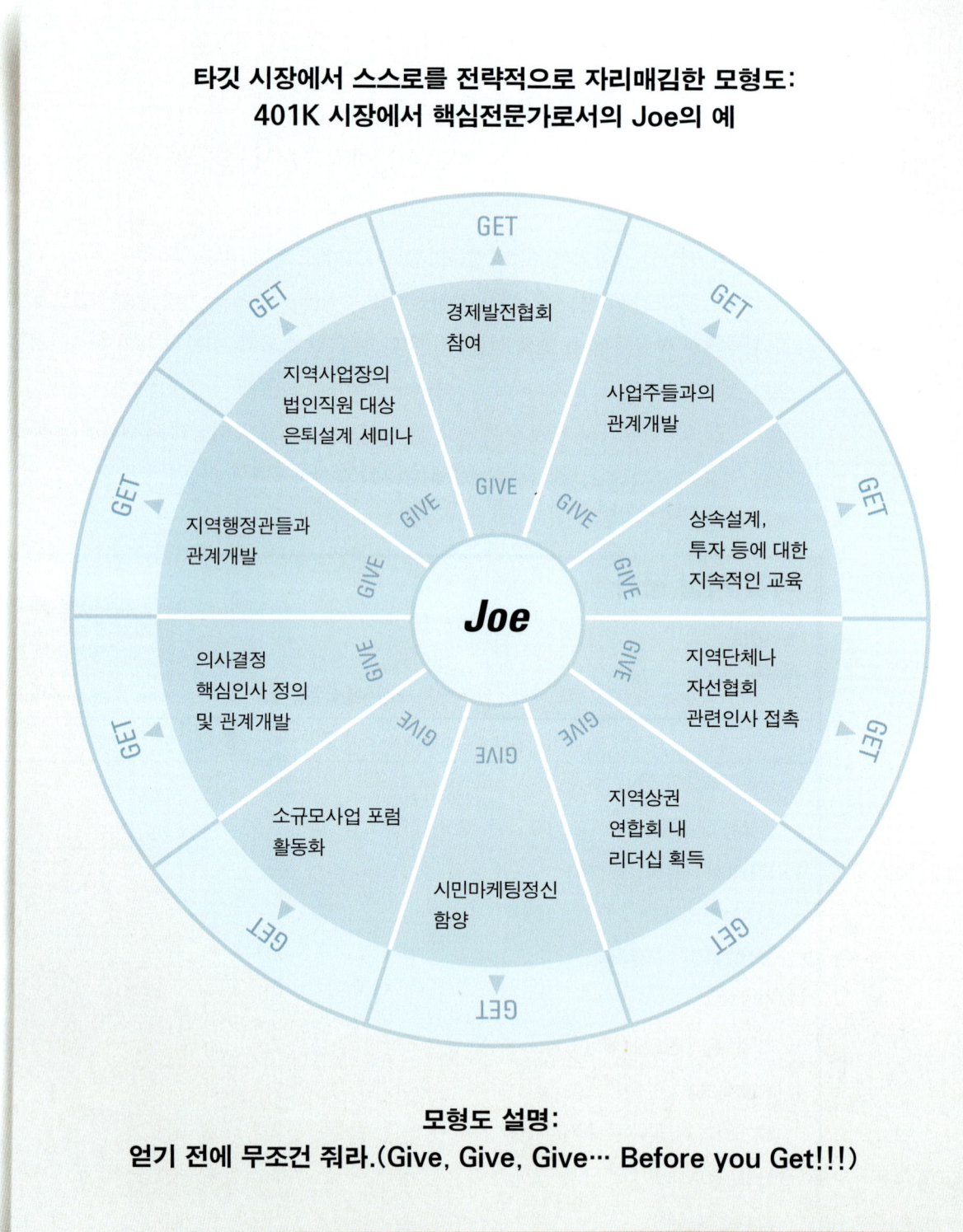

타깃 시장에 집중한 예	타깃 시장에 집중하지 못한 예
타깃 시장 뉴욕의 암전문의를	전문가 집단 / 노동자 계급 / 부유층 / 세금 면세자 / 소규모 사업장
하나의 주요시장에 집중	모든 사람에게 모든 것을 제공하려 노력

행복하지 않고 집중하지 못하는 Peter

- 공통된 니즈
- 공통된 특성
- 공통된 특질
- 공통된 의사소통 네트워크
- 시장 접근성
- 높은 잠재성
- 고수익
- 충분한 집단크기
- 극도의 집중

- 매우 일반적
- 공통된 니즈 부재
- 공통된 특질 부재
- 공통된 의사소통의 부재
- 시장 접근 가능할 수도 있음
- 높은 잠재성 가능할 수도 있음
- 고수익 가능할 수도 있음
- 충분한 집단크기
- 분산된 집중

Section 7 _ Target Marketing

타깃 마케팅으로
대수의 법칙을 깨뜨리자 By Grover C. Norwood, CLU

전 USAF 전투기 조종사였던 Gorver C. Norwood, CLU는 Southern California 대학에서 석사학위를 수료하고 1981년에 프루덴셜 보험 회사에 에이전트로 입사했다. 그는 그해 프루덴셜의 "그해의 신인"이었고 이후 MDRT, President's Club, Hall of Fame and a President's Citation을 획득하였다. 관리 쪽으로 옮긴 후에 Western North Carolina Unit은 표창장을 획득하였다. 그 후 그는 South-Centural 마케팅팀의 전임 마케팅 컨설턴트로 승진하여 South-Central Home Office에서 근무하고 있다.

생명 보험업의 중간 관리자는 리크루팅에 적응하며 자라났다. 중간 관리자는 매년 수백 명의 아주 똑똑한 사람들을 고용했다. 그러나 악마―높은 에이전트 이직률(낮은 정착률)―가 우리를 잡아당긴다. 여러 차례의 전화들, 교실에서의 시간, 어젯밤 상담 세션들…. 마치 우리가 그것을 전에 결코 이야기 하지 않은 듯이 계속 반복해서 이야기를 한 후에 우리는 '판매가 이루어지기' 위해서 열심히 일한다. 에이전트들과 관리자들은 그들의 인생 속에서 일한 어떤 분량보다 보험영업 첫 3년에 더 열심히 일을 한다. 그러나 열심히 일하는 것만으로는 악마를 죽이지 못했다. 우리는 매년 수백 명의 똑똑한 사람을 잃는다. 왜 그럴까?

보험업에 있어서 에이전트 훈련에 가장 많이 영향을 준 철학은 '대수의 법칙'이라고 불리는 통계적인 현상이다. 우리는 확실히 이 법칙을 존중한다. 왜냐하면 그것은 그것 자체가 생명 보험 정책에 생명을 불어넣는 법칙이기 때문이다. 그러나 나의 관점에서 그 법칙은 그 자체가 사실임을 활동으로 증명하는데, 실패했던 많은 에이전트들의 '죽음'에 책임이 있다. 그 법칙은 많은 에이전트들에게 대부분의 다양한 잠재고객 발굴 행위들이 기반이 되어 있는 주된 방법이다. 전략은 단순하다. 그들이 충분히 전화를 걸면 성공할 것이다.

 대수의 법칙에 의한 고객발굴의 기법을 사용할 때 대부분의 에이전트들은 판매 전화나 대면 판매를 싫어하는 것은 공통된 상식이다. 그러나 흥미롭게도 에이전트들이 반대하는 것은 전화 판매가 아니라는 것이 밝혀졌다. 많은 양의 전화 판매가 그 법칙의 원리들을 활용하기 위해 요구된다는 것이다. 그러나 아주 소수의 에이전트들만 그 법칙을 툴로 활용하여 경력 있는 에이전트가 될 것이다. 그러나 실패하는 다수에게 관리자들은 종종 이렇게 이야기 한다. "이 사업은 모든 사람을 위한 것이 아니야." 또는 "대부분의 사람들은 이 사업에서 무엇인가를 얻기 위한 노력을 하지 않아." 물론 이러한 멘트들이 담고 있는 진실을 반박하기는 힘들다. 좋은 사람이 보험영업을 떠날 때 이러한 멘트들은 관리자의 양심을 달래준다. 관리자들은 보통 그들이 할 수 있는 모든 것을 했다고 느끼고 그들은 보통 그래왔다.

대수의 법칙은 실로 관리자들을 흥분 시키고, 새로운 에이전트를 흥분 시키는 확실한 근거를 제공해주었다. 그러한 근거는 통계적 가능성에 진실을 둔 것이다. 우리는 가능성에 신임을 보내는 반면, 대부분의 에이전트들에게 잘 알려진 실패하는 확률임을 잊지 말자. 우리는 이러한 높은 실패율의 결정적인 이유가 대부분의 사람들이 대수의 법칙의 전략을 오랫동안 할 만큼의 스태미나와 정신력을 갖고 있지 못하기 때문이라는 것에 의문을 가지지 않을 수 없다. 많은 관찰자에게 있어서, 오랜 기간 동안 이런 타입의 마케팅 전략은 종종 품위를 떨어뜨리는 비싼, 그리고 노동 집약도가 높다는 것이 판명되었다.

새로운 에이전트가 그 법칙의 우세한 점에서 미래를 볼 때에 그들은 자영업자들이 의지하고 있는 꿈들과 비전들을 발전시키기가 어렵다는 것을 발견한다. 2개의 보험상품을 팔기 위해 4개의 보험 closing을 하고 그러기 위해 7개의 기회를 잡고 그러기 위해 10개의 약속을 하며 그러기 위해 160개의 전화를 건다는 것은 지속되고 광범위한 지지를 받고 있지만, 창의적인 매력의 잠재성을 꼭 갖고 있다고는 할 수 없는 성공의 법칙이다.

그러나 대안이 있다. 대부분의 관리자들과 트레이너들이 그들의 에이전트들에게 내 놓는 것은—타깃 마케팅이다. 타깃 마케팅을 체계적으로 사용하는 것은 1990년대 이후, 시장에서 에이전트들의 성공을 증가시키는 데 필수적이다. 그리고 에이전트의 커다란 성공은 더 높은 정착률을 의미한다. 그러나 타깃 마케팅은 종종 에이전트들에 의해 이해되지 못하거나 올바로 적용되지 못한다.

Section 7 _ Target Marketing

타깃 마케팅 정의하기

타깃 마케팅을 효과적으로 적용하는 첫 번째 단계는 회사와는 다르게 그것이 영업하는 에이전트들에게 의미하는 바가 무엇인지 이해하는 것이다. 왜냐하면 제조업자와 비슷한 처지의 보험 회사들은 운송 조직과 비슷한 에이전트들을 가지고 있는 것과는 다른 '타깃 시장'의 정의를 가지고 있기 때문이다. 이것은 매우 중요하다.

타깃 시장에 있는 사람들은 반드시:

- 무슨 종류이든지 간에 공통의 니즈를 가져야 한다
- 유사한 성격을 가져야 한다.
- 어떤 방식으로든 서로 의사소통해야 한다.

회사의 것과 에이전트의 타깃 시장의 차이점을 지적하기 위해 다음의 그룹들이 공통으로 가진 것이 무엇이고 공통으로 가지지 못한 것이 무엇인지 주목하라.

- Akron의 의사들—회사의 타깃 시장
- Akron의 U.O. Hospital의 의사들—에이전트의 타깃 시장
- Macon의 작은 사업체들—회사의 타깃 시장
- Macon의 장례식 담당자—에이전트의 타깃 시장
- Atlanta의 목사님들—회사의 타깃 시장
- Atlanta의 장로교 목사님들—에이전트의 타깃 시장

에이전트의 타깃 시장은 단지 공통의 필요와 공통의 성격을 가진 것뿐만 아니라 공통의 의사소통 방법이 있어야 한다. 예를 들면 같은 단체의 회원이라든지, 같은 회사에서 일한다든지, 같은 무역박람회에 참여한다든지, 그리고 회보나 지방에 있는 지부들을 통해 대화한다든지 등이다.

왜 타깃 마케팅이 더 쉬운가?

일대일 판매를 이야기할 때, 타깃 시장에서 무엇인가를 파는 것이 더 쉽다. 왜냐하면 타깃 시장은 이익률, 추천 고객, 호의, 그리고 포지셔닝의 전통적인 문제점들을 풀어준다.

1. 타깃 시장의 고객들은 전문화된 사람들을 좋아한다.

2. 타깃 시장의 고객들은 다른 관계가 약한 그룹들보다 더 기꺼이 추천을 나누는 경향이 있다. (에이전트들의 고객발굴 업무를 더 쉽게 만든다.) 지금, 에이전트는 추천고객을 요청하는 것 대신 추천고객을 데리고 올 수 있다. 그 에이전트는 자신의 고객에게 이렇게 말한다. "저는 이 열 분을 방문할 계획입니다. 이들 중 아시는 분이 있습니까? 제가 이분들에게 당신이 제 고객임을 말해도 되겠습니까? 고맙습니다." 추천고객 명단을 물어보는 심리적 문제는 더 이상 중요요소가 아니다. 에이전트가 고객의 이름들을 제공하기 때문에 고객은 단지 그 에이전트에 대한 보증을 제공할 뿐이다.

3. 에이전트는 타깃 시장에서 일할 때 판매과정의 초기 단계에서 자신을 더욱 잘 포지셔닝시킬 수 있다. (타깃 시장 내의 고객들의 필요와 성격을 조사함으로써, 그 에이전트는 왜 그들이 자신과 계약을 해야 하는지 설명하는 데 잘 준비할 수 있다.)

4. 현재의 '호의'의 시장 현상은 그것이 다른 사업의 사람들을 위해 일하듯 그 에이전트를 위해 일한다. 그것은 타깃 시장 환경에서 판매를 촉진시켜 나는 그것을 TMG(target market goodwill)이라 부른다. 고객들은 서로 이야기한다. 이런 점에서 구전효과는 타깃 시장에서 가장 강력한 효과를 낸다.

우리 보험 산업에 있어서 시장은 세분화 되고 타게팅하는 데 별로 인식되어오지 않았다. 그러나 우리의 산업의 크기와 광대한 힘의 관점에서 생각했을 때에는 우리가 판매시스템이나,

Section 7 _ Target Marketing

전문적인 레벨에서 행해온 타깃 마케팅은 실질적인 점에 있어서는 아무 것도 하지 않은 것과 같다. 산업의 초기 단계에는 우리는 세분화 그룹별로 시장을 만들었고 이를 잘 실천했다. 이웃 간의 재해 보험들과 대빗보험(호별 수금하는 방식의 소액 생명보험)은 세분화 마케팅의 한 예이다. 그리고 특정의 제조업자들이 신경 쓰는 곳마다 명확한 타깃 마케팅이 있었다. 그것은 이웃공동체 때의 일이다. 그때에는 서로 잘 알았고 에이전트의 "타깃 시장 호의"가 굉장한 도움이 될 수 있었을 때이다.

그러나 이웃공동체는 움직이고 있다. 지금 그들은 직장에 있다. 직장은 사람들이 그들 삶의 대부분을 다른 사람들과 교제하는 곳이다. 타깃 마케팅은 에이전트로 하여금 오늘날 이웃공동체가 있는 곳으로 가게끔 한다.

영업조직에 의한 개인적 타깃 시장 계획의 불충분함에도 불구하고 보험업이 한 산업으로써 거대하게 커져 왔다는 것은, 우리의 성공하고자 하는 의지, 결정론, 본질, 희망 그리고 남은 시장을 도전하기 등등의 노력에 대한 증거이다.

타깃 마케팅이 필수적인 세 가지 이유

왜 에이전트들이 타깃 마케팅 기술들을 배워야 하는지 세 가지 이유가 있다.

1. 저 고객획득비용

타깃 마케팅은 수익률 문제를 해결한다. 타깃 시장 내의 판매는 언제나 계약 체결 비용(Selling Cost)을 최대한 낮춘다. 그러한 판매들과 기존 고객들에 대한 추가 판매는 고객명부를 이용한 에이전트들에겐 최소 비용의 판매들이다. 판매 케이스가 고객의 '이름'으로 시작할 때, 계약을 맺기 위해선 많은 시간과 노력이 요구되기 때문에 새로운 판매는 가장 비용이 많이 든다(나중에 전문적 판매의 경제학적 측면에 대해 논의를 할 것이다). 타깃 시장 내에서 할 때에는 추천고객이 훨씬 쉽게 얻어진다. 왜냐하면 타깃 시장 내에서는 고객들이 서로 잘 알게 되기 때문이다. 추천고객과 기존 고객들에의 재판매 결과로서, 계약 체결 비용은 급격히 떨어진다. 에이전트가 어떤 타깃 시장의 밖에서 새로운 고객들을 찾을 때는 계약 체결 비용은 더 높게 된다.

2. 더 큰 마진 창출

이것은 위 첫 번째 이유와 같은 맥락이다. 만약 계약 체결 비용이 타깃 시장에서 더 낮아진다면, 이익의 폭은 더 넓어진다. 고로 우리는 자영업자들에게 더 높은 순 이익은 말할 것도 없고 부가적인 마케팅 노력, 인원수급, 광고를 통해 우리의 마케팅 노력을 확대하는 가운데 사업을 더 넓힐 수 있어 더 많은 이익을 얻는다.

3. '타깃 마케팅의 호의'를 자본화

비즈니스 문맥에서 정의된 Goodwill은 아주 오래 전부터 공동체의 많은 다른 사업들이 혜택을 받아 오던 것이다. 그러나 그것은 본래 에이전트에게도 이와 같은 스타일로 즐길 수 있는 성격의 것이 아니었다. 그러나, 타깃 마케팅은 이 문제에 크게 영향을 주었다. 타깃 시장의 멤버들은 서로 의사소통을 하기 때문에 타깃 마케팅의 호의는 유능한 에이전트들에게는 긍정적인 힘이 되었다. 왜냐하면 고객들은 그 에이전트에 대해 서로 이야기를 하기 때문이다. 고로, 타깃 시장에서 일하는 것은 대개 영업사원이 고객들을 붙잡는 것을 더욱 확고히 한다. 타깃 시장에서 일하는 것은 영업사원이 향유할 수 있는 '호의'를 향상시킨다. 가장 부러운 형태로서, '타깃 시장의 호의'는 그것의 일생동안 지속된다. 에이전트들의 타깃 시장 고객들과 심지어 잠재 고객들은 그 에이전트에 대해 그들 사이에서 호의적으로 말할 것이다. 그리고 그들의 동료 심지어는 타깃 고객 밖의 사람들에게 추천할 것이다.

세일 전문의 경제학

세일 전문가는 현재의 기술로도 풀 수 없는 비용 문제를 가지고 있다. 문제는 이 지구상 어느 누구도 "내가 이 생명보험 상품을 판매하는 데 든 실제적인 비용이 얼마인가?"라는 질문에 대답할 수 있는 사람이 지구상에는 없다는 것이다. 이것은 매우 불행스러운 일이다. 왜냐하면 대략적이라도 이 가장 필수적인 정보를 결정할 능력이 부족하다는 것은 보험과 재정상품 판매의 세계에서—사실 모든 전문적인 판매의 종류에 있어서—커다란 '추가 세일'을 가리기 때문이다.

어느 누구도 에이전트를 쫓아다니면서 기름 값, 시간, 사무실 비용, 의복, 차, 점심, 우표, 장거리 전화 그리고 에이전트에 의해 발생된 수많은 종류의 비용 항목들을 계산할 수는 없다. 어느 누구도 계약이 마침내 체결된 시점에서 그러한 비용들을 '이 판매를 만들기 위해 발생한 비용'을 나타내는 하나의 수치에 할당 시킬 수 없다. 그리고 이 비용 모델은 결코 발전되지 못할 것이다 왜냐하면 변수가 너무 많고 천성적으로 변덕스럽고 정보 수집 시스템이 매우 어려워 만들 수 없기 때문이다.

현재의 유능한 사업가인 당신도 당신의 판매당 비용을 계산할 수 없다. 그러나 당신은 이 비용들을 꼭 알아야 한다. 그렇지 못한다면 당신은 어떻게 순이익을 결정할 수 있는가? 어떻게 당신이 언제 매출을 극대화하며, 언제 판매가 그것을 일으킨 매출보다 더 큰 비용을 초래할 것을 결정할 수 있겠는가? 그렇지 못하다면 어떻게 당신이 피해야 할 매출이 어떤 것인지를 알 수 있을 것인가? 어떤 생각 깊은 사업가가 그런 눈먼 업무 단계에서 세심하게 남아있을 것인가? 우리는 그 숫자들이 우리를 도울 수 없다는 사실을 알아야 한다.

어느 누구도 그 수치를 우리에게 설명할 수 없다. 그리고 이런 비용의 수치들의 예측불가능성은 많은 에이전트들을 몹시 괴롭힌다. 그들은 그들이 수용할 수 있을 정도 이상의 돈으로 매출을 일으키기 위해 사용한다. 그러나 그들은 절대적으로 그 사실을 입증할 수 있는 방법을 갖고 있지 않다. 에이전트가 돈을 잃었으나 그것을 알지 못하는 경우가 매일 수백 건씩 일어난다. 그 비용의 수치는 영원히 자신을 감출 것이다. 다음 언급할 것들은 타깃 마케팅이 에이전트들이 해결하는 것을 도울 또다른 문제점을 지적할 것이다.

잘 알지 못할 경우, 어떻게 생산비용을 낮출 것인가?

한 단계 더 나아가 생각해보자. 에이전트는 컨설턴트에게 다가와 묻는다. "이것을 설명해주세요. 왜 나와 내 동료는 매해 같은 수의 상품을 팔고, 같은 양의 보험료를 계약하며 회의 여행을 해마다 가지만 그는 항상 내가 버는 것보다 더 많은 돈을 버는 것처럼 보입니다. 나는 비용을 물 쓰듯 하는 사람이 아닙니다. 그는 그의 컴퓨터를 처음으로 받았고, 나보다 더 좋은 차를 몹니다. 왜 그럴까요?"

질문을 받은 컨설턴트는 이렇게 묻는다. "어디서 당신의 전형적인 매출이 일어나지요? 당신의 사업 장부를 함께 빨리 검토해봅시다." 에이전트는 컨설턴트에게 묻는다. "당신은 나의 일반 비용에 대해 물어보지 않습니까? 제 아내는 그것이 제 문제라고 생각합니다. 나는 그보다 더 많은 사무실 비용을 쓰고 있습니다."

컨설턴트는 "아니요. 나는 지금 이 순간 당신의 사무실 비용에 대해 관심이 없습니다. 당신의 전형적인 매출이 어디서 나오는지 말씀해주세요."라고 대답했고, 몇 분 안에 컨설턴트는 이 문제를 파악했다. 그는 나중에 인터뷰에서 '사무실 총 비용'에 대해 문의하였다. 그러나 그것은 문제가 아닌 듯 보였다. 오히려 문제는 매출의 근원과 관련되어 있었다.

컨설턴트는 매출이 나오는 근원에 대해 조사함으로써 문제를 파악했다. 에이전트의 대답을 토대로 컨설턴트는 에이전트의 매출이 주로 어디서 나오는지를 알게 되었다. 그것은 (1) 그가 고객을 발굴하기 이전에 알지 못했던 사람들, (2) '적격자' 리스트에서 추출된 사람들, (3) DM, 판매전화, 또는 대면 판매를 통해 상품을 팔았던 사람들을 통해서였다.

컨설턴트는 이렇게 결론지었다. "당신의 판매는 주로 새로운 매출입니다. 여기에 당신의 문제점이 있어요. 당신의 새로운 판매는 당신의 최종 손익을 망치고 있어요. 이제부터는 새로운 판매를 많이 만들지 마세요."

에이전트는 이런 결과에 대해서 이렇게 반응했다. "뭐요? 당신은 내가 판매를 더 적게 하길 바라는 겁니까?"

신규 판매는 피할 것

컨설턴트는 말한다. "저는 당신이 신규 판매를 더 적게 하길 원합니다. 당신이 많은 신규 판매를 할수록 오히려 당신의 이익은 감소되는 걸 알 수 있을 겁니다. 신규 판매는 가장 비싼 경비의 판매입니다. 신규 판매를 당신의 첫 번째 수단이 아니라 가장 마지막 수단으로 여기세요. 지금은 신규 판매들이 당신의 유일한 수단으로 들립니다."

에이전트는 물었다. "신규 판매란 무엇을 뜻하는 것입니까?"
컨설턴트는 대답한다. "신규 판매란 당신이 전화 걸기 이전에 당신이 몰랐던 사람입니다. 신규 판매는 당신의 삶 속의 어떤 사람이나 사건과도 관련되지 않은 자원에서부터 당신이 찾은 판매입니다. 당신이 DM, 명부, 판매통화를 통해 당신이 찾았던 판매입니다. "그럼 그렇게 판매를 하는 것이 뭐가 나쁘다는 것입니까? 모든 사람들이 하는 방법입니다."

컨설턴트는 말했다. "비용이 많을 뿐입니다. 당신 자신에게 신규 판매가 왜 가장 비싼 판매인지 물어보시오. 만약 당신이 '시간은 금이다'란 명언을 생각한다면, 대답은 명확할 것입니다. 당신이 모르는 사람에게서 정보를 모으는 것은 시간을 필요로 합니다(이 시간은 당신의 이익을 천천히 고갈시킬 것입니다). 그는 누구입니까? 그녀는 어디서 일합니까? 무엇이 필요합니까? 그가 당신을 믿을까요? 어떻게 시작을 할까요? 어떻게 믿을만 하고 강한 이미지를 만들까요? 당신은 그 사람을 모릅니다. 당신이 모르는 사람을 알기 위해 당신은 많은 시간을 투자하고, 수많은 전화를 해야 합니다. 어떻게 그들 중 한 명이 당신을 만나게끔 설득해야 합니까?"

"그러나 휘발유 값도 또한 돈입니다. 의복과 마음의 아픔, 그리고 자동차도 돈입니다. 신규판매에서는 무엇이 일어납니까? 당신은 진짜 돈으로 지불하는 이러한 많은 숨겨진 비용들과 마주칩니다. 고객은 당신에게 어떤 감정적인 투자도 하지 않습니다. 이러한 종류의 사람은 자주 약속을 취소하고 당신으로 하여금 다시 스케줄을 잡도록 합니다. 왜 그들을 신경 써야 합니까? 종종 그들은 당신이 갈 때 자리에 없습니다. 어디에 그들의 집과 사업체가 있는지 당신은 알지 못합니다. 당신은 장소를 찾기 위해 주위를 차를 갖고 돌아야만 합니다. 시간과 택시미터는 계속 돌아갑니다. 신용을 얻기 위해서는 약속과 점심을 필요로 합니다. 종종 당신은 그들이 당신에게 말하지 않은 경쟁을 발견하게 됩니다. 신규판매에서는 판매가 일어나기 전에 더 많은 시간투자를 필요로 하기 때문에 이 경쟁이 당신의 비용요인을 배가시킵니다."

에이전트는 말했다. "아마도 나의 동료는 그러한 저렴한 판매를 하고 있었나 봅니다. 그것이 그가 나보다 더 많은 현금을 가지고 있는 이유이겠군요."
컨설턴트가 말했다. "나는 당신이 그가 이러한 다른 종류의 판매를 하고 있다는 것을 발견할 것이라고 생각합니다. 마음속으로 판매의 경제학적 관점을 가지고 그것들을 살펴봅시다. 이것은 또다른 고려해야 할 수단입니다. 즉 당신의 비용, 더 많은 돈을 벌기 위해 비용을 높이는 것이 아닌 낮춰야 하는 것, 바로 그것이 돈을 더 많이 벌기 위해 필요한 것입니다.

비용이 절감되는 다섯 가지 판매 방법

1. 신규 고객으로부터 나오는 '추가' 판매

이것은 새로운 판매로부터 파생되는 추가 판매이다. 새로운 상품을 계약하면서 고객은, "그런데 당신은 disability 상품도 판매합니까?"라고 물을 수 있다. 이 상품계약이 성사된다면 당신은 추가 판매를 한 것이다. 당신은 이런 판매를 계산하지도 생각하지도 않았다. 추가 판매는 우연히 생긴 것이다. 그러나 추가 판매를 했을 때 당신은 정말 순이익을 얻은 것이다. 왜냐하면, 이 판매를 발생시키기 위해 당신이 지불한 비용은 거의 없기 때문이다. 당신의 신규 판매비용이 그 판매까지도 지원한 것이다. 이 추가 판매는 거의 시간을 들이지 않기 때문에 그만큼 많은 이익을 낼 수 있다.

2. 신규 고객으로부터의 '가족 Rollover' 판매

이것은 새로운 고객의 가족에게 파는 판매이다. 당신의 새로운 고객이 "내 동생이 적당한 생명 보험을 찾고 있어요."라고 말한다면 당신은 이렇게 말하라. "동생분께 제가 전화 걸 것이라고 알려주시겠습니까?" 이때 우리는 거의 모든 이익을 획득할 수 있는 판매기회를 가진다. 추가 판매처럼, 이것은 거의 비용이 발생 되지 않는다. 왜냐하면 당신은 적은 시간과 비용을 투자하여 정보, 인터뷰, 초기의 신용을 획득할 수 있기 때문이다.

3. 기존 고객에게 두 번째 판매

이 판매 또한 매우 저렴한 판매 방법이다. 앞의 방법보다 당신의 판매이익은 더 클 것이다. 왜냐하면 이 판매 과정이 시간과 돈에 있어서 더 효율적이기 때문이다. 고객과의 약속은 한 번의 전화면 된다. 당신은 고객이 어디에 사는지 알고 있다. 그 고객은 통보 없이 당신을 기다리게 하지 않을 것이다. 당신은 많은 가치를 발생시키는 고객정보를 이미 가지고 있다. 이미 고객은 당신을 신용하고 있다. 당신은 돈을 주고도 살 수 없는 고객의 정신에 대한 감각이 있다. 이런 종류의 판매로 얻어지는 결과로 인해 당신은 더 많은 돈을 벌 것이다. 왜냐하면 당신의 이익 폭은 더 클 것이기 때문이다. 만약 당신이 기존 고객에게 $1,000의 보험료를 체결했다면 그리고 당신의 동료는 새로운 고객에게 $1,000의 보험료를 체결했다면 당신들 중 누가 더 많은 순 수입을 가져가겠는가?

4. 추천 판매(Referrals)

이제 우리는 왜 추천 판매가 그렇게 가치 있는지 알게 되었다. 그리고 그것은 단지 추천판매가 더 쉬워서가 아니라 더 이익을 낼 수 있기 때문이다. 그리고 위에서 언급한 이유들로 정보를 모으기 위한 비용이 줄어들고, 적은 시간과 자원의 투자로 인터뷰가 훨씬 더 편하게 성사되며, 초기 신용이 더 적은 비용을 가지고 더 빠르게 만들어 진다. 당신은 수수료와 비용을 빼고도 더 많은 돈을 벌 것이다.

5. 타깃 시장 판매

아마도 가장 비용 면에서 효과적이고 이익을 극대화하는 최고의 방법인 타깃 시장 판매는 다른 모든 방법의 장점은 취하고 처음 두 가지 방법의 단점 (세심한 관리 부족)은 제거한다. 여기서 아마 당신은 단점을 통제할 수 있을 것이다. 에이전트는 어떻게 타깃 시장을 계획하고 발전시킬 수 있는지를 배운다. 고객들 간의 교제는 당신이 결코 상상할 수 없을 만큼 당신을 돕기도 한다. (물론 당신에게 상처를 주기도 한다.) 정보는 쉽게 얻을 수 있고, 타깃 고객들이 어디에 있는지 알기 쉽고, 또 당신이 그들에게 다가서는 올바른 방법을 찾아내어 주길 기다린다.

당신은 추천 판매의 어려운 점을 해결할 수 있다. 왜냐하면 당신은 더 이상 사람들에게 다른 사람을 소개시켜 줄 것을 부탁하지 않아도 되기 때문이다. 당신이 앞으로 접촉할 사람들의 명단을 기존고객에게 보여줌으로써, 당신은 이렇게 말할 수 있다. "John, 이 사람들이 내가 여기 공장에서 만나려고 계획 중인 사람들입니다. 그들 중에 아는 사람이 있습니까? 당신이 내 고객임을 그들에게 이야기해도 됩니까? 감사합니다." 그리고 대부분 기존고객의 보증으로 구성된 추천고객을 가질 것이다.

이 시점에 다다르면, 컨설턴트는 이렇게 말할 수 있다. "가능한 신규 판매를 피하십시오. 그것은 당신이 생각하는 것 이상으로 비용이 들 것입니다. 물론 신규 판매로부터 피하려고 하지는 말고요, 그러나 이 다섯 가지의 적은 경비의 판매 업무에 집중하십시오. 바로 이러한 상황들이 고객 발굴을 위해 노력해야 할 것들입니다. 요점을 파악하셨나요? 판매 이상의 무엇인가가 있답니다. 당신은 옳게 판매할 수도 있고 그르게 판매할 수도 있지요. 이익을 남기며 파는 것이 옳게 판매하는 것이랍니다."

좋은 사업은 때때로 공식이 적용되지 않는 곳에서는 철학을 필요로 할 때가 있다. 우리는 영업 경비를 계산하는 공식을 갖고 있지 않으므로, 이익 폭의 문제를 다루기 위해 당신은 어떤 철학을 가지고 있는가? 오늘 얼마나 많은 새로운 판매를 찾으려 시도했는가? 그리고 얼마나 많은 기존 고객과 약속을 하였는가?

에이전트는 타깃 마케팅 이외의 다른 모든 노력들은 버려야만 할까?

어떤 컨설턴트들은 당신에게 그렇게 하라고 조언할지도 모른다. 그러나 난 그렇게 하지 않겠다. 적어도 계획 없이는 그렇게 하지 마라. 더 나은 계획 없이 사용하는 것을 버린다면, 더 나빠질 뿐더러 그것은 바보 같은 짓이다. 판단을 해보라. 만약 에이전트들이 하고 있는 일이 결과가 있다면, 그들이 하고 있던 일들을 계속하면서 단지 한두 개의 마켓을 선택함으로써 타깃 마케팅을 위해 노력하는 것이 현명한 행동이 될 수 있다. 그러므로 처음에는 타깃 마케팅을 실시하는 것이 그들의 마케팅 노력의 40~60%가 될 수 있다.

에이전트들 자신이 더 활력 있는 타깃 마케팅의 환경에서 촉진시키는 새로운 기술을 점진적으로 배워가듯이, 그들은 새로운 마켓을 추가하고 기존의 성공을 새로운 성공으로 대치할 수 있다. 그러나 만약 에이전트가 현재에 하고 있는 일들이 믿을 만한 결과를 가져오지 못하고 있다면, 그리고 만약, 그들이 지치고 사기와 흥미를 잃어 간다면, 부진한 결과와 나태한 태도 외에 버릴 것은 아무것도 없다.

타깃 마케팅의 이론은 에이전트가 할 수 있는 실질적인 단계들의 조합을 가진 매우 효과적인 과정이다. 우리는 이 글에서 그러한 단계들을 논의하지 않았고 Market Planning Process를 적용하고 그것을 어떻게 가르치는지에 대해서도 논의하지 않았다. 만약 타깃 마케팅의 개념이 당신에게 와 닿는다면, 당신을 불러일으킬 수 있는 만큼의 모든 열정을 가지고, 당신 자신과 에이전트들을 타깃 마케팅에 전념토록 하라. 당신과 에이전트들은 시간을 낭비하지 않을 것이며, 당신 사업과 미래에 극히 중요한 일을 하게 될 것이다.

필자는 보험 영업을 시작한 지 3년이 지난 후부터(1987년) 컴퓨터를 통해서 고객관리를 해 왔다. Client-Customer-Consumer로 세분화한 고객관리 시스템을 구축하여 고객관리를 함으로써 본격적인 고객에 의한 Referrals를 가동하기 시작했다.

Section 7 _ Target Marketing

적은 스트레스로 생산성을 높이기 위한 처방
Passport To High Productivity With Low Stress

By Larry A. Winter, CFP

Larry A. Winter(CFP)는 보험업에 1984년에 Lutheran Brotherhood의 career 에이전트로 뛰어들었다. Winter는 1984년 이후 매년 MDRT의 멤버였고 1991년 이후 매년 Court of the Table의 영예를 누려왔다.

당신들 중 일부는 빠르게 스트레스를 줄이는 방법 또는 빨리 MDRT의 Court of the Table이 되는 방법을 찾고 있을 것이다. 어쩌면 내가 당신에게 해결책을 줄 수 있을지 모르겠다. 나는 당신의 모든 스트레스를 치유할 수 있다고 약속할 수는 없다. 만약 그것이 가능하다면, 나는 다른 직업에 종사하고 있을 것이다. 내가 당신과 나눌 수 있는 것은 내가 일하고 있는 것을 나누는 것이다.

사람들은 항상 내가 꾸준하고 조용하고 고집이 세다고 한다. 이러한 특성들은 삶의 방식에서의 선택과 일하는 방식에서의 선택의 결과물이다. 우리는 모두 삶의 방식과 일하는 방식을 선택 한다. 우연히 오는 것은 없다. 우리는 우리가 어떻게 살 것이며 어떻게 일할 것인지를 선택한다.

젊었을 때에 나는 건전한 업무 방식이 바로, 건전한 삶의 방식을 이끈다는 사실을 배웠다. 예를 들면, 만약 내가 해야 할 숙제를 마치지 못하면, 나는 자전거를 타러 가지 않았다. 만약 내가 동네 편의점에서 일하지 않았다면, 내가 16살 때에 나의 첫 번째 차를 사지 못했을 것이다. 만약 내가 대학 다닐 때 내가 일하지 않았다면, 나는 오스트리아의 비엔나에서 공부하지 못했을 것이다.

심지어 나의 젊은 시절에도 나는 삶을 살아가는 동안에 가치 있는 지혜와 기술들을 배워왔다. 고로 당신의 여행을 준비할 때, 나는 나의 몇 가지 삶의 지혜가 당신의 삶에 도움이 되기를 바란다.

1. 로드맵을 만들어라. 즉 목표를 정하라

여행을 시작하기 전에, 로드맵이 필요하다. 지도가 없다면, 어디로 가고 있는지 알지 못한다. 나는 나의 목표들을 설정하는 일에 도움이 된 좋은 말이 있다. 즉, 그것은 내가 원하는 것을 명확히 알 때, 나는 매일 아침 삶에 대해서 가슴설레이는 상태로 일어날 것이다.

 모든 경력에 있어서 나는 목표 중심적이었다. 그러나 나는 위대한 연설가인 Mark Victor Hansen의 목표 설정에 대한 그의 접근을 듣고 나서야 비로소 진실된 가치를 깨달았다. Mr. Hansen씨가 나눈 아이디어는 에이전트는 열 개 또는 스무 개 목표들을 가지지 말고, 오히려 101가지 인생의 목표를 가져야 한다는 것이다. 그의 생각은 에이전트 본인이 되고 싶고, 갖고 싶은 모든 좋은 것을 적으라는 것이었다.
에이전트가 이것을 적는다면, 그는 진실로 그의 로드맵을 쓰고 있는 것이다. 101가지 인생의 목표들을 적는 아이디어는 단순하지만 중요한 개념이다.

대부분의 사람들은 인생의 언제인가 이루길 고대하는 가장 우선되는 10가지 목표들을 쓴다. 이러한 목표들은 아마도 백만 불을 벌거나, 세상을 여행하거나, 최고 영업사원이 되는 것일 것이다. 그러나 이러한 목표들은 그 에이전트가 몇 년 동안 성취하지 못할 수도 있는 목표들이며 그가 이루지 못했을 때에 그 에이전트는 침울해질 수 있다. 에이전트가 그의 101개 인생의 목표들을 기록할 때, 그는 그 목표들 중 다수를 매일, 매주 그리고 매해 이룰 것이다. 이것은 인생의 방식과 일하는 방식을 더 충실하게 이끌 것이다.

다음은 나의 인생의 목표들의 일부이다.
- 나는 Jane Lee Winter와 75년 동안 결혼 생활을 할 것이다.
- 나는 2002년 최고 영업사원 모임에 참여할 것이다.
- 나는 오늘 누군가를 도울 것이다.

- 나는 잭 니클라우스와 골프를 칠 것이다.
- 나는 매일 운동할 것이다.
- 나는 매일 기도할 것이다.
- 나는 매일 건강하게 식생활을 할 것이다.
- 나는 세계 여행을 할 것이다.
- 나는 걱정하지 않을 것이다.

나는 매일 이러한 목표들의 다수를 성취할 수가 있다. 고로 매일 나는 침대에서 일어나면 인생에 대해 흥분감을 느낄 수 있다. 나는 매일 이러한 목표들을 이룩해 나가고 있으며, 나의 장기적 목표들을 행해 나아가게 될 것이다. 나는 에이전트에게 2시간만 자신만의 시간을 가져서 101가지의 목표들을 적어보기를 제안한다. 5가지 원칙이 있는데 단순한 것들이다.

1. 에이전트는 그의 목표를 글로 남겨야 한다.
2. 에이전트는 어떠한 목표도 이상한 것이 아니라는 것을 반드시 깨달아야 한다. 만약 그가 빌 게이츠보다 더 부자가 되고 싶다면 그는 그것을 적어야 한다.
3. 에이전트는 생각나는 어떤 목표도 반드시 적어야 한다.
4. 에이전트는 그의 목표를 반드시 매우 상세하게 적어야 한다.
5. 에이전트는 그의 목표를 반드시 일주일에 한번씩 보아야 한다.

에이전트가 이 활동을 완성한 후에, 그는 그것을 다른 사람과 나눠야 한다. 그는 그의 배우자, 친구 심지어 Branch Manager와 나눌 수 있어야 한다. 에이전트는 그의 목표들을 누군가와 나눠야 하고 그것들을 매주 봐야 한다. 에이전트가 하나의 목표를 달성했을 때 하나씩 지워나가야 한다. 에이전트가 여행을 할 때, 그는 그 리스트를 지참하고 다른 목표들을 첨가해야 한다. 중요한 것은 그 목표들을 그의 앞에 두고 새로운 목표들을 추가하는 것이다.

나의 성공은 오로지 나의 꿈만큼 크다는 것을 나는 믿는다. 그래서 나는 크게 꿈을 꾼다. 왜 에이전트는 이런 미친 행동을 하길 원해야만 하는가? 왜냐하면 그는 그 자신의 미래를 쓰고 있기 때문이다. 목표들은 에이전트의 인생의 사건들과 경험들의 사전 검토이다. 에이전트는 그의 미래를 쓰고 있는 것이고 그리고 놀라운 결과가 나타날 것이다. 우리의 사업을 위한 목표를 설정할 때, 나는 최소한 우리 모두가 MDRT의 멤버가 되어야 한다고 믿는다. 이것은 구체적인 첫해의 목표와 연관되어 있다.

만약 에이전트가 MDRT가 되고 싶다고 했을 때, 그것은 첫해의 커미션으로 7만 불을 통해서인가? 아니면 20만 불을 통해서인가? 큰 차이가 있다. 에이전트는 구체적인 MDRT 목표를 선택하고 그의 통계자료를 살펴봐야 한다. 예를 들면, 만약 그 에이전트의 케이스당 평균 커미션이 $675이고 그의 첫 해의 커미션의 목표가 $75,000라면 그는 112개의 상품을 팔아야 한다.

이제 그 에이전트는 커미션 목표를 가지고 있고 얼마나 많은 상품을 팔아야 하는지도 안다. 그러면 얼마나 많은 날들을 그가 일해야 하는지, 얼마나 많은 사람들을 만나야 하는지, 그리고 평균 상품 금액의 규모는 어느 정도 되어야 하는지를 쉽게 알 수 있다. 그 다음, 그가 해야 할 일은 그의 영업을 증대하기 위해 고객과의 약속의 수, 판매의 규모, 또는 판매 건수를 증가시키는 것이다.

나의 일 년을 계획할 때에 내가 해야 할 일은 나의 날수를 세 개의 범주로 나누는 것이다. Wayne Cotton이 가르친 것처럼, 나는 나의 해를 다음의 범주들로 분류한다.

1. 판매 일수
2. 업무 일수
3. 휴가 일수

Tony Gordon이 1984년 MDRT에서 말했듯, "성공의 수준을 결정하는 것은 당신이 매년,

Section 7 _ Target Marketing

매월, 또는 매주 무엇을 했느냐가 아니라, 매일매일 무엇을 했는지에 따라 성공의 수준이 결정된다."

내가 최고 영업 사원들의 모임에 들 것을 목표로 적고 행동지침을 만든 것은 6년 전 MDRT 미팅이 끝나고 나서이다. 그때 이후로, 나는 결코 최고영업사원 모임에 빠진 적이 없다. 나는 최고 정상의 자리에 가까이 가고 있으며 나는 그것을 언제가 이룰 것이다. 확실히 나는 최고영업사원 모임에 참여할 것이다.

그래서 첫 번째 원칙은 로드맵을 만드는 것이다. 나는 에이전트가 101개의 목표를 거의 고객들과 나눌 것을 건의한다. 나는 그것을 나의 모든 고객들과 나누었다. 그리고 나는 또한 나의 공적인 근무처에서 그것을 논의하였다. 나는 이러한 행동이 나를 다른 사원들과 차별화 시키는 데에 도움을 준다고 믿는다.(Section 5. 사업계획서 참조)

2. 고객발굴 스승(Master Prospector)이 되라
성공적인 여정을 위한 나의 두 번째 지혜는 스승 프로스팩터(Master Prospector)가 되라는 것이다. 나의 궁극적인 생명 보험 영업의 비전은 사람들이 나를 만나려고 줄을 서게끔 만드는 것이다. 그것이 대부분의 에이전트의 꿈이 아닌가?

그 일은 지난 5년간 때때로 현실로 일어났다. 왜냐하면, 나는 나의 약속 장소의 95%를 사무실에서 하고, 종종 사람들이 나를 보기 위해서 대기실에서 기다리고 있기 때문이다. 이런 것이 일어난 것이 운이 좋아서인가? 결코 아니다! 초기의 개척자들이 금을 찾기 위해 모든 곳을 다 뒤졌듯이, 에이전트는 진정한 사업의 보물들을 찾기 위해서 많은 모래들을 뒤져야 한다. 내가 금을 찾은 방법은 잠재 고객들의 지속적인 만남을 추구하는 업무방식을 통해서였다. 고객발굴 스승이 되려면, 에이전트는 반드시 수많은 사람들을 만나야 한다. 그리고 자동적으로 일어나는 체계적인 고객발굴 시스템을 시작해야 한다.

작년, 나의 판매량의 55%는 고객추천에서부터 나왔고, 35%는 세미나에서 나왔으며 5%는 판매 전화에서 그리고 5%는 다이렉트 메일에서 나왔다. 확실히 나의 영업실적의 대부분은 고객추천과 세미나에서부터 나온다. 그러나 에이전트는 전체의 이야기를 알아야 한다. 내가 이해하는 고객발굴은 하나의 아이디어를 사용하는 것이 아닌 장기적인 과정을 이용하는 것이다. 나의 보조사원은 그 과정의 행정적인 일을 처리한다. 그리고 나는 다른 사람들이 나를 위해 일하게끔 만들기 위해 노력한다.

- **직접 추천**: 모든 약속에서 나는 추천을 요구했다. 그것은 내가 추천을 받을 것이라는 것을 의미하는 행동이다.

- **연도별 검토**: 매해 나는 생일 축하 편지와 체크리스트를 모든 고객에게 보냈다. 약 20%의 체크리스트가 회수되고 그 체크리스트는 나에게 작은 사업기회를 제공한다. 나는 또한 연도별 체크 리스트의 가장 아래 부분에 2명의 추천고객을 위한 공간을 마련하였다. 만약 고객이 연도별 검토 체크리스트를 보내지 않는다면, 나의 부하직원이 전화를 걸어 추천고객의 미팅 약속을 잡도록 할 것이다.

- **영향 주는 프로그램의 중심고객**: 매주 나는 영향력 있는 고객들과 점심식사를 할 수 있도록 노력한다. 나는 그 사람 앞에서 나의 이름과 아이디어를 나누고 싶다.

- **신문 기사들과 홍보 기사들**: 에이전트는 지역 신문사의 편집장과 알아두어야 한다. 만약 에이전트가 편집장을 잘 대한다면, 그 사람은 에이전트의 친구가 될 것이다. 나는 일 년에 30회 ~ 40회 정도 지역 신문사에서 만난다.

내가 학교에 출석할 때마다, 상을 받을 때마다 또는 내 스태프들을 학교에 보낼 때마다 나는 그 정보를 신문 편집장에게 보내고 우리는 신문으로 통보를 받는다. 이것은 무료 홍보다. 나는 또한 나의 모든 워크숍을 지역신문에 낸다. 무료로!

■ 화재보험과의 연계: 지난 5년간, 나는 재산피해 에이전트와 화재보험 에이전트로 사업을 나눠서 전개해왔다. 이 방식은 좋은 생명 보험 상품을 발생시켜왔다.

■ 지역 대학에서의 공개 세미나: 나는 지역 대학에서 매달 워크숍과 세미나를 실시한다. 나는 세미나 시스템의 하나를 구입하여 그것을 회사가 강의하는 것처럼 이용한다. 중요한 것은 그것들의 내용은 사람들을 모으게 하고 방명록을 만드는 것만큼 중요한 것이 아니라는 점이다. 나는 또한 워크숍이 나의 일에 관해 사람들이 더 배우게끔 초대하는 효과적이고 덜 위협적인 방법이라는 것을 지적하고 싶다.

■ 서비스 조직체 그리고 교회들을 위한 공적인 연설: 나는 일 년에 적어도 다섯 번은 서비스 클럽이나 교회에 연설하기 위해 초대 받는 것을 마케팅 프로그램 중의 일부로 만들었다.

■ 집단 보험 계약: 나는 집단 보험을 싫어해서 하질 않는다. 나는 그러한 경우에 소개시켜 줄 다른 에이전트를 알고 있다. 다른 에이전트에게 소개를 해줌으로써 나는 내가 잘 할 수 있는 것을 할 수 있다.

■ 다이렉트 메일 프로그램과 뉴스레터: 지난 12년간, 나는 매 분기별로 뉴스레터를 보내고 있다. 나는 또한 두 달에 한 번씩 다이렉트 메일을 보내고 있다. 각각의 메일은 나의 사진을 담고 있고 뉴스 홍보물과 같은 역할을 하고 있다. 나는 이러한 홍보물을 사용함으로써 내가 원하는 고객들에게 더 직접적으로 다가설 수 있다는 것을 알게 되었다.

■ 연간 생일 축하 전화: 나는 과거 10년간 컴퓨터 고객관리 프로그램을 이용해 오고 있다.

매일 이 프로그램은 나에게 누가 생일을 맞이했는지 알려준다. 그리고 나는 축하전화를 거는 것을 너무 좋아한다! 이러한 전화통화들은 항상 위협적이지 않으며 고객들도 좋아한다. 의심할 바 없이, 열 고객 중 한 명은 내가 전화를 끊을 때에 "당신이 전화해서 참 기쁩니다." 라고 말한다. 그때 우리는 사업이야기를 시작한다. 모든 에이전트들이 그것을 시도해야 한다. 고객들은 그것을 좋아할 것이다.

■ 판매전화(Cold Calling): 나는 판매전화 방법에 의지하여 1984년부터 생명보험업을 시작했다. 그리고 항상 나로 하여금 전화를 계속하게 하는 나의 경험을 떠올린다. 내가 대학을 졸업했을 때, 나는 나의 계획을 착수할 준비가 되어 있었다. 나는 생명 보험과 투자가 필요하다고 생각했기 때문에, 그것을 시작하고 싶었다. 그래서 나는 기다렸다. 그러나 어느 누구로부터도 전화가 걸려오지 않았다. 나는 좋은 직장과 꾸준한 수입원을 가진 21살의 남자였다. 만약 에이전트가 전화를 걸었다면, 나는 보험상품을 샀을 것이다. 결국, 나는 에이전트에게 전화를 해서 월 $200 저축 플랜을 시작했다. 이 이야기는 나로 하여금 전화를 걸도록 내게 동기부여를 해준다. 나는 에이전트가 전화를 걸 것을 기다리고 있는 나와 같은 다른 사람들이 있음을 안다. 그것은 황금을 발굴하는 것 같다. 에이전트는 대박을 터트리기 전까지 많은 노력을 해야 한다

■ 고객 관리 프로그램: 나는 생일 축하 전화 때문에 고객관리 프로그램을 언급했다. 그 프로그램은 나의 모든 활동을 기록하는 데 있어 매우 중요한 부분이다. 내가 매일 내 앞에 잠재 고객들을 붙잡을 수 있는 것은 정보를 통해서이다. 나는 고객들과 논의한 세부적인 기록들을 관리한다. 다양한 잠재고객 발굴 프로그램을 가지고, 에이전트는 많은 사람들이 그를 만나려고 줄을 서게끔 만들 수 있다.

Section 7 _ Target Marketing

3. 많은 사람들을 만나라 (See a lot of People)

나의 세 번째 지혜도 잠재고객 발굴의 일부분이기도 하다. 그리고 그것은 쉽다. 많은 사람들을 만나라!

John Savage가 말했듯이, "만약 당신이 대중들을 섬긴다면 당신은 상류층과 함께 살 것이고, 만약 당신이 상류층을 섬기게 되면 당신은 파산하고 말 것이다." 그의 요점은 에이전트는 특히 그가 신참일 때 일수록 수많은 일대일의 만남을 가져야 한다는 것이다. 만약 에이전트가 이 보험업에 처음이라면, 나는 그가 반드시 매주 15명에서 20명의 잠재 고객들을 만나야만 한다고 믿는다. 나는 매주 14명의 잠재고객과 만났다.

내 견해로는, 많은 사람과 만나는 좋은 방법은 단체 보험, 은퇴연금, 또는 저축 계획 등의 형태로 회사나 조직체에 신청을 하는 것이다.

4. 당신 자신에게 투자하라 — 사업가처럼 생각하라 (Invest in Yourself: Think like an Entrepreneur)

네 번째 지혜는 에이전트가 자신에게 투자하는 것이다. 나는 MDRT의 제안을 따라서 35%의 사업 매출을 나의 사업에 재투자 한다.

투자에는 최소한 다음 사항이 포함 돼야 한다.

- 전문적인 사무실
- 전문적인 스태프
- 전문적인 옷
- 전문적인 차
- 기술
- 교육

그 자신에게 투자함으로써, 그 에이전트는 공동체 내에서 그의 이미지를 고양시킬 것이고, 자신을 영향력 있게 만들 것이며 그리고 그의 사업에서 오는 스트레스를 낮출 것이다.

5. 판매를 배워라(Learn to Sell)

다섯 번째 지혜는 어떻게 판매하는지 배우는 것이다. 이것은 에이전트에게 기본사항으로 들릴 것이다. 그러나 나는 나의 매니저에게 교육을 받은 후, 어떻게 고객발굴을 하는지(Prospecting), 고객정보를 찾아내는지(Fact-Finding), 그리고 어떻게 제안(Make Recommendations)을 하는지 알고 있었다. 그러나 나는 판매를 위한 보다 창의적인 기법이 필요했다. 그 매니저는 나에게 가르쳐 주지 않았다. 그래서 나는 누군가의 도움이 필요했다. 어떻게 판매하는지를 배우는 중요 요소들은 다음 사항들을 포함한다.

- 비전을 보는 것은 나에게 매우 유용한 도구이다. 그것은 마치 골프게임에서 내가 볼을 컵에 떨어뜨리기 위해 상상하는 것과 같다. 만날 약속을 하기 전부터 나는 잠재고객이 그의 수표책을 들고 나와 나에게 수표를 써주는 것을 상상한다. 비전을 보는 것은 강력한 자원이다.

- LUTCF 수업들을 들어라. 이 수업들은 아마도 내가 들어본 수업 중 가장 영향력 있는 판매 수업이었다. 만약 에이전트가 그 수업들을 듣지 않았다면, 그는 반드시 들어야 한다. 그 수업에서, 에이전트들은 판매방법을 배울 수 있다.

- MDRT 모임에 참여하라. 그것은 우리의 사업의 생명의 피와 같다.

- Joint-Work(전문가와 함께 해서 커미션을 나누는 제도)을 많이 하라. 내가 젊은 에이전트였을 때, 나는 3만 불의 보험료 계약 건을 종결하기 위해 경험 많은 에이전트를 데리고 갔다. 우리는 그것을 고객과의 두 번째 만남에서 종결지었다. 그리고 나이 많은 그 에이전트는 내게 말하길 "Larry, 당신은 나를 필요로 하지 않았다." 나는 말하길 "맞습니다. 그랬죠. 당신의 도움이 없었다면 나는 아주 중요한 실제의 Sell 기법을 배우지 못했을 것입니다." 그러므로 Joint-Work를 하라. 에이전트는 재미를 가지고 많은 것을 배울 수 있을 것이다.

- 교육을 계속 받아라(Continuing Education). CLU, ChFC 그리고 CFP 등의 수업을 통해 배우면 배울수록 나는 더 팔 수 있다.

6. 상품을 믿어라(Believe in the Product)

여섯 번째 지혜는 아마도 생명 보험 에이전트에게 가장 중요한 지혜일 것이다. 상품을 믿어라. 이것은 에이전트가 그가 판매한 것을 그가 가입함으로써 믿음이 시작된다. 이것은 아주 단순하게 들릴지 모르지만, 그러나, 많은 에이전트들이 생명보험과 무능력 수입 보험에 조금밖에 들고 있지 않다는 것을 연구보고서는 보여준다. 이것은 참으로 생명보험업에 있어 난처한 일이다.

나는 에이전트가 정직함과 성실함으로 상품을 팔기 전에 그는 그가 제공하는 모든 상품을 구입해봐야 한다고 나는 믿고 그렇게 해오고 있다. 나는 2백만 불의 생명 보험에 들어 있고, 내게는 아이들이 없다. 나는 한 달에 9천불의 무능력 수입(DI) 과 영업사무실(Maximum Business Overhead Expensive coverage)보험에 들고 있다. 게다가, 내가 좋아하는 자선 단체 중 두 개는 나와 내 부인이 피보험자로 한 생명보험을 소유하고 있다.

나는 또한 내가 제공하는 모든 종류의 뮤추얼 펀드와 연금 상품들에 투자하고 있다. 연구에 의하면, 에이전트는 자신을 위해 소유한 생명 보험액의 10배 가량을 매년 팔 것이라고 한다. 나는 매년 주계약으로 봐서, 약 2천만 불 상당의 생명보험을 판다. 상품을 신뢰하는 다른 면은 상품의 필요를 이해하는 것이다. 나는 생명 보험 상품을 믿는 것에 관해 내가 자주 이용하는 이야기가 있다.

1983년 나의 남동생 데이비드는 Peace Corps volunteer(평화봉사단)의 삶을 살아가고 있었고 세계를 돌아다니고 있었다. 그는 그의 앞에 전 세계가 있다고 생각했다. 어떤 것도 그를 멈출 수는 없다고 생각했다. 그러던 어느 날, Peace Corps(평화봉사단)에서 돌아와 휴가를 보낼 때, 데이비드는 정기적인 시력검사를 받았다. 그는 처음으로 안경을 맞춰야겠다고 생각했다. 그의 시력의 문제는 안경으로 고쳐지지 않았다. 그날 데이비드는 다중 동맥경화의 첫 번째 증표를 보고 있었던 것이다.

그때의 검진 이후로, 데이비드는 만성적인 다중 동맥경화의 악화를 경험하였다. 1986년까지 그는 두개의 지팡이로 걸어 다녔고 일할 수 없었다. 데이비드는 투병하고 새로운 약을 먹고 새로운 식이요법을 시도했으나 실패로 돌아갔다.

1990년까지 데이비드는 일할 수 없었다. 그리고 그는 휠체어를 타고 돌아다녔다. 데이비드는 무능력 수입(DI) 보험에 가입하지 않았다. 그가 불구가 되기 전, 마크와 나는 생명보험과 무능력 수입보험을 파는 데 있어 어려움을 겪었다. 그는 우리가 자랑스러운 일을 하고 있다고 생각지 않았다. 지금 데이비드는 보험의 의미를 안다. 그는 오래곤 유진에 있는 요양소에 갇혀있다.

그러나 데이비드에게 적용될 기적과도 같은 생명보험이 있었다. 그가 대학교를 졸업할 때, 그는 3만 달러짜리의 (Whole life with DPW)생명보험을 미래 구입의 옵션으로 들었다. 데이비드는 이러한 심각한 병으로 진단되었기 때문에, 그는 옵션을 다섯 번 사용해서 보험금을 $150,000로 증가할 수 있었고, 지금 일할 수 없기 때문에 보험료를 낼 필요도 없었다. 그러므로 심지어 그는 일을 할 수 없어도 그를 위해 적용될 저축 계획과 생명보험을 가지고 있다. 그렇다. 나는 데이비드에게 무능력 수입 보험을 팔고 싶지만, 지금은 너무 늦었다. 이 경험은 내가 누구를 만나든지 무능력 소유보험의 중요성을 논의 할 것을 기억하는 것을 도와준다.

나는 모든 사람에게 데이비드에 관한 이야기를 한다. 만약 에이전트가 고객에게 말해줄 이와 유사한 이야기를 갖고 있지 않다면, 나는 그에게 이 사례를 이용하라고 말하고 싶다. 또한 항상 미래 구매의 옵션과 보험료의 연기(DPW)를 팔아라. 그것을 너무 귀해 돈으로 가치를 따질 수 없다. 무능력 수입보험에 관해서. 에이전트는 그가 할 수 있는 한 모든 잠재고객들에게 팔아야 한다. 2년 전 어느 날, 데이비드와 나는 이야기를 나눴는데, 그가 말하길 그는 그의 삶에 통제권이 없다고 했다. 그의 일상적인 생활에 대한 통제를 의미했다.

데이비드가 무능력 수입보험이 없었기 때문에, 오레곤 주정부에서 그의 비용을 지불했다. 그러나 오래곤 주정부는 그로 하여금 삶 속에 부차적인 것들을 갖게 하지는 못했다(예를 들면 샤워를 할 때나 또는 병원을 가기 위해 그를 실어줄 차가 필요할 때와 같이). 만약 그가 한 달에 2천 불의 무능력 수입보험이 있었다면, 그는 그의 삶을 더 잘 통제 할 수 있었을 것이다. 무능력 수입보험은 아마 그에게 서비스 — 즉 에이전트가 말하는 바로 그것 — 를 제공할 수 있었을 것이다.

에이전트는 그가 파는 상품을 믿어야 할 필요가 있다. 잠재고객에 있어서 에이전트는 지금까지 만나게 될 사람들 중에서 가장 중요한 재정담당 인물이 되어야 한다.

신뢰에 대한 다른 아이디어: 나는 나의 잠재 고객들에게 내가 얼마짜리 생명보험을 소유하고 있고, 또 왜 소유하는지를 말한다. 나는 2백만 불의 생명보험을 들었기 때문에, 내가 죽으면 내 아내는 매년 십만 달러의 돈을 그녀의 남은 여생 동안 받는다. 그래서 가입한 것이라고, 간단하다.

그 이야기는 나로 하여금 1990년 잠재고객의 집에 방문했던 일을 기억나게 한다. 잠재 고객인 John은 일 년에 13만 불을 버는 30세의 증권투자 은행가였다. 그는 굉장히 똑똑했으며, 생명 보험에 관해 이야기를 하는 것에 별로 흥미를 보이지 않았다. 나보다 훨씬 돈을 더 많이 벌고 그가 돈에 관해서는 모든 것을 알고 있다고 생각할 것이라고 나는 확신했다.

대화가 계속 되면서, 나는 생명보험을 얼마짜리를 들고 있는지 물어보았다. 그는 자신이 30만 불의 Group Term Insurance(회사에서 일할 동안만 가입해 주는 정기보험)를 가지고 있고 그것이면 충분하다고 이야기했다. 그리고 나는 내가 얼마나 소유하고 있는지 이야기를 해주고 나의 포트폴리오를 보여주었다. 그의 귀는 쫑긋 했다. 그는 75만 불의 변액 생명 보험을 추가로 가입하게 되어 보험액수로는 백만 달러가 넘었다. 나는 그가 그 정도 구매한 이유는 내가 개인적으로 소유하고 있는 보험의 금액 때문이라고 생각한다. 그때 이후로 그는 추가적으로 25만 불을 더 구입했다.

에이전트는 반드시 그의 상품에 대한 신뢰가 있어야 한다. 그리고 최고의 연습 대상은 자기 자신이다. 상품에 대한 진정한 신뢰로 인해, 스트레스는 '문제없음'이 될 것이다.

7. 양질의 서비스를 제공 하라(Commit yourself to High Quality Service)

일곱 번째 지혜는 에이전트는 반드시 고급 서비스를 제공해야 된다는 것이다.

에이전트는 사소하든, 중대하든 마치 그것이 유일한 문제인 것처럼, 각 업무에 대한 집중이 필요하다. 대강하려는 것보다 아예 하질 않는 것이 더 낫다. 처음부터 제대로 하라! 좋은 회사들이 수많이 있지만 정작 양질의 서비스를 제공하는 사람들은 많지 않다. 그래서 작은 보험 업무가 양질의 서비스를 가지고 차이를 만들어낼 수 있는가? 당연하다. Quality Concepts이라는 컨설팅 회사에서 만든 다음의 통계들을 주목하라.

- 형편없는 서비스가 미국 회사들이 망하는 첫 번째 이유다. 68%의 고객들은 저질 서비스 때문에 기존 회사들을 이용하지 않는다.
- 기존고객을 유지하는 것보다 새로운 고객을 끌어들이는 것이 5~10배 더 비싸다.
- 만약 그들의 문제가 신속히 그리고 만족스럽게 풀렸다면 95%의 불만족 고객은 그 회사

를 다시 이용한다.

양질의 서비스는 에이전트의 스트레스를 낮게 유지시켜주는 중요한 요소이다. 에이전트가 낮은 스트레스를 추구하고 싶다면, 그는 결코 양질의 서비스의 중요성을 놓쳐서는 안 된다. 내 사무실에서 내가 주장하는 양질의 서비스 방법은 보너스 시스템을 통해서 이다. 나의 업무보조사원은 매 분기 보너스를 받는다. 그리고 보너스의 25%는 그녀가 제공하는 서비스의 질에 달려있다. 나는 그녀가 최상의 서비스를 제공하기 위해서 최선을 다했는지 그렇지 않은지를 평가한다.

다시 말하건대, 양질의 서비스는 스트레스가 적은 생활로 이끄는 또 다른 방법이다. 만약 에이전트가 처음부터 일을 제대로 했다면, 그것은 삶을 진실로 행복하게 만든다.

8. 당신의 약속을 지켜라(Keep Your Promises)

여덟 번째 지혜는 에이전트는 약속을 지켜야 한다는 것이다.

에이전트는 그가 약속한 서비스를 제공해야만 한다. 그리고 그 이상의 무엇인가를 제공해야 한다. 그러나 그가 제공할 수 있는 것 이상의 것을 약속해서는 안 된다. 나는 에이전트들이 곤란을 겪는 한 가지 이유가 그들이 제공할 수 있는 것 이상의 것을 약속함으로써 생기는 것이라고 생각한다. 내가 약속을 지키는 한 방식은 기술을 이용해서이다. 나는 고객관리 시스템을 이용한다. 그리고 모든 약속 후에 나는 일어난 일을 모두 기록한다. 나는 잠재고객과 미팅에서 이야기한 모든 것 — 예를 들면, 그의 가족, 그의 건강상태 그리고 휴가 때 그가 갈 곳 등을 기록한다.

9. 정직하라(Be Honest)

아홉 번째 지혜는 정직하라는 것이다. 정직은 에이전트가 가지는 가장 강력한 판매 도구 중 하나이다. 내가 할 수 없다는 것 또는 내가 대답을 모른다는 것을 인정함으로써 나는 내 자신이 그 대답을 찾을 수 있다는 것을 입증할 수 있다. 에이전트는 잠재고객이 답변을 기대할 수 있는 또는 적어도 답을 찾을 수 있는 사람이라고 기대할 수 있는 전문인으로서 행동해야 한다.

에이전트가 상품을 팔 때, 그는 잠재고객에게 사실을 이야기해야 한다. 스트레스는 고객이 전화를 하여 그 에이전트가 고객에게 고객이 지불하는 매 보험료마다 5%의 요금이 붙는다는 것을 말하지 않았음을 항의할 때, 또는 전화를 하여 에이전트가 고객과 약속한 대로 행하지 않은 것을 지적할 때에, 또는 시장이 침체되어 상품에 관련된 위험성이 증가 됨에도 이를 말하지 않은 것을 고객이 지적할 때 등이 생긴다.

내가 말한 의미를 모든 에이전트는 알 것이다. 만약 에이전트가 정직하다면 그는 이러한 전화를 받지 않을 것이다. Burt Meisel은 말하길, "당신은 내가 정직하길 원합니까. 외교적이길 원합니까?"(Do you want me to be honest or diplomatic?) 이것은 중요한 말이며 나는 이 말을 자주 이용한다.

10. 당신의 가치를 믿어라(Believe in your value)

열 번째 지혜는 에이전트는 자신의 가치를 믿어야 한다는 것이다. 그것은 우리의 잠재고객이 그들의 삶 속에서 함께 일할 가장 중요한 조언가가 바로 우리라는 것. 이것이 나의 믿음이다. 나는 이것을 믿고 에이전트는 당연히 그래야 한다. 진실로 잠재고객을 성공하게 만드는 것은 은행가, 변호사, 또는 회계사도 아닌 보험 에이전트이다. 나는 또한 에이전트가 그의 가치의 신념을 고객에게 전달할 수 있는 방법 중의 하나는 나의 성공에 대한 정의를 통해서 이다.

나는 농구선수 명예의 전당 멤버이면서 대학 농구 역사상 가장 많이 승리를 거둔 코치 중의 하나이며 그의 농구 선수의 성공을 보았던 John Wooden과 유사하게 성공을 정의한다. John Wooden은 종종 그가 가르친 학생이 학교를 떠나 10년 20년 후에 성공할 때까지는 그 자신을 성공적인 농구코치라고 부르지 않았다고 한다.

나의 성공의 정의는 다음과 같다.
"나는 오늘 나와 고객이 동의하여 계획한 보험과 은퇴 플랜이 실시되는 10년, 혹은 20년 후에 오늘처럼 일치하지 않았다면 나 자신을 성공한 사람이라고 생각하지 않는다." 이런 일이 일어 날 때까지는 나는 나 자신을 성공이라고 여길 수 없다. 우리, 에이전트들은 우리의 가치를 믿어야 한다.

결론 (Conclusion)

이것은 생명보험업을 통한 성공적인 여정을 위한 나의 준비 리스트이다. 나는 내가 당신의 생산성을 높이고 당신의 스트레스를 줄이는 데 도움이 되는 아이디어들을 주었기를 바란다. 그러나 마치기 전에 나는 당신에게 나의 진정한 Mission Statement가 무엇인지 가르쳐주고 싶다. 그렇게 하기 위해서 나는 7개의 단어를 쓰고자 한다.

- **목적 (Purpose):** 우리는 우리가 매일 특정한 목적을 가지고 있다고 믿는다. 나의 삶의 목적은 나의 고객들을 위한 부의 창출, 보호, 그리고 부의 이전을 돕는 것이다. 나는 이것을 나의 능력의 최고조 까지 할 것이다.
- **태도 (Attitude):** 나는 긍정적인 태도를 가지고 매일 고객이 목표를 이루는 것을 도와줄 것이다. 나는 나의 능력이 다할 때까지 이것을 할 것이다.
- **직관 (Sight):** 나는 무엇이 옳고 그른지 직관을 가지고 고객이 자신들의 인생의 성공을 위한 로드맵을 만드는 것을 도와 줄 것이다. 나는 매일 내 앞에 로드맵을 둘 것이다. 나는 이것을 내 능력이 다할 때까지 할 것이다.
- **청지기 의식 (Stewardship):** 나는 우리 생명 보험 전문가들 그리고 재정 전문가들은 우리의

고객들이 그들의 재산에 대한 좋은 청지기가 될 수 있도록 도와주는 중요한 역할을 한다고 믿는다. 또한 우리는 우리 자신의 돈에 대한 좋은 청지기가 될 책임이 있다. 나는 이것을 내 능력이 다할 때까지 할 것이다.

❀ 신실함 (Integrity): 나는 내 가족, 공동체, 그리고 고객들에게 최상의 수준과 신실함을 유지할 것이다. 나의 모든 활동에 있어서 정직하고 윤리적일 것이다. 나는 고객에게 좋은 소식만 아니라 나쁜 소식도 전할 것이다. 나는 나의 고객들로 하여금 어떻게 그들이 그들의 죽음, 장애 그리고 은퇴로부터 그들의 가족을 보호할 수 있는지 알 수 있도록 하겠다.

❀ 기회활용 (Opportunism): 나는 매일 누군가를 도울 수 있는 모든 기회를 활용할 것이다. 나는 기회들은 놓치지 않을 것이다. 나는 항상 더 배우기 위해 더 섬기기 위해 우리의 사업에 대해 더 나누기 위해 노력할 것이다. 나는 내 능력 다할 때까지 이것을 위해 노력할 것이다.

❀ 다음 (Next): 우리가 가지는 스트레스는 거절이다. 나는 단순한 네 음절의 단어가 내가 그 거절을 이겨낼 수 있게 해줌을 깨달았다. 단순한 말이다. Next. 코너를 돌아 당신 뒤의 태풍을 잊어라. 나는 John Savage가 "하나님과 내가 처리할 수 없는 것은 없다"라는 말을 들었을 때에 하나님에 대한 신념과 Next란 단어를 가지고 우리는 다 잘 할 수 있음을 깨닫는다.

❀ 열정 (Passion): 마지막으로 나는 열정이 있다. 나는 열정이야 말로, 이 사업에의 진실된 신념에서부터 나옴을 믿는다. 목적, 태도, 직관, 청지기 의식, 성실함, 기회활용 그리고 '다음'의 자세는 당신이 높은 생산성을 이룰 수 있도록 도울 것이다. 사람들을 도우려는 당신의 열정으로, 당신을 높은 생산성과 적은 스트레스를 가지고 보험업의 여행을 할 수 있게끔 인도를 할 것이다.

8

소개에 의해

SECTION.08

협력

다른 사람들의 도움과 지원을 통해
우리가 원하고자 하는 것을 얻는다.
동의하고, 좋아하고, 협력하면서—
이것은 우리의 성공에 측정할 수 없을 만큼 기여한다.
우리의 노력을 다른 사람들의 노력과 합할 때
우리는 목표를 더 빠르게 이룰 수 있다.
협력이란 바로 성공을 이루게 한다.

Cooperation

We gain what we want
through the help and support of others.
To be agreeable, to be liked, to cooperate—
This contributes immeasurably to our success.
When we coordinate our efforts
With the efforts of others,
We speed the way to our goals.
Cooperation builds success.

고객을 발굴하라
Referrals

소개에 의한 고객 발굴에서 지켜야 할 여섯 가지 절대적인 법칙들

소개에 의한 영업이야말로 가장 이상적이고, 가장 효율적인 마케팅 방법이다. 다만 고객추천에 의한 가망고객이 꾸준히 연속적으로 이어지도록 해나가느냐가 가장 큰 관건이다. 그러면 어떻게 고객추천을 끊임없이 발굴할 수 있을까?

다음의 소개에 의한 고객 발굴 법칙들은 단순하고 직선적이며 고된 노동을 필요로 하지 않는다. 첫 네 가지의 법칙은 영업자에 대해 말하고 있고, 마지막 두 개의 원칙은 우리의 고객과 잠재 고객들에게 중요한 항목의 리스트이다. '무엇이 고객을 기쁘게 하는지 알아라' 그리고 '무엇이 고객이 구매하게 만드는지 알아라'는 소비자가 금융상품을 사려고 할 때에 무엇이 고객을 기쁘게 하는지 그리고 무엇이 고객이 금융상품 또는 서비스를 사게끔 하는지 결정하기 위한 금융서비스의 소비자 연구로부터 발췌하였다.

에이전트들은 반드시 최상의 시장에서 좋은 결과를 성취하기 위해 소개를 받을 수 있어야 한다. 다음은 고객추천을 획득하는 데 성공하기 위해 지속적으로 에이전트들이 행하게 하는 '소개에 의한 고객발굴 습관'들이다.

1. 제시간에 나타나라.
2. 당신이 하겠다고 말한 것을 하라.
3. 당신이 시작한 것을 끝내라.
4. "부디(Please)"와 "고맙습니다(Thank You)"를 말하라.

이것들에 추가적으로, 필자는 금융 서비스에 관한 고객연구에서 뽑은 다음의 두 가지 "법칙들"을 추가하고 싶다.

5. 무엇이 고객을 기쁘게 하는지 알아라.

- 그들은 자신들이 기대하지 않은 무엇인가를 받을 때 기뻐한다. (양질의 서비스)
- 그들은 시간이 흘러도 계속될 관계를 유지하기 원한다.
- 그들은 정기적으로 만나길 원하며 당신이 자신들의 최고의 관심사를 보아주길 원한다.
- 그들은 그들의 투자/계획에 좋은 결과를 얻기를 원한다.
- 그들은 자신들이 요구했을 때 즉각적인 반응을 얻고 싶어한다.

6. 무엇이 고객들로 하여금 구매하게 하는지 알아라.

- 그들은 전문가에게서 무엇인가 사길 원한다.
- 그들은 편하게 사길 원한다.
- 그들은 심리적인 압박을 원하지 않는다.
- 그들은 개인적인 접촉을 원한다.
- 그들은 전문적인 상담을 통해 필요함을 깨닫고 구매하는, 즉 니즈에 기반을 둔 구매과정을 원한다.
- 그들은 적어도 판매가 이루어지기 전에 두 번의 개인적 만남을 원한다.
- 고객들은 당신이 친구나, 친척이나 또는 그들이 믿는 누군가로부터 보증 받기를 그리고 추천 받기를 원한다.
- 그들은 어떤 숨겨진 차이점들이나 놀라운 사실 없이 단도직입적인 거래를 원한다.
- 그들이 구매한 상품이 그들의 특별한 경우에 따라, 당신이 조심스럽게 분석하여 그것을 토대로 한 전체적인 계획의 일부가 될 원한다. (Financial Planning에 의한 제안)
- 그들은 반드시 결정해야 하는 옵션들을 제시해 선택하게 하는 것보다는 구체적인 제안들을 만들어 주기를 원한다.

소개를 받기 위해 영향력 있는 고객들과 일하라

영향력의 중심에 있는 사람들—그들의 집단에서 영향력 있는 고객들, 즉 Centers of Influence)—의 가치를 황금처럼 여겨라. 당신에 대한 특별한 관심 때문에 당신의 목표를 꼭 이루도록 도울 수 있는 사람들이다. 그들은 또한 자신을 둘러싼 주위의 사람들에게 영향력이 있고, 또한 그들로부터 어떤 특별한 권리를 가진 사람들이다. 확실히 그들은 판단력과 통찰력을 가진 사람들이다.

당신은 이러한 영향력 있는 사람들을 찾아내고, 그들을 당신의 계획된 주간, 월간 활동 스케줄에 맞추어 만날 수 있도록 하라. 영향력 있는 사람을 고객 추천의 다른 소스처럼 배양해야 한다. 이름과 정보를 찾아내어 당신 자신을 소개하는 책임은 영향력 있는 사람(Centers of Influence)에게 있는 것이 아니라, 바로 당신(You)에게 있다. 영향력 있는 고객의 마음속에 당신이 찾고 있는 이상적인 가망고객을 떠올리게 하여, 장차 당신의 고객이 됨으로써 얻어지는 큰 보상들을 받을 수 있는 가망고객을 발굴해 내도록 개발해야만 한다.

이를 돕기 위해 첫째로 당신이 찾고 있는 잠재고객의 타입을, 영향력 있는 고객에게 잘 설명하여 이해 시킬 필요가 있다. 둘째로 당신이 찾고 있는 이상적인 가망고객의 프로파일을 만들고, 그들의 니즈를 만족시키는 데 당신이 어떻게 도울 수 있는지 설명할 필요가 있다.

영향력 있는 사람을 배양하는 몇 가지 원칙

가망고객 이름을 계속해서 추천 받는 것을 확실히 하기 위해, 영향력 있는 사람을 배양하는 몇 가지 기본적인 원칙들을 연습하자.

1. 그들에게 정기적으로 전화하거나 또는 직접 방문하라. 당신에게 한 명의 추천고객을 알려준 사람은 당신이 요청한다면 더 소개해 줄 수 있다.
2. 영향력 있는 사람에게 경과 내용을 간단하게 알려주라. 그리고 고맙다고 반드시 말하라. 그들로 하여

금 결과를 알게 하라. 결과를 알고 싶어하고, 기뻐할 것이다.

3. 비협조적이고 비생산적으로 입증된 영향력 있는 사람들을 당신의 리스트에서 제거하라. 그들을 새로운 사람으로 교체하라.

4. 계속 접촉을 유지하라. 당신의 영향력 있는 사람들에게 뉴스레터를 보내라. 그리고 그들에게 도움이 되는 특별한 우편물을 보내라. 가능한 한 자주 당신의 이름이 그들에게 친숙해지도록 하라. 당신의 이름이 그들의 기억에 늘 남아 있도록.

5. 당신의 영향력 있는 사람을 선정할 때, 전문적이고(변호사, 회계사) 사업적인(기업가, 은행가) 시장을 고루 개발할 수 있는가에 대한 관점으로 하라.

6. 당신이 감사하고 있음을 보여주라. 영향력 있는 사람들이 당신이 그들의 도움에 대한 감사하고 있다는 사실을 알게 하라. 당신이 추천을 받을 때마다, 영향력 있는 사람에게 감사하고 당신이 만든 계약에 대해 알려주라. 그러나 모든 다른 개인적인 데이터와 정보는 엄격히 비밀로 하라.

주의: 고객추천의 좋은 자원은 당신의 조언자그룹이다. 적절히 선택되고 배양된 당신의 조언자그룹은 당신의 가장 능력 있는 고객 추천의 자원이 될 것이다.

제안을 받기 위해 영향력 있는 사람들과 함께 일하기

- 전략적 제휴
- 주요 사업 지도자들
- 조언자 그룹
- 공인회계사나 변호사
- A급 고객들
- 상호 보완적인 전문직 종사자들
- 공동체 지도자들
- 상공회의소

Section 8 _ Referrals

판매통화(Cold Calls)를 하지 않는 영업

우리는 전화로 가망고객에게 판매통화(Cold Calls)를 할 때, 대개 그들의 냉담함에 실망하게 된다. 그러나 고객추천을 통해서 가망고객에게 전화를 걸 때, 우리는 보통 대화방식으로 통화를 할 수 있게 된다. 판매통화로 판매를 하는 것은 우리를 좀 지치게는 하지만, 많이 걸면 결과가 좋을 것이라는 넘버 게임의 결과를 알려 주는 툴(tool)로서, 그리고 고객추천이 얼마나 중요한가를 일깨우는 교훈으로서 한 번쯤은 꼭 해볼 필요가 있다. 고객추천을 통한 판매는 관계 게임이고, 당신을 강한 영업사원으로 만든다.

최근의 생명 보험 연구는 전화판매에 있어 **잠재 고객(Qualifying Suspects)**의 진실된 힘을 보여준다. 총 5,640명의 대상 고객들 중에서, 2,240명이 판매통화(Cold calls)로 확보되었고 3,400명이 **소개에 의한 가망고객(Referrals Prospecting)**으로 확보되었다. 판매통화로 계약을 체결한 비율은 11%임에 반해, 소개에 의한 가망고객으로 계약을 마감한 비율은 40%나 된다. 거의 네 배나 더 효율적이다.

소개에 의한 가망고객(Referral Prospecting) 판매는 효과적이다. 왜냐하면 그것은 가망 고객들이 당신에 관해 알고 싶어하는 방법이기 때문이다. 사람들은 판매통화(Cold Calls)를 통해 사는 것을 좋아하지 않는다. 그들은 그들이 알고 좋아하고 믿을 수 있는 누군가로부터 소개 받기를 좋아한다.

필자가 아는 대부분의 에이전트들은 소개에 의한 가망고객 판매 기술을 제대로 활용하지 않는다. 그들은 소개가 가장 효과적이라고 생각은 하나, 소개에 대한 생각에 잘 적응하지 못하고 있다. 그러나 대부분은 '나는 나의 고객들을 잘 대하고 있다. 그들은 나의 서비스와 우리의 깊은 신뢰 관계 때문에, 기꺼이 기쁜 마음으로 나를 다른 사람들에게 소개 시켜준다'고 막연하게 믿고 있는 데 바로 문제가 있다.

무한정의 소개(Referrals)에 의한 세 가지 주요 자원들

소개에 의한 세 가지 주요 자원들은 기존고객(Policyholders), 가망고객(Prospects) 그리고 소개의 연합(Referral alliances) 즉 영향력의 중심세력(Centers of Influence)이다.

고객에게 소개를 부탁하는 가장 좋은 순간은, 당신이 제공한 가치를 고객이 중요하다고 인식할 때이다. 기존고객과 가망고객 모두에게 매 거래마다 가치를 제공하는 것이 중요하다. 고객이 나의 서비스에 만족을 표시했을 때, 그때가 바로 소개를 요청하는 절호의 찬스이다. 만약 그들이 아직 만족을 표시하지 않을 때, 그들에게 나와의 관계에 있어 가치 있게 여기는 것이 무엇인지를 문의하라. 그리고 그 후에 소개를 요청하라. 가치가 계속 잘 전달될 때에는 그때마다 소개를 계속해서 요청하라.

필자는 미국에서 MDRT Member를 16회 달성했기 때문에 MDRT Life Time Member가 되었다. 필자가 대부분의 시간을 매니저 일에 소진하면서도, 16회나 MDRT를 할 수 있었던 것이 바로 필자가 보유하고 있는 고객의 힘을 이용한 것이다. 10년째가 되었을 때 필자의 고객은 약 1,000명 정도가 되었다. 시작 후 7년부터는 District Manager가 되었지만 필자가 계속해서 MDRT Member가 될 수 있었던 것은 바로 기존고객으로부터의 끊임없는 고객 추천이었다. 필자는 필자의 기존고객 1,000명 가운데, 10년에 1명씩만 Referral을 받으면 신규고객 100명을 늘릴 수가 있다는 사실을 깨닫고 이를 활용하기로 했다. 필자는 기존고객들에게 이렇게 말했다. "내가 여러분을 내 평생 고객으로서 서비스를 해드릴 테니, 나를 좀 도와주세요. 그것은 금전적이 아니라, 주위에 있는 친구들을 소개해 달라는 것입니다. 그것도 1년에 1명씩, 아니 10년에 1명씩이면 만족합니다." 필자의 서비스의 가치를 진정으로 깨닫는 고객이라면, 10년에 1명 고객추천 받는 일이 어려운 일이겠는가?

필자는 필자와 비교적 잘 지내고 Centers of Influence에 있는 기존고객을 나이별로, 직업별로

Section 8 _ Referrals

그리고 지역별로 세분화하여 일년에 한 번씩 그들과 점심을 먹는다. 첫째, 필자는 고객의 계약들을 살펴보고 지난해의 성과와 시장의 변화를 설명해 준다(가치 전달). 예를 들면 일년에 한 번씩 뮤추얼 펀드나 변액 보험의 펀드를 위한 자산을 현재의 증권시장에 잘 맞도록 재배치해준다. 그러고 나면 고객은 필자에 대해 매우 만족해 한다. 바로 이때에 필자는 그에게 소개를 요청한다.

필자는 그가 해마다 새로운 사람들을 만났을 것이라고 가정했고, 그것은 옳은 판단이었다. 그는 필자의 서비스를 좋아하고 필자가 그의 친구들과 동료들에게도 전문가적인 태도로 대할 것을 믿기 때문에, 그는 필자에게 친구와 동료들의 이름과 전화번호를 줄 것을 주저하지 않는다. 그는 자신이 필자에게 제공한 소개를 통해 많은 계약을 체결해 오고 있음을 알고 있다.

가능한 한 자주 우물가로 돌아가는 것을 반복하라. 심지어 그들이 당신에게 매번 이름을 제공하지 않는다 하더라도 당신은 그들의 마음에 강력한 씨앗을 심고 있는 것이다―그 소개는 당신이 영업을 할 수 있는 기반이다.

필자는 고객에게 가치가 전달되었다고 인식되었을 때에만 고객추천을 요청한다. 만약 당신이 좋은 질문들을 하고 그들로 하여금 그들이 지금까지 생각하지 못하던 방식으로 생각하게끔 한다면, 그때에 당신은 가치를 전달한 것이다. 더 나은 고객접촉을 만들수록 그리고 더 많은 가치를 전달할수록, 고객은 당신에게 더 많은 고객추천을 제공할 것이다.

고객추천의 동맹은 당신이 상호 이익이 되는 관계를 형성할 수 있는 사람들이다. 그들은 회계사, 변호사, 영향력 있는 사업가, 노조위원, 조합 대표 등과 같은 사람들이다. 그들은 아마 구매고객이 되지 않을지도 모른다. 그러나 만약 그들이 당신을 좋아하고 믿으면, 그들은 추천판매의 지속적인 자원이 될 수 있다.

당신과 고객추천의 동맹관계를 가질 수 있는 사람들을 찾으라. 고객추천과 다른 정보와 조언을 받기 위해 그들이 더욱 성공할 수 있도록 돕기 위해 당신이 할 수 있는 것을 하라. 그들로 하여금, 당신이 얼마나 진실되게 당신의 고객들에게 혜택을 주는지를 이해하게 하라. 그리고 그들에게 어떤 종류의 잠재고객을 당신이 찾고 있는지 알게 하라. 고객추천의 동맹은 고객추천의 놀라운 자원들이 될 수 있다.

어떤 소개도 양질의 소개로 바꾸라

소개는 다양한 분위기로 올 수 있다.

● 냉정하다 (Cold)	당신은 잠재 고객의 이름과 전화번호를 가질 수는 있지만, 그 소개의 제공자를 이용할 수 없다.
● 미적지근한 (Lukewarm)	당신은 이름과 전화번호를 받았고, 지금 판매전화를 하기 위해 소개의 제공자를 이용할 수 있다.
● 따듯한 (Warm)	당신은 이름과 전화번호를 받았고, 소개의 제공자를 이용할 수 있다. 그리고 당신은 잠재고객에 대한 특정한 사업과 개인 정보를 알게 된다.
● 뜨거운 (hot)	당신은 위의 모든 것을 얻었다. 그리고 소개의 제공자는 당신에게 이 잠재고객은 '명백한 필요'를 가지고 있다고 믿게 하는 정보를 제공한다.
● 가장 뜨거운 (Hottest)	위에 말한 모든 것을 포함한다. 그리고 소개의 제공자가 잠재고객에게 당신을 소개하기 위한 전화를 걸고 이후의 판매전화를 위한 초석을 다진다.

필자의 일은 이러한 자원이 필자에게 주는 그 모든 것을 받아 이것을 판매로 발전시키는 것이다. 단지 이름과 전화만을 받고 무서워서 그로부터 손을 떼지 마라. 그 고객추천을 발전시키기 위해 최선을 다하라.

고객추천을 강력한 방법으로 요청하라

다음은 고객추천을 요청하는 필자의 네 과정들이다.

1. 경외하는 마음으로 질문을 해라.
2. 그들의 도움을 요청해라.
3. 그들의 허락을 받아라.
4. 고객추천의 범위를 좁혀라.

여기 이 네 가지 단계를 합한 고객추천 요청의 예가 있다.

> *Agent* : John, 당신께 문의할 중요한 질문이 있는데요. (질문)
>
> *John* : 좋습니다. 해보세요.
>
> *Agent*: 제가 미리 말씀 드렸듯이, 저는 고객추천을 통해 영업을 해왔습니다. 그리고 제가 당신에게 가치를 제공하듯이, 당신의 도움이 제게는 중요한 가치로 전달됩니다. (도움을 요청)
>
> *John*: 제가 무엇을 할 수 있을까요? (허락)
>
> *Agent*: 저는 제가 제공하는 서비스를 통해 혜택을 받을 수 있는 사람들을 만나볼 수 있을지 당신의 허락을 받고 싶습니다. 아마도 당신은 제가 그들을 도울 수 있도록 지원할 수 있을 것입니다. 저는 당신이 당신 분야의 협회에서 활동하고 있는 것을 압니다. 만약 당신이 저의 입장에 있다면 누구에게 이 서비스를 제공하고 싶습니까? (추천 범위를 좁히고 있다)

상황에 따라 대화의 양상은 언제나 달라지게 마련이지만 어떤 때라도 진실한 말들을 할 필요가 있다. 이 네 가지 단계를 당신의 요청에 이용하라. 성실하라 그러면 당신은 현저한 결과를 보게 될 것이다.

소개의 자원을 업데이트하고 그들에게 항상 감사하라

고객추천을 지속적으로 관리하라. 이것은 성실성의 문제이다. 당신은 도움을 요청해왔고 이제는 그것을 관리할 때이다. 당신이 이러한 자원들을 항상 관리하고 있다는 것을 알게 하라. 그리고 항상 고객추천의 자원을 업데이트하라.

기억하라. 당신의 자원과 세부적인 사항을 이야기해서는 안 된다. 단지 그들로 하여금 그들의 친구 또는 동료들과 만났다는 것을 알게 하고 그들에게 감사하라! 매우 자주 필자는 그들에게 감사하기 위해 그리고 그들의 자료를 업데이트하기 위해 전화를 할 것이고 필자는 또 다른 고객추천을 받으면서 전화를 마칠 것이다. 때때로 그 고객추천이 판매로 이어졌을 때에, 필자는 필자의 자원에게 작은 '감사의' 선물─예를 들면 책 같은─ 을 보낼 것이다.

앞장에서 잠깐 언급했듯이, 필자는 4년째부터 고객관리 시스템을 구축하여 고객에 의한 Referrals를 해왔다.
보험업 10년을 넘기고 나니, 필자의 고객이 약 1,000여 명에 이르렀다. 그 당시 필자는 매니저로서의 일도 상당히 많았다. 만약 일찍이 이러한 시스템을 구축하지 않았다면, 일에 묻혀서 헤어나지 못했을 것이고, 매니저의 Job도 아마 실패했을 것이다. 필자는 이 1,000여 명의 고객에게 일 년에 한 번씩 편지를 보냈는데, 주 내용은 가망고객을 소개해 달라는 것이었다.
필자가 평생 고객의 자산을 관리하는 대가로 매월 1명도 아닌, 매년 1명도 아닌, 10년에 1명을 꼭 소개해 달라고 부탁했다. 그리고 필자의 Focus는 적중했다. 이것이 바로 필자가 매니저를 하면서도 MDRT를 16회나 할 수 있었던 노하우(Know-How)이다.

조언자 그룹을 활용하라

조언자, 협력자의 개념

20세기 초기에 Napoleon Hill은 강철왕 Andrew Carnegie의 요청으로 무엇이 사람들을 성공으로 이끄는지 알아보기 위해 세상에서 가장 성공하고 가장 부유한 사람들과 인터뷰를 하였다. Mr. Hill은 Thomas Edison, J.P. Morgan, Harvey Firestone, Henry Ford, Cornelius Vanderbilt와 같은 사람들을 인터뷰하였다. 그가 발견한 사실들은 영원한 베스트 셀러인 《Think and Grow Rich》로 문서화되었다. 다음의 여덟 가지 요점들은 20세기로 접어든 때에 앤드류 카네기와 그 밖의 성공한 사람들의 주요 성공 요소인 '조언자'의 개념과 관련된다.

다음의 여덟 가지 요점들은 Napoleon Hill의 조언자의 개념과 관련된다.

1. 힘은 돈을 모으는 데 있어 성공을 위한 필수적인 요소이다. (Napoleon Hill)
2. 힘은 조직화되고 지적으로 조정된 지식으로 정의될 수 있다.
3. 힘은 다음의 사항들에 의해 획득될 수 있다.
   - 무한정한 분별력
   - 축적된 경험
   - 실험과 조사
4. 지식은 그것을 최종적인 계획으로 조직하고 그러한 계획을 실행시킴으로 인해 힘으로 변환될 수 있다.
5. 개인이 만약 광대하고 야심 있는 계획을 가지고 있다면 그 자신만 의지할 수 없다. 도움을 구해야 한다.
6. 정의된 조언자의 마음(Master Mind) : 지식의 조화와 최종적인 목적을 획득하기 위한 두 명 또는 더 많은 사람들의 조화된 정신 속에서의 노력.
7. 어떤 사람도 '조언자의 마음'을 이용하지 않고는 위대한 힘을 얻을 수 없다.

8 갈망을 돈의 가치로 바꾸어라. 끈기와 지능을 가지고 교육을 실행하고 당신의 '조언자의 마음'을 판별해 내라. 당신은 당신의 목적지의 반을 갈 것이다.

조언자 후보자의 인물 찾기

만약 당신이 진실로 집중된 비전을 가지고 있고 실행을 위한 거대한 성장을 원한다면, 당신의 개인적인 '조언자' 집단을 만들기 위해 중요 인물들을 찾아내는 것은 필수적이다. 개인적으로도 당신의 야심, 정력 그리고 열정에 근거한 거대한 결실을 거둘 수 있다. 그러나 가치 있는 자원이 되는 사람들 그리고 당신이 이루길 원하는 것을 진심으로 걱정해 줄 절친한 친구와 비전을 나누는 것은 더 짧은 기간에 더 많은 통찰력을 가지고 당신의 비전을 이루게 할 것이다. 당신이 같은 자질들을 가졌다는 전제 하에서 당신의 조언자 집단의 선택은 조언자 후보자의 인물 소개에 근거할 수 있다.

조언자 후보자의 인물 소개

1 후보자는 믿을 만하고, 명성이 있으며 도덕적이어야 한다.
2 후보자는 당신의 실행을 발전시키고 비전을 이루는 것을 기꺼이 도와주어야 한다.
3 후보자는 당신의 실행을 돕는 주 자원 또는 영감의 원천이 되어야 한다.
4 후보자는 당신의 실행의 큰 공백을 채워줘야 한다.
5 후보자는 당신의 실행 계획을 검토하고 당신의 초점과 방향에 건설적인 조언을 기꺼이 해주어야 한다.
6 후보자는 반드시 지속적으로 당신에게 접근할 수 있어야 한다.
7 후보자는 반드시 당신을 위해 언제 어디서든지 사업을 만들 수 있어야 한다.
8 후보자는 반드시 당신을 당신의 전문적인 기술과 서비스를 요구하는 의사결정자에게 추천하여야 한다.
9 후보자는 반드시 당신이 침투하고자 노력하고 있는 타깃 마켓과 자주 교제해야 한다.

Section 8 _ Referrals

10 후보자는 반드시 당신 또는 당신의 실행에 차별화 된 이점을 가져와야 한다.

11 후보자는 언제나 당신의 시장에 얼마나 영향력을 미치는가를 토대로 하여 고려되어야 한다.

12 후보자는 가능한 한 언제나 기꺼이 당신을 지원하고 도울 수 있어야 한다.

13 후보자는 당신과 당신이 이루고자 하는 것을 믿어야 한다.

컨설턴트의 강점	컨설턴트의 약점
야망 있고 활력 있다	고객 모집
자산 관리의 지식	초점을 유지하는 것
기술적으로 건전함	지식의 부족
Focused 사업 계획	마케팅 지원

타깃 마케팅 과정을 회상해 본다면, 이것은 세 번째 단계이다. — 당신의 전략을 설정하라 — 그것은 당신의 조언자 그룹의 선택을 매우 신장시킬 것이다. 이 단계는 당신이 효과적인 관리가 요구되는 자원들을 확인하게 해 줄 것이며 당신의 실행을 발전시킬 것이다.

집중해야 할 점은 단점을 보완하고 차이를 메우며 강점을 재강화하고 초점을 유지하는 것이다. 당신의 조언자 그룹은 이 분야들이 당신의 필요에 근거하여 선택되어야 한다.

차이를 메우기 / 약점을 보완하기

고객 획득 - 당신은 잠재고객/기존 고객들의 더 지속적인 흐름이 필요하다.

1 당신은 당신의 지역에서 가장 우수한 두 명의 재산 관리 변호사들과 견실한 관계를 발전시켜야 한다. 재산관리 고객, 세금과 기술적인 정보 그리고 실행을 강화시키는 아이디어를 나누고 참고할 수 있는 상호 혜택을 주는 관계로 발전해야 한다.

2 당신은 어떤 CPA(회계사) 회사들이 의사들과 일하는 데 특화 되어 있는지 찾고 발견해야 한다. 당신은 냉혹하게 이 우수한 회사와 시니어 파트너들과 관계를 발전시켜야 한다. 다시 말하면, 적절히 개발된 아이디어로 상호 혜택을 주는 관계는 당신의 계약 체결에 대한 근심들을 풀어줄 것이다.

3️⃣ 당신은 상속세 플랜 스터디 모임을 시작한다. 당신은 그들의 상속세 플랜의 전문성, 그들의 주 자원에의 접근성, 그들의 당신에 대한 관심 그리고 당신 영업의 성장 등을 토대로 각 그룹 멤버를 선택한다.

4️⃣ 당신이 '활동가 그리고 도전자'라고 여기고 있는 단체의 주요 멤버를 선정한다. 그들은 당신을 위해 마케팅 기회들을 발굴해줄 것이며 당신과 당신의 실행을 지속적으로 증진시킬 것이다.

당신의 조언자 그룹의 주요 멤버들을 고르는 것을 통해서, 당신의 장점을 재강화하고 결점을 보완하고 당신이 성장하고 번영하는 것을 도와줄 재능 있는 사람 그리고 여기에 더하여 당신을 돌보는 사람들의 집단을 추가하고 발전시킬 것이다. 당신이 이 과정에서 벗어나거나 또는 초점을 잃을 때에 이 집단은 당신이 다시 초점을 획득하고 앞으로 나아가게끔 도와줄 것이다.

당신은 이 자원들과 조언자 그룹의 지원 없이도 '비전'에 이를 수 있을 것이다. 그러나 조언자 그룹의 도움을 받는다면 현저하게 당신의 학습곡선을 줄일 것이고, 조언자 그룹을 당신의 플랜에 참여 시킴으로써 목적에 더 빠르게 다다를 수 있다. 동시에 당신을 돕는 조언자 그룹의 멤버들 각자가 원하는 목표를 달성하는 데 당신 또한 지원과 관심을 보여줄 수 있다.

조언자의 추가 사항

성공한 여성들의 세가지 성격들

1️⃣ 그들의 차이/특이함은 그들의 장점이다. (특이한 능력)
2️⃣ 그들은 그들이 하는 것을 사랑한다. (열정)
3️⃣ 그들은 "나는 당신을 믿는다"라고 말하는 동맹, 지도선배, 후원자를 갖는다. (조언자 그룹의 회원)

Section 8 _ Referrals

당신의 조언자 그룹을 다양화 시켜라

당신을 진실로 돌보고 돕기 원하는 주요 인물들을 선택함으로써, 당신의 경쟁 상대들에게 고려할 만한 '칼날(무기)'을 발전시킬 수 있다. 포지셔닝을 더욱 강화하기 위하여, 당신의 조언자 그룹을 당신의 필요를 토대로 하여 선택하라.

다양화된 조언자 그룹의 예는 다음과 같다.

상속계획 영업에 있어 조언자 그룹과 적용점들

타깃 : 조언자 그룹 회원	영업의 적용점
유명한 상속플랜 전문 변호사	지속적인 고객추천, 견실한 PR(홍보) 자원, 때맞춘 법적 조언
유명한 은행의 Trust officers	지속적인 고객추천, 견실한 PR 자원, 때맞춘 의지와 신용에 대한 조언
상공회의소의 지도자들	지속적인 고객추천, 견실한 PR 자원, 사업 소유자들에 대한 접근
컨트리 클럽의 회장	지속적인 고객추천, 견실한 PR 자원, 부유층 잠재 고객의 견실한 네트워크
기술 회사의 임직원	지속적인 고객추천, 견실한 PR 자원, 실행의 기술적인 진보에 대한 기술적 조언
크고 유명한 CPA회사의 Senior Partner	높은 수준의 지속적인 고객추천, 견실한 PR 자원의 제공

Power Phrase

영향력의 중심에 있는 사람들
(그들의 집단에서 영향력 있는 고객들, 즉 Centers of Influence)—그들의 가치를 황금처럼 여겨라!

9

시간, 에너지,

시간 경영

시간은 관리될 수 없다.
그러나 '시간을 어떻게 소비할 것인가'에 대한
우리의 활동은 관리할 수 있다.
모든 전문가들은 아래의 사실에 동의한다.
우리의 활동을 관리하는 것은
계획하는 것에서부터 시작된다는 점이다.
즉, 우리에게 중요한 것이 무엇인가를 아는 데서부터
— 일을 계획하고 그 계획에 따라 일을 함으로써 —
우리는 현명한 관리자가 된다.

TIME MANAGEMENT

Time can't be managed.
But what can be managed are our activities
and how we "spend" time.
And all the experts agree:
Managing our activities begins with planning.
So by knowing what's important for us—
Planning our work and working our plan—
We become wise managers

SECTION.09

돈을 투자하라

Time, Energy & Money

Mutual Fund, A Grinder/Minder 중 어느 편이 더 나은 투자인가?

뮤추얼 펀드	행정보조사원(고객분석자/고객관리자)
$25,000	$25,000
세금 후	세금 전
돈은 시작 시 지불	26번 분할 지불(2주에 한 번씩)
투자수익의 보장 없음	높은 투자회수
투자수익에 관여할 수 없음	투자수익에 깊이 관여
만족스러운 회수율 13%	첫해 최소 회수율 100%

어느 것이 더 나은 투자인가?
행정보조사원이 더 나은 투자이다!

왜 그런지 살펴보자.

프로듀서인 Joe는 일년에 6만 달러의 커미션을 받고 일주일에 50시간을 일한다. Joe는 일주일에 25시간을 이익창출활동(RPAs)에 사용하고, 25시간을 그렇지 않은 데(non-RPA)에 사용한다. 그의 사업에 투자하는 방안으로 연봉 2만 5천 달러의 행정보조사원을 고용함으로써, Joe는 자신의 non-RPA 시간 일부를 RPA 시간(관계들을 발전시키고, 창의적인 해결책을 제시하고 판매하는)으로 바꿀 수 있다. Joe는 자신의 non-RPA 시간의 60%를 새로운 부하사원에게 주고, 그 시간을 새로운 RPA 활동에 쓸 수 있게 된다.

자, 그럼, 수치를 보도록 하자.

투자 전	$60,000	현 커미션
	+$21,300	현 EAP (Expense Allowance Program) 수당, 보너스
	$81,300	현 수입
투자 후	$60,000	현 커미션
	× .60	60 % 더 많아 진 RPA 시간
	$36,000	이로 인한 추가적인 커미션
	$36,000	추가적인 커미션
	+$18,000	EAP 수당
	$54,000	
투자에 따른 회수	$54,000	추가적인 수입
	−$25,000	투자(행정 보조사원 연봉)
	$29,000	보조사원 채용으로 인한 순수익
	$29,000 / $25,000 = 116% ROI(Return of Investment)	
	Profit Investment	

고객 분석자/고객관리자(Grinder/Minder)는 해가 갈수록 더 나은 투자효과를 가져다 준다. 왜냐하면 2만 5천 달러의 투자로 실제 당신은 다음과 같은 능력에 더 많은 시간을 할당하기 때문이다.

(1) 잠재고객과 관계를 더 공고히 한다.
(2) 고객과 잠재고객을 위한 창조적인 해결책을 개발한다.
(3) 계약 체결을 한다.

> 고객 분석자/고객관리자(Grinder/Minder)를 고용하는 것은 용기가 필요하다. 그러나 당신이 만약 그들을 고용할 수 없다면, 미칠 것이다.

Section 9 _ Time, Energy & Money

더 나은 다른 어떤 투자가 있을 수 있는가?

당신의 시간당 수익을 계산해 보았는가?

Ⅰ 당신의 시간당 가치

총수입	150,000달러
일하는 주	50주
150,000달러/50주	주당 3,000달러
3,000달러/60시간	시간당 50달러
고객발굴의 비용	시간당 15달러
15 × 40시간	주당 600달러 또는 월 2,500달러

Ⅱ 당신의 시간 사용

영업활동에 쓰이는 주당 시간	60
RPAs(Revenue Producing Activities)에 쓰이는 시간 ● 관계를 발전시킴 ● 창조적인 해결책을 제공함 ● 계약 체결함 ● 훈련과 교육	25
non-RPAs(non-Revenue Producing Activities)에 쓰이는 시간	35

영업자가 일주일에 60시간 영업하기를 원한다면, 수입을 늘릴 수 있는 기회는 35시간의 non-RPA 중 얼마나 많은 시간을 RPA 시간으로 돌리느냐에 달렸다. 추가적인 수입은 RPA 시간 활용에 있어 얼마만큼 최대한 효율성을 고려하면서 효과적으로 사용하느냐가 결정한다.

예) 프로듀서 Peter	$100,000	커미션
	$41,300	EAP수당
	$141,300	총 수입

활동 적용(Practice Implementation) #1

프로듀서 Peter는 행정사원의 인건비 3만 달러를 지원하고 non-RPAs 시간 중 20시간을 RPA 시간으로 돌려서 7만 6백 5십 달러의 수익($70,650 = $50,000 commission plus $20,650 EAP 수당)을 얻었고 4만 6백 5십 달러($40,650 = $70,650-$30,000)의 추가 순이익을 남겼다.

활동 적용(Practice Implementation) #2

Peter는 또한 그의 RPA 시간활용에 대해 더 잘 알게 된다. 그는 그 RPA 시간의 효율성과 효과를 극대화하기를 원한다. 그래서 그는 :

1. 수익과 잠재성에 따라 그의 고객과 잠재고객을 세분화한다.
2. 자신의 비전문 분야를 보완해 줄 파트너를 확보한다.
3. 높은 수익, 높은 잠재성을 가진 시장에 더욱 가까이 포커스를 맞춘다.

시간 배분을 간단히 분석하는 시간을 잠시 가짐으로써 Peter는 자신이 non-RPA에 너무 많은 시간을 사용하고 있음을 알 수 있었다. 결과적으로 Peter는 그의 20시간의 non-RPA를 RPA로 바꿔주는 행정 보조사원(Grinder/Minder)을 고용하는 조치를 취했다. 또한 RPA 시간의 중요성에 대해 더 잘 알게 되었고 더 예민하게 되었다. 그래서 Peter는 기존의 고객들을 우선순위에 따라 A, B, C, D로 세분화하였다. 그는 호의적인 다른 프로듀서들과 상호 배타적인 전문성을 공유하였고, 높은 수익을 내고 높은 잠재성을 가지고 있는 시장들에 더 초점을 맞추었다. (Section 7. 타깃 마케팅/고객 세분화 참조)

이렇게 시간과 돈을 투자함으로써 Peter는 한해에 그의 실적을 두 배 이상으로 올릴 것이다. (보조사원을 뽑고, 훈련시키고, 그 사원이 학습커브를 이해하는 데 걸리는 변환의 시간을 허용하라. 당신의 참을성과 인내는 보답을 가져올 것이다.) 심지어 이런 투자가 이치에 닿는다 하더라도 이러한 투자를 하는 것은 상당한 용기를 필요로 한다. 그러나 그것이 당신의 관계를 발전시키는 창의적인 해결책을 제시하여, 최종적으로 계약을 체결하는 능력에 실질적으로 투자하는 것이기 때문에, 이러한 투자에 대한 위험은 아주 작다. 무엇이 더 낳은 투자가 될 수 있겠는가?

"If it is to be, it's up to me"

"만약 일이 그렇게 되었다면, 그것은 내 탓이다."

나에게 꼭 필요한 사람을 채용하라
IAFP Executive Director인 Janet G. McCallen의 프리젠테이션에서 편집

나에게 꼭 필요한 사람을 뽑기 위해 조사할 때 — 행정 보조사원, 또는 재정 설계사 등 어떤 사람을 뽑든지 간에 — 새겨 두어야 할 가치 있는 원칙들을 소개한다.

직무 설명서(position description) 쓰기
나 자신에게 그 자리가 무엇을 요구하는지를 물어봐라. 설득력? 의사소통능력? 행정업무능력? 이 세 가지 특성 중 무엇이 가장 중요한가? 이 사람은 나의 어떤 약점을 보완해야 하는가? 나의 조직에서 성공한 사람들의 특성들은 무엇인가? 나의 사무실은 어떤 종류의 특성을 가지고 있는가? 나의 사무실에서 어떤 종류의 사람들이 행복하고 성공할 수 있는가? 그리고 나서 왜, 누가 나를 위해 일하기 원하는지를 생각하라. 더 나은 시간을 제공하는가? 사무실이 편리한 위치에 있는가? 좋은 수입 전망이 있는가? 좋은 훈련과 경험이 있는가? 혜택은? 화려한 명성은? 등등의 좋은 이유가 필요하다.

후보자 찾기
일단 내가 누구를 찾고 있는지를 알고 난 후, 후보자를 찾기 위해 내가 취할 수 있는 여러 가지 방법을 생각해 보라.

- 관련 협회는 좋은 자원이 될 수 있다. 예를 들어 내가 의사소통 전문가를 찾고 있다면 마케팅과 홍보 협회들과의 접촉을 고려하라. 만약 재정 설계사를 찾고 있다면, 산업 출판물 또는 조직체를 참고하거나 IAFP를 방문하여 새로운 취업업체에게 접근한다. 때때로 이 방법은 시간이 오래 걸리기는 하지만 구직자나 구인업체 모두에게 기회를 제공해 주는 더할 나위 없이 아주 소중한 자원이 된다.

- 직원들에게 물어보라. 만약 그들이 그 직책에 합당한 사람을 알고 있다면 소개하도록 할

수 있다. 그들은 나의 사무실이 어떤지를 그리고 조직체에 잘 어울릴 후보자가 어떠해야 하는가를 알기 때문에 후보자를 추천할 수 있는 중요한 자원이 될 수 있다.

■ 대학교와 전문대학들 역시, 당신이 어떤 자리의 사람을 구하든지 간에 잠재적 후보자를 구할 수 있는 좋은 자원이다. 오늘날 많은 단과대와 종합대가 CFP 커리큘럼을 가르치는 자격을 가지고 있다. 그들 중 어떤 학교도 새로운 재정설계사의 좋은 자원이다. (CFP보드의 리스트를 확인해 보라)

■ 마지막 수단으로 신문의 광고를 보라. 만약 당신이 다른 가능성들에 지쳤다면, 주의를 갖고 진행하라. 그리고 이력서가 밀어닥칠 것을 기대하라.

■ 만약 당신이 행정사원을 고용할 필요가 있다면, 단기 고용 업체도 좋은 옵션이다. 결국 후보자가 그 일에 옳은 사람인지를 아는 가장 좋은 방법은 그가 일하는 것을 보는 것이다.

인터뷰하기

인터뷰를 위해 두세 명 정도의 후보자만 골랐다면, 후보자에 대해 더 많이 더 잘 알 수 있도록 인터뷰를 실시하라. 같은 질문들을 각각의 면접자에게 하고 어떤 대답을 했는지 노트에 필기하라. 그리고 인터뷰 후에 당신의 노트를 검토하고 보충하는 시간을 가져라. 때때로 고단한 일처럼 보이지만, 이 활동은 비교의 좋은 근거들을 제공한다. 만약 당신이 순전히 기억에만 의존한다면, 실수할 수 있고 결국 당신은 감정에 따라 사람을 뽑아버릴지도 모른다.

또한 인터뷰의 초반부에 너무 많은 이야기를 하지 않도록 하라. 똑똑한 면접자들은 당신이 말한 것을 예민하게 잘 들어서 그들의 대답에 이용할 것이다. 얼마나 가치 있는 아이디어인가? 당신은 그들에게 그들에 관해 알기를 원한다고 설명하라. 이 단계에서는 질문의 수를 자유롭게 정하라. 그러나 면접자가 대답을 준비해 두지 않았을 만한 질문을 하라. 그렇게 함으로써 당신은 정직하고 준비되지 않은 응답을 듣게 될 것이다. 그리고 짧은 대답에 만족하지 마라. 침묵을 채우려는 마음을 이겨라. 그러면 그들은 상세히 말할 것이다.

그 후 그들에게 당신의 회사에 대해 말하라. job에 대해서, 특히 어려운 부분에 대해서 솔직히 이야기하라. 그렇게 해야만, 그 사람이 실제 업무를 맡게 되었을 때 어려운 문제가 생기더라도 잘 해결할 수 있고, 일에 대해서 스릴을 느낄 것이다. 만약 이러한 언급으로 인해 당신의 회사에 채용되기를 포기하는 사람이 있다면, 오히려 사전에 당신의 회사에 적합하지 않은 사람을 채용해 낭비할 시간과 노력을 절약하는 셈이 된다.

마지막으로 면접자가 이 특정한 job에서 어떻게 활동할 것인가에 대해 질문을 하라. 예를 들면 "당신은 이 업무의 어느 부분에서 가장 큰 기여를 할 것입니까?"라든가 "이 일에서 당신이 발견한 세 가지 어려운 점을 말해 보시오." 등의 질문을 하라.

다음 단계?
중요한 자리이기 때문에, 뽑으려는 사람과 가깝게 일할 다른 직원들을 포함시켜 두 번째 인터뷰를 고려할 수도 있다. 또한 당신이 묘사한 job과 그 사람의 적합성을 알기 위한 성격 테스트를 해보고 싶을지도 모른다. 마지막 분석을 해서 결론을 내리기 전 이 사실을 명심하라. <u>사람이 아는 지식은 바뀔 수 있어도, 사람 그 자체가 바뀔 수는 없다는 사실을.</u>

무엇이 당신에게 진정한 보상인가?

당신 회사의 생명보험 상품에 대한 최대한의 지불이 초년도 보험료의 89%-97%의 커미션에 이르고 있음을 알고 있었는가? 이 숫자들을 한번 보도록 하자.

연간 $20,000 보험료 발생

50% PCs (초년도 커미션)	$10,000
50% ~ 66% EAP (커미션에 연계한 보너스)	$ 5,000
2.5% 투자 계획 수수료	$ 250
2.25% 주식 구입 수수료 (15% of 15%)	$ 225
10%의 Cash Balance payment (에이전트 은퇴 계좌)	$ 2,000
2.5% 401K 직원 연금 계좌	$ 387
TOTAL	**$17,862**
나에게 지급되는 보상 ⇒	$ 17,862 / $ 20,000 = 89%

당신이 Cash Balance payment와 투자 계획 수수료와 이익 배분 기여 ($2,000+$250=$2,350)가 세금 전이라는 것을 고려할 때, 그것은 $3,260의 세금이 징수되는 기여와 같다(31%의 세금). 그것은 총 지급액을 총 94% 지불이 되는 $18,772로 증가시킬 것이다―나쁘지 않다!!

만약 당신이 최대 Reg49(커미션에 연계한 보너스) 65%의 지급에 있다면, 그 액수는 $20,000의 보험료의 97%($19,362)에 달하는 지급 비율을 가질 것이다. 이것은 건강 보험, 개인적 문제들의 훌륭한 (금전이 아닌) 혜택을 고려조차 안 한 것이다.

다른 혜택들

- 워크 스테이션 (컴퓨터 시설)
- 에메랄드 세미나(금융 세미나 자료)
- 상품 포트폴리오
- 전시회 부스
- EQ University(회사에서 운영하는 금융 대학 코스)
- 참고서적
- 컴퓨터 디스크 상의 문서
- 사진
- ASG(Advisors Support Group) : 컨설턴트에게 필요한 각종 P/T자료
- 마케팅 교육용 CD
- CPA/NATP/ABA(회계업무 소프트웨어)
- Civic Marketing Initiatives(관공서, 비영리단체, 연합회 등)
- Financial Planning Strategies(Bus/Estate/Investors)
- 그 외…

당신은 자신의 가치를 이러한 자원들과 많은 다른 것들에 둘 수 있다. 그럼 무엇이 당신에게 진정한 보상인가?

신속한 영업 성장

당신의 영업을 빠르게 이룩해나가기 원한다면, 우수고객 파일을 구입하는 데 초점을 맞춰라! 영업을 확장하고 RPA를 더 늘이고 새로운 이익을 거두며 시간을 줄이기 위해서, High-End Book of Business(우수고객정보)를 구입하라.

쉽게 살 수 있는데, 왜 Book of Business(고객의 파일을 말함. 미국에서는 오랫동안 보험회사나 증권회사에서 일해온 에이전트나 증권 브로커들이 회사를 떠날 때에는 자기의 고객 파일을 다른 동료에게 팔 수 있다)를 개발하는 데 많은 시간을 소비하는가?

은퇴를 기대하고 그들의 활동에 변화를 원하는 많은 금융업 종사자들이 있다. 이 금융업 종사자들—재정 설계사, 보험 판매원, 주식 중개인 등등—은 열심히 일해서 훌륭한 관계들을 발전시켜온 그들의 Book of Business를 가지고 무엇을 해야 할지 결정해야 할 단계에 있다. 대부분 그들은 그들의 'Book'을 팔기 위해 홍보하지는 않을 것이다 그러나 재능 있는 젊은 재정 전문가를 그의 동료들 중에서 찾을 것이고, 관심 있는 곳에서 들어온 제안들을 심사숙고할 것이다.

필자의 제안은 당신에게 그 기회가 올 것을 기다리지 말라는 것이다. 당신은 그 기회를 먼저 찾아나서야 한다! 당신이 거주하고 있는 대도시 지역에 있는 고급 재정 전문가들의 리스트를 작성하여 그들이 당신에게 올 수 있도록 그들을 범주화하라. 분명히 은퇴를 앞둔 재정 전문가들—자신의 업무를 타인에게 물려주고 싶어하는—그리고 당신의 시장과 당신의 전문 분야에 도움이 되는 고객을 가진 사람들을 찾을 것이다.

일단 리스트를 작성하고, 이 Book of Business가 당신의 영업에 미칠 잠재적인 그리고 긍정적인 효과에 의해 우선순위를 매기고 당신의 고객확보 과정을 시작하라. 우선 선택된 재정 전문가들에게 그들의 Book of Business를 팔 의향이 있는지 전화를 걸기 시작하라.

용기가 필요한가? 확실히 이와 같은 큰 구매를 하는 것은 두려운 일이다. 그러나 당신이 구입하고자 하는 활동을 더 이해하고 알수록, 더 용기를 가지게 될 것이다. 위험한가? 그러나 당신이 그 고객정보를 사는 비용을 마련하는 것과 그 정보로부터 발생시킬 수 있는 매출을 계산할 수 있다면 그 위험은 줄어든다. 합의서와 계약과 비용마련 등을 진행하기 위한 가장 좋은 방법을 결정하기 위해서 당신의 회계사나 변호사와 상담하는 것이 현명할 것이다. 이렇게 적절히 조사되고 선정되었을 때, 이 구매는 당신의 영업, 제품 그리고 이익을 위한 굴러 들어온 복이 될 수 있다.

다시 말하건대, 당신의 회계사와 변호사에 의해 모든 것이 세밀하게 조사되고 체크된 후에 현명하게 구입한 Book of Business는 다음과 같은 능력에 실제적인 투자가 될 것이다.

- 관계 개발
- 창조적인 해결책의 개발
- 계약을 체결하는 것

Are you worth *the investment?*

Section 9 _ Time, Energy & Money

단순한 시간 관리 시스템

시간 관리(TIME MANAGEMENT)

초록 시간	노랑 시간	빨강 시간
판매	제안서 작성	운동
고객발굴	신청서 작성	이발
	서신 발송	식사
	마케팅 활동	

초록, 노랑, 빨강으로 여겨질 활동들의 예를 위에 나열했다. 다른 일들도 있다. 그러나 이해해야 할 중요한 것은 이 세 가지 타입의 차이점이다.

초록 시간(Green Time Zone)

초록 시간 활동들은 오로지 판매와 고객 발굴에만 관련되는 것들이다. 우리는 초록 시간을 주된 사업시간으로 간주한다. 약속을 정하고 판매 프리젠테이션을 위한 시간들이 여기에 해당한다. 기억하라! 우리는 연 10만 달러 이상의 매출을 올리기 위해서 반드시 매주 8~10명의 잠재고객을 만나야 한다. 모든 다른 활동들은 초록 시간 주위에 계획되어 있다. 당신이 초록 시간대 중에 초록 시간 활동이 아닌 활동을 하고 있는 자신을 발견한다면, 그 활동이 무엇이든지 버리고 고객에게 전화를 걸기 위해 수화기를 들어라.

노랑 시간(Yellow Time Zone)

노랑 시간 활동들은 판매를 위해 필요한 활동들이다. 그러나 그 활동 자체만으로는 수입을 발생시키지 않을 것이다. 노랑 시간 활동은 초록 시간대가 아닌 때에만 행해지고, 반드시 초록 시간대 주위에 계획되어야 한다. 기억하라. 무엇인가 팔릴 때까지는 아무것도 일어나지 않는다!

ADVANTAGE

We gain the advantage in any situation through one medium: time. We gain the advantage by doing things before they need to be done positioning ourselves ahead of time in the best place. Those who think ahead of the approaching action will have the advantage. They will be winners.

이점

우리는 어떤 환경에서도 하나의 매개물을 통해 이점을 갖는다. 바로, 시간이다. 우리 자신을 시간에 앞서 가장 좋은 자리에 포지셔닝 하여, 일들의 마감시간 전에 그것들을 해냄으로써 이득을 얻는다. 행동을 취하기 전에 생각하는 사람들은 이점을 가질 것이다. 그들은 승리자임이 틀림 없다.

빨강 시간 (Red Time Zone)

빨강 시간은 죽은 시간이다. 죽은 시간을 선호한다면, 당신의 사업이 작동하지 않음을 의미한다. 즉 이는 사업장의 가게 문을 닫은 것을 의미한다. 시간 관리의 방법은 사업의 작동을 가능한 많은 시간 동안 계속되게 만드는 것이다. 동일 조건(효율이 같다면) 아래에서 어떤 사업이든지 더 많은 시간이 운영된다면 그만큼 더 많은 수입을 올릴 것이다.

필자는 이 스케줄을 사무실과 집에 둘 것을 제안한다. 이것은 초록, 노랑, 빨강 시간대를 알려주기 위해 당신의 잠재의식을 훈련시킬 것이다. 결론은, 초록 시간 중에는 약속을 위한 전화를 걸거나 또는 판매 인터뷰를 하고 있어야 한다는 것이다. 이 시스템을 따르는 것은 당신의 효율성을 100% 이상 증가시킬 것이고 당신의 수입을 두 배 이상으로 만들 것이다.

시간 관리 스케줄(예)

월요일	화요일	수요일	목요일	금요일	토요일
오전 7시 노란색	오전 7시 노란색	오전 7시 노란색	오전 7시 노란색	오전 7시 노란색	오전 7시 노란색
오전 8시반 녹색 오전 11시반	오전 8시반 녹색 오전 11시반	오전 8시반 녹색 오전 11시반	오전 8시반 녹색 오전 11시반	오전 8시반 녹색 오전 11시반	오전 8시반 녹색 오전 11시반
빨간색 또는 노란색	빨간색 또는 노란색	빨간색 또는 노란색	빨간색 또는 노란색	빨간색 또는 노란색	빨간색 또는 노란색
오후 1시 녹색 오후 4시	오후 1시 녹색 오후 4시	오후 1시 녹색 오후 4시	오후 1시 녹색 오후 4시	오후 1시 녹색 오후 4시	오후 1시 녹색 오후 4시
빨간색 또는 노란색	빨간색 또는 노란색	빨간색 또는 노란색	빨간색 또는 노란색	빨간색 또는 노란색	빨간색 또는 노란색
오후 6시 녹색 오후 9시	오후 6시 녹색 오후 9시	오후 6시 녹색 오후 9시	오후 6시 녹색 오후 9시	오후 6시 녹색 오후 9시	오후 6시 녹색 오후 9시

Power Phrase
선생님이 이 세상에 있는 동안 선생님 가족이 이 집을 필요로 하지요. 선생님이 떠나시면 이 집이 필요 없을까요?(Home Mortgage)

10 영업평가서를

타성

시작하게 하는 용기는 성취한 자와 몽상가를 구별하게 한다.
시작이 중요하다. 성공하고자 한다면 언젠가 시작해야 하기 때문이다.
행동하고자 하는 것, 즉 타성을 극복하고자 하는 것은
위대함으로 가는 첫번째 단계이다.

INERTIA

The courage to begin separates dreamers from achievers.
Starting is the key: because if we want to be successful,
we must start sometime.
The willingness to act—to overcome inertia—
Is the first step on the path to greatness.

SECTION.10

작성하라

The Practice Evaluator

Section 10 _ The Practice Evaluator

영업을 평가하라

Practice Evaluator는 자신의 현재 영업에 대한 통찰력을 얻기 위한 종합적인 질문서이다. 이 질문서는 자신의 영업에 대해 실무적, 개별적, 감정적인 측면들을 다룬다. 이것으로 자신을 완벽하게 분석하고 평가한다면, 독자의 영업을 확장할 수 있는 하나의 Tool로써 확실한 지원을 해줄 것임을 확신한다.

Practice Evaluator의 범주

1) 비즈니스에 관한 인식
2) 마케팅
3) 기획
4) 지식, 양성, 교육
5) 조직 체계
6) 사업 투자
7) 일정 관리
8) 자기 인식(Finder-Binder-Minder-Grinder)
9) 고객의 핵심 가치와 부가가치
10) 비전과 열정
11) 결단
12) 전략적 제휴
13) 정책 입안

이러한 범주는 직접적 혹은 간접적으로 질문서에 포함되어 있다. 자신의 현재 영업에 대해 실제적인 분석을 끌어내기 위해서 솔직하고 개방적인 피드백이 필요하다. 종합적인 분석과 평가가 완성되면 발견한 문제들에 대해 의논하고 피드백을 얻으며 다음 단계를 논의하기 위해 코치와 프로듀서와의 미팅을 가질 것이다(프로듀서는 책임을 맡기 전, 발견한 문제들을 요약해서 개인의 영업에 적절하게 적용하는 데 1~2주가 필요할 것이다).

일단 자신이 이것을 받아들인다면, 프로듀서는 자신의 영업을 확대하고 강화하기 위한 실행 방안을 의논하고 개발하고자 코치와 협의할 것이다. 이러한 실행 방안은 실제로 전략적인 기반이며, 프로듀서의 비즈니스 플랜에 가장 중요한 부분이 된다. 이러한 계획은 정식으로 문서화하여 프로듀서가 그의 영업에 가치를 더해줄 수 있는 코치나 배우자 또는 다른 중요한 관계자에게 나누어 주어야 한다. 이러한 비즈니스 플랜을 프로듀서의 전략적 제휴자와 영향력 있는 몇몇 관련자에게 알려줌으로써, 프로듀서에게 관심을 가지고 그가 성공하기를 진정 원하는 이들에 의해 책임과 결단을 확인 받는 방법이기도 하다.

일단 프로듀서가 실행 방안에 동의한다면 그것은 실행되어야 한다. 그 플랜이 실행되지 않는다면 질문서와 이에 따른 프로듀서와의 논의는 낭비라는 것을 명심하라. 그러나 실행된다면 프로듀서와 그의 영업은 비교적 짧은 기간에 2~3배로 이익이 늘어날 잠재력을 가지게 될 것이다.

Power Phrase
보험에 가입하세요. 당신이 죽어서가 아니라 가족이 살 수 있게.

ThePractice Evaluator

이름 : _____

사무실 주소 : _____

전화번호 : _____ 팩스번호 : _____

지점장 : _____

세일즈 매니저 : _____

멘토 : _____

각종 자격증 : _____

I. 핵심 분야/비즈니스 인식 (Core Specialty/Business Identification)

1) 당신의 핵심적인 전문분야는 무엇인가? (만약 없다면 제너럴리스트라고 표시)

2) 당신은 진정 당신의 핵심 전문분야를 좋아하는가?

3) 당신은 핵심 전문분야에 대해 열정을 지니고 있다고 말할 수 있는가?

4) 당신의 핵심 전문분야를 좋아하거나 열정을 지니고 있지 않다면 어떤 분야에서 전문가가 되고 싶은가?

5) 당신은 핵심 전문분야에만 집중함으로써 얼마나 많은 고객을 확보하고 있는가?

6) 만약 이러한 핵심 고객들에게 "나를 어떠한 전문성을 띤 전문가로 바라보는가?"라고 묻는다면 그들은 당신에 대하여 어떻게 답할 것인가?

7) 당신의 전문분야가 아닌 서비스를 제공받은 고객은 당신에 대해서 어떻게 말할 것인가?

8) 당신은 핵심 전문분야에 대한 지식을 얻기 위해 월간 얼마나 많은 시간을 할애하는가? (몇 %, 혹은 몇 시간인가?)

9) 당신은 명함에 어떤 타이틀을 표시하고 있는가?

10) 당신은 어떤 판매 프로세스를 활용하고 있는가?

11) 그러한 판매 프로세스는 컴플라이언스에 적절한가?

12) 당신의 영업에 있어 고정적으로 돕거나 지원하는 인원을 리스트화하라.
(스태프, 프로듀서, 컨설턴트, 또는 기타)

	이름	직업/타이틀	지원내용
a)			
b)			
c)			
d)			
e)			

13) 당신은 공식 행사에서 자신을 어떻게 소개하는가?

14) 지난 2년간 당신의 영업을 증진시키기 위해 특별히 행한 5가지 활동을 열거하라.

a)
b)
c)
d)
e)

15) 당신이 지난 한해 동안 읽었던 사업/영업관련 서적을 5가지 열거하라.

	제목	작가
a)		
b)		
c)		
d)		

e)

16) 당신은 지난 한 해 동안 사업/영업 강화를 위한 세미나나 교육에 얼마나 많이 참석하였는가?

17) 당신의 멘토가 있다면 누구인가?

이름	전문분야

18) 당신은 스터디 그룹에 소속되어 있는가? 그렇다면, 그 그룹이나 전문분야에 소속되어 있는 구성원들의 이름을 리스트화하라.

	이름	전문분야
a)		
b)		
c)		
d)		
e)		
f)		
g)		

19) 당신의 스터디 그룹은 얼마나 자주 모이는가?

20) 당신은 특정한 영업 강화 아이디어를 얻기 위해 동료나 매니저와 얼마나 자주 연락을 취하는가?

21) 당신의 영업과 관련해서 스스로를 어느 범주에 둘 것인가?

_____ 실습생

_____ 초년생

_____ 고능률 전문가

_____ 제너럴리스트

_____ 기타

22) 당신의 최근 3번의 판매에 있어 컨셉트는 무엇이었는가?
   a)
   b)
   c)

23) 당신은 소개를 얼마나 많이 받았는가?

24) 당신은 어떤 비즈니스에 종사해왔는가?

25) 당신은 "전문가는 뛰어나다"라는 표현을 믿는가?

II. 타깃 시장 (Target Markets)

1) 당신의 주요 타깃 시장은 무엇인가? 순서대로 리스트화하라.
   a)
   b)
   c)
   d)

2) 당신의 타깃 시장은 어떻게 결정하였는가?

3) 당신의 타깃 시장에서 생존 가능성을 결정하기 위해서 어떤 조사를 행하였는가?

4) 이러한 타깃 시장에서 당신의 전략은 무엇인가?

5) 당신은 타깃 시장을 어떻게 공략하고 있는가? 어떤 전술(tactics)을 사용하고 있는가?
   a)
   b)
   c)
   d)

6) 당신의 타깃 시장을 개발하는 데 어떤 사람들의 도움을 주고 받고 있는가?

	시장	이름	타이틀/직업	지원소스
a)				
b)				
c)				
d)				

7) 각각의 타깃 시장에서 당신은 어떤 판매 프로세스를 활용하는가?

	시장	프로세스
a)		
b)		
c)		
d)		
e)		

8) 당신은 어떤 공공/자선 단체에 가입되어 있는가? 당신은 지도부의 위치에 있는가?

	단체	지도부 위치
a)		
b)		
c)		
d)		
e)		

9) 그 단체의 동료들은 당신을 어떻게 부르는가?

10) 기획과 개발 프로세스에 얼마나 많은 시간을 할애하는가?

11) 당신은 문서화된 비즈니스 플랜을 가지고 있는가? 1년 계획, 5년 계획?

12) 당신은 비즈니스 플랜을 적극적으로 시행해왔는가?

13) 당신의 영업에 있어서 비전은 무엇인가?

14) 당신의 3가지 수익 창출 활동(Revenue Producing Activities)은 무엇인가?

   a)

   b)

   c)

15) 간략하게 당신의 주요한 비즈니스 포커스는 무엇인가?

16) 당신은 타인과 Joint-Work하고 있는가? 그렇다면, 누구와 하는가?

이름	전문성/가치	동업 이유

17) 당신의 영업을 증진시키기는 3가지 방법을 리스트화하라.(promote your practice)

   a)

   b)

   c)

18) 당신은 주로 어떻게 고객 발굴을 하는가?

19) 당신은 고객 발굴을 좋아하는가?

20) 당신은 사교적이기보다는 기술적인가?

21) 당신은 고객의 문제를 해결하기 위해 컴퓨터 앞에 앉아서 자료와 제안서를 개발하는 것을 좋아하는가?

22) 당신은 우선 고객, 잠재 고객, 잠재 이익으로 고객을 분류하였는가?

23) 당신은 계약 체결 건당 몇 명을 소개받았는가? 그리고 계약 체결이 일어나지 않은 경우는 몇 명이나 되는가?

　CLOSE(계약 체결 건당):

　NON-CLOSE(아닌 경우 건당):

24) 당신의 시장에 대해 확고한 위치를 점하고 있다고 느끼는가?

III. 사업 계획서 (Business Planning)

1) 당신의 영업에 대한 비전은 무엇인가?

2) 당신은 당신의 비전과 일치하는 장기 비즈니스 플랜을 가지고 있는가?

3) 당신은 1년간의 비즈니스 플랜을 가지고 있는가?

4) 당신은 플랜을 수행해오고 있는가?

5) 앞서 말한 3가지 주요 수익 창출 활동을 확대하기 위한 방안이 무엇이라고 생각하는가?
   a)
   b)
   c)

6) 이러한 활동은 당신의 비즈니스 플랜에 속해 있는가?

7) 당신의 비즈니스 플랜을 발전시키는 데 지원하는 사람은 누구인가?
   a)
   b)
   c)
   d)

8) 당신의 플랜은 당신의 영업을 성장/확대시키기 위해 필요한 현재나 미래의 인적, 기술적 자원들을 나타냈는가?

9) 당신의 영업을 성장/확대시키기 위해 어떤 주요한 투자를 하였는가?

  a)

  b)

  c)

10) 당신의 고객이나 잠재고객을 위해 판매, 관계 정립, 문제 해결에 몇 %의 시간을 할애하였는가?

11) 당신은 당신의 시간을 능률과 효과 측면에서 검토한 적이 있는가?

12) 당신은 기술을 영업에 어떻게 능률적이고 효과적으로 투입해왔는가?

  a)

  b)

  c)

13) 올해 당신의 비즈니스 예산은 얼마인가? 그것은 당신의 비즈니스 플랜에 이미 짜여져 있는가?

비즈니스 플랜 예산액
비즈니스 플랜의 어디에 포함되어 있는가?

14) 지난 해 당신의 순이익은 얼마인가? 올해 당신의 순이익 목표는 얼마인가?

지난 해:
올해:

15) 올해 당신의 주요한 마케팅 활동은 무엇인가?

16) 지난 2년간 당신의 영업에 있어 어떤 새로운 수익 창출 수단(프로그램, 프로세스, 시스템)을 투입하였는가?

  a)

  b)

Section 10 _ The Practice Evaluator

c)

d)

17) 당신은 작년과 올해 휴가를 얼마나 다녀왔는가?

작년:

올해:

18) 당신은 가족과 충분한 시간을 보낸다고 생각하는가? 그렇지 않다면 그 이유는 무엇인가?

19) 지난 해 동안 당신의 영업을 강화하기 위해 어떤 로직 상의 변화가 있었는가?

a)

b)

c)

20) 당신은 목표를 관리하는가? 어떻게 하는가? 구체적으로 기술하라.

21) 얼마나 자주 하는가?

22) 누구와 함께 계산해보고 평가하는가?

23) 당신은 이사회가 있는가?

24) 당신은 1년에 몇 시간을 연초 작성한 영업계획서를 리뷰하는 데 할당하고 있는가?

25) 한해 동안 당신의 영업을 확대하기 위해 창의적인 아이디어를 모으는 시간을 가지는가?

26) 1년간의 목표와 장기 목표를 향해서 당신의 추진 과정을 주기적으로 평가하는가?

IV. 지식 (Knowledge)

1) 당신은 어떠한 전문분야에 관해 자격을 취득하였는가?

2) 당신은 지식기반을 어떻게 개발하는가?

3) 당신은 자신을 전문가라고 생각하는가? 그렇다면 어떤 분야인가?

4) 당신은 자신을 핵심 분야에서 어느 정도라고 평가하는가?
　　1.☐　2.☐　3.☐　4.☐　5.☐　(1=최하, 5=최고)

5) 전문가가 되는 것은 당신에게 얼마나 중요한가?

6) 당신의 판매 기법이 우수하다고 생각하는가?

7) 당신의 판매 기법 교육을 얼마나 자주 받는가?

8) 당신의 전문분야에 있어서 숙달되는 데 장애요인은 무엇인가?
　a)
　b)
　c)
　d)

9) 당신에게 시간이 주어진다면, 어떤 종류의 교육 과정을 받고 싶은가?
　a)
　b)
　c)

10) 당신이 지식을 얻어내는 최고의 포럼은 무엇인가?

11) 과거 5년간 보험업계 모임에 얼마나 참석하였는가?

MDRT	스터디 그룹	각종 강연

V. 사무 절차 (Office Procedures/Logistics)

1) 이곳에 당신의 사무실 구성을 그림으로 묘사하라.

2) 당신의 지원 스태프의 5가지 주요 책임은 무엇인가?(개별적으로 리스트화하라)

스태프 #1	스태프 #2	스태프 #3
a)		
b)		
c)		
d)		
e)		

3) 당신의 스태프들이 믿을 수 있고 윤리적이며 성실하다고 명쾌하게 말할 수 있는가?

4) 당신의 고객 기반을 수익이나 잠재성으로 구분하여 그룹화할 수 있는가?

5) 당신의 일정에서 언제가 가장 생산적인가?

　　　_____ 외부에서?

　　　_____ 사무실에서?

　　　_____ 집에서?

　　　_____ 기타?

6) 당신은 당신의 스태프와 그들이 지원해주는 자료가 최상의 가치를 가지고 있다고 생각하는가?

그렇다고 생각하는 이유?

그렇지 않은 이유?

7) 다음에서 당신의 시간을 몇 % 할당하는가?

사무실에서?

고객이나 잠재고객과의 만남에서?

교육 훈련에서?

8) 우선순위대로 당신의 시간에서 가장 많이 낭비되는 부분은 어디인가?

a)

b)

c)

d)

e)

9) 돈에 구애 받지 않는다고 가정했을 때, 당신의 영업을 강화하기 위해 취할 행동들을 우선순위대로 리스트화하라.

a)

b)

Section 10 _ The Practice Evaluator

c)

d)

e)

10) 당신은 컴플라이언스 준수에 주의를 기울이는가?

11) 당신은 계속적으로 자신과 당신의 스태프를 능률적인 측면과 효과적인 측면으로 평가하는가?

12) 다음 분야에서 당신, 당신의 스태프, 당신의 외부 자원을 어떻게 평가하는가?

고객에 대한 서비스와 커뮤니케이션?	우수	나쁨
판매 제안?	우수	나쁨
기술적 능력?	우수	나쁨
홍보?	우수	나쁨
소개?	우수	나쁨
관계 발전?	우수	나쁨

13) 수익 창출 활동에 집중하기 위해 다른 비수익 활동을 기꺼이 포기하는가?

14) 당신의 영업에 있어, 당신이 하고 싶은 일만 즐기면서 그 일을 하기를 원하는가?

15) 투자에 대한 수익이 100%를 넘는다면 당신의 영업에 기꺼이 투자하겠는가?

VI. 투자(Invest)

1) 한 주 동안 평균 얼마나 많은 시간을 영업에 전념하는가?

2) 다음에서 얼마나 많은 시간을 보내는가?
   a) 기존 고객이나 새로운 고객과의 관계 발전?
   b) 판매 체결?
   c) 고객이나 잠재고객을 위한 창의적인 문제해결 개발?
   d) 교육, 훈련, 지식 개발?

3) 당신의 영업이 기술적으로 평균 이상이라고 생각하는가?

4) 당신 영업의 전체적인 효율성을 10점 만점으로 얼마를 주겠는가?

   점수에 대한 설명:

5) 당신은 특정 기간 동안 당신의 영업에 대한 투자를 어떻게 평가하는가?

6) 작년의 총 수익은 얼마인가?

   비용?

   이익?

7) 당신은 정규직(Full time) 스태프 인력을 고용할 것을 고려한 적이 있는가?

   여부에 대한 이유:

8) 당신의 보수는 시간당 얼마인가?

Section 10 _ The Practice Evaluator

9) 당신은 사무실에서 관계 개발이나 판매 체결, 고객의 문제 해결이 아닌 활동에 얼마나 많은 시간을 보내는가?

10) 당신의 우수 고객 10명은 누구이며 향후 2년간 실제 판매 기회는 무엇인가?

	이름	직업	요청	판매 기회(1-10)
a)				
b)				
c)				
d)				
e)				
f)				
g)				
h)				
i)				
j)				

11) 당신이 지금까지 고객으로부터 받은 가장 큰 금액은 얼마인가?

₩ _____

누가 고객이었는가?

현재도 고객인가?

당신은 어떻게 느끼는가?

그 후의 판매가 있었는가?

소개는 얼마나 되는가?

12) 당신의 우수고객 10명의 옷차림은 어떠한가?(그들은 일상 업무시간 중에 무엇을 입고 있는가?)

13) 비용이 고려대상이 아니라면, 당신의 영업상 주요한 투자는 무엇인가?

14) 당신 입장에서는, 당신이 할 수 있는 최선의 투자는 무엇인가?

15) 당신의 영업에 있어 중요한 순서대로 점수를 매기시오. (10점 만점)

　1) 관계를 발전시키는 능력

　2) 판매를 체결하는 능력

　3) 소개를 발굴하는 능력

　4) 문제 해결책을 개발해 내는 능력

　5) 전문분야에 대한 교육 훈련

16) 올해 당신은 어떤 투자를 하였는가? 작년에는?

	단체	지도부 위치
a)		
b)		
c)		

VII. 시간관리(Time Management)

1) 당신의 일상 스케줄을 기입하라.(가족과의 시간과 여가 시간 포함)

2) 비수익 활동이나 자료수집에 있어 하루 영업시간 중 몇 시간을 보내는가?

　　　＿＿＿＿＿＿ 시간　　　　　　（　　　　　　） %

3) 당신 자신의 노력 이외에 당신의 영업을 돕는 서비스나 지원을 받고 있는가? 그렇다면 리스트화하라.

　　a)
　　b)
　　c)
　　d)

4) 영업 운영상 서비스, 컴플라이언스, 관리 문제에 얼마나 자주 부담을 느끼고 있는가?

5) 당신은 전문적인 파이낸셜 어드바이저라고 생각하는가?

　　아니라면 그 이유는?

6) 당신은 매주 중점적 계획과 진행 순서를 다루는가?

Section 10 _ The Practice Evaluator

VIII. 파악하기 어려운 것들(Intangibles)

1) 당신의 전문적인 명성은 얼마나 중요한가?

2) 현재 당신이 하고 있는 일에 대해 느끼는 것을 한 단어나 문구로 어떻게 표현하겠는가?

3) 당신의 우수 고객들과의 관계에서 가장 중요한 것은 무엇이라 생각하는가?

4) 향후 5년간 당신의 영업을 어떻게 계획하고 있는가?
- a) 1st year
- b) 2nd year
- c) 3rd year
- d) 4th year
- e) 5th year

5) 최우수 고객 10명을 관리할 때 당신의 신뢰 수준을 어느 정도라고 생각하는가?(1점-10점)

6) 비즈니스에 대해 무엇이 당신에게 동기를 부여하고 흥미를 일으키는가?

7) 비즈니스에 있어서 무엇이 당신을 힘들게 하는가?

8) 당신의 영업에 있어 어떤 사람이 잠재적인 가치가 있는가?

	이름	타이틀
a)		
b)		
c)		
d)		

9) 영업과 관련해서 당신의 강점은 무엇인가?

a)

b)

c)

d)

10) 영업과 관련해서 당신의 약점은 무엇인가?

a)

b)

c)

d)

11) 당신의 태도를 평가하라.(1점-10점)

당신의 열정
스트레스 관리
리더십
영업에 헌신

IX. Finder-Binder-Minder-Grinder

1) 당신은 다른 프로듀서와의 동업을 고려해본 적이 있는가? 그렇다면, 누구이며 그의 전문분야는 무엇인가?

2) 당신 스스로의 개별적인 노력 없이 당신은 어떻게 새로운 고객을 발굴하였는가?
   a)
   b)
   c)
   d)
   e)

3) 당신의 제안, 설명, 판매 프리젠테이션은 누가 하는가?

4) 누가 혹은 무엇이 당신의 주요한 기술적인 자원인가, 그리고 어떻게 당신을 돕고 있는가?

	자원	지원분야
a)		
b)		
c)		
d)		
e)		

5) 서비스부문에서 당신의 영업 성과를 잘 나타내고 있는가?

우수

만족스럽지 못함

당신은 고객에게 서비스하는 것을 좋아하는가?

6) 당신의 현재 영업에 관해서 무엇이 당신을 가장 잘 표현하는가? 향후는?

현재	향후
Finder(고객 발굴자)	
Binder(계약 체결자)	
Grinder(고객 분석자)	
Minder(고객 관리자)	

7) 당신은 매일 아침 일어날 때, 업무 시간을 고대하는가?

8) 당신은 업무 시간이 정말로 즐거운가?

9) 향후 2년 동안 당신이 현재의 성과를 두 배로 달성할 수 있다면

   a) 당신과 당신의 영업에 총 수익의 25%를 기꺼이 투자하겠는가?

   b) 계획된 과정, 세미나에 참석하고 관련된 자격을 얻음으로써 핵심 전문 분야에 기꺼이 전념하겠는가?

10) 당신은 파이낸셜 전문가라고 생각하는가? 그렇지 않다면 그 이유는?

11) 비즈니스를 확대하기 위해서 기꺼이 지도 받기를 원하는가?

12) 다음에서 당신에게 가장 중요한 것은 무엇인가?

   돈   ------------------------

   인지도 ------------------------

   성취감 ------------------------

              100%

13) 다음에서 당신에게 가장 중요한 것은 무엇인가?

   안전   ------------------------

   성공   ------------------------

   인지도 ------------------------

              100%

14) 다음에서 당신에게 가장 중요한 것은 무엇인가?

돈 _____

성취감 _____

고객 _____

　　　　100%

15) 다음에서 당신에게 가장 중요한 것은 무엇인가?

소개 _____

고객 _____

돈 _____

　　　　100%

16) 당신에게 가장 중요한 것은 무엇인가?

17) 당신은 도움을 원하는가?

18) 당신은 기꺼이 성공을 위한 대가를 지불하겠는가?

Power Phrase

고객이 죽으면 은행에서는 예금했던 돈을 내주지만, 보험회사에서는 고객이 예금하려고 마음먹었던 돈을 내준다.
(Immediate Creation of Asset)

특별부록

법인 임원

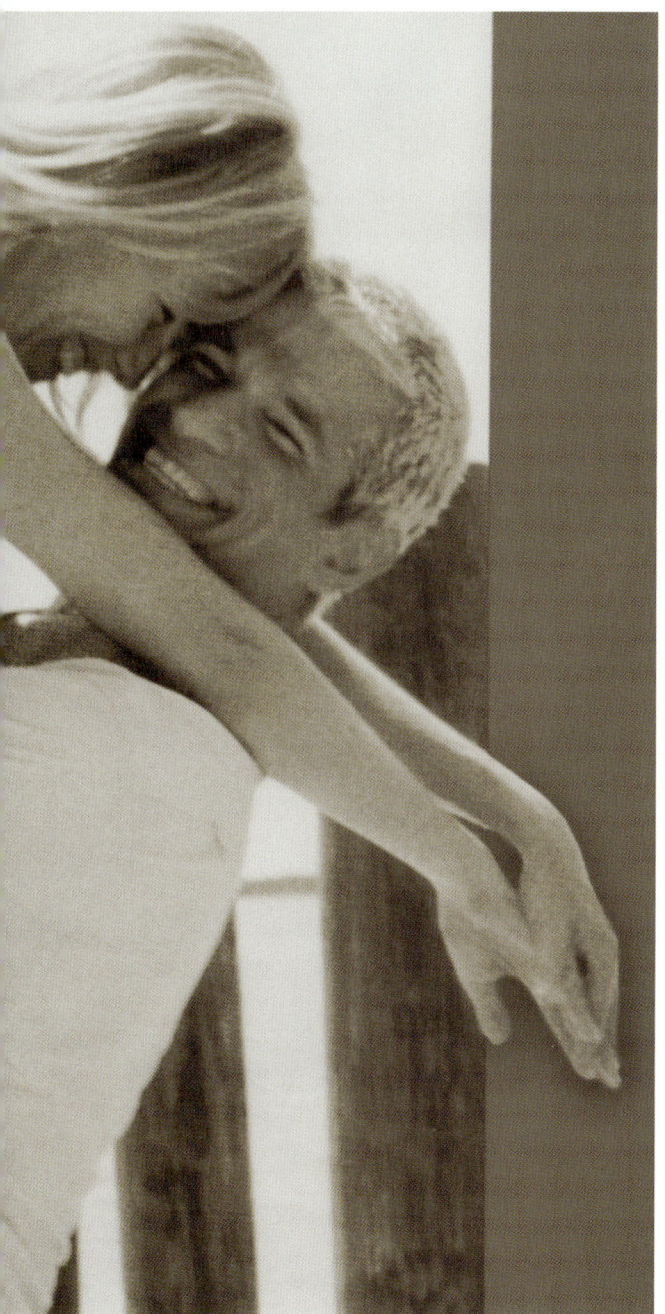

APPENDIX

Ⅰ. INTRODUCTION
OVERVIEW
법인과 개인사업자
은퇴자금 설계시 고려사항
사업승계와 상속세

Ⅱ. 법인 소득의 분배
법인소득과 과세
임원 인건비와 과세

Ⅲ. CEO Plan 설계
임원 퇴직금 설계 Flow
정관의 변경
예상퇴직금 및 퇴직소득세
금융상품 선택
법인의 연금보험 관련 세무

은퇴설계

CEO Plan

{ # I. INTRODUCTION

OVERVIEW

**생명보험을 이용하는 은퇴설계시
기업체 또는 임원에게 주어지는 혜택**

생명보험을 이용하여 기업체와 회사의 중역들(CEO를 포함 Executive Directors)을 위한 플랜이 많이 있다. 예를 들면, COLI(Company Owned Life Insurance), Split dollar plan의 Reverse plan이나 Traditional plan, Buy-sell agreement plan, Executive bonus plan 등이 있다. 이들은 non-qualified plan으로 미국에서 이를 통틀어, Deferred Compensation Plan이라고 부른다. 여기서 매월 투자하는 보험료는 세금공제 혜택이 주어지지 않기 때문에 non-qualified plan이라 부르고, 은퇴 시까지 투자기간 동안 세금연기 혜택이 주어지며 은퇴 시(59.5세)에 이 모든 보상이 주어지며, 은퇴시까지는 연기되기 때문에 이를 흔히 Deferred Compensation Plan이라 부른다.

이러한 법인임원을 위한 각종 은퇴플랜들이 있는데 미국에서는 세금공제혜택이 주어지는 qualified plan만으로는 금액의 상한선이 제한되어 있어서, 많은 금액의 재원을 사용하려면 세제적격 플랜보다는 비세제적격 플랜인 Deferred Compensation Plan이 용이하기 때문에, 이 제도가 가장 널리 알려진 플랜이다. 미국에서도 고능률 FP는 이러한 플랜을 잘 활용하지 않고는 결코 고액연봉 도전 자체가 불가능하다.

우리나라에도 이러한 제도를 업계 일부 고능률 FP들 사이에서 수년 전부터 법인임원 은퇴설계(일명, CEO 플랜)라 명명하여 적극적인 도전 대상이 되고 있다. 최고금액에 대한 상한선(unlimited amount)도 없이 가능하며, 10년 이상 경과 후 인출 시, 이자소득에 대한 비과세 혜택이라는, 미국 조세법에 비추어보면, 그야말로 엄청난 특혜가 우리나라 자산가에게 주어진다고 할 수 있으므로 잘만 활용하면 큰 실적을 올릴 수도 있다. 이러한 세제에 대한 명확한 세무감사(tax audit)가 미국이나 선진국에 비해 보다 엄격히 실행되지 않는 현실 때문에 중소기업이나 오너가 경영하는 소규모 자영업자들의 이러한 플랜은 보험회사와 기업주 간의 이해관계가 맞아떨어지는 플랜이라 할 수 있다.

미국의 경우는 이러한 대부분의 상품이 연금을 활용하게 되면 거기에 또 여러 가지 제한 조건이 붙기 때문에 UL종신이나 VUL종신 상품으로 디자인하고 있으나, 우리나라는 변액연금이나 VUL 저축상품으로 디자인이 가능하기 때문에, 고객에겐 아주 매력적인 플랜이라 할 수 있다. 자, 그럼 이 플랜에 대해 보다 더 자세히 알아보도록 하자.

법인과 개인사업자

1) 법인은 소유와 경영이 분리되어 있는 관계로 주주의 책임이 유한 책임이다. 그리고 일정 규모 이상일 경우 개인에 비해 세금부담이 적으며, 자금조달이 용이하고, 주식의 매입·매각에 의해 출자액 증감이 가능하다. 그러나 법인의 자산과 경영주·소유주의 자산은 엄격히 구분되어 있으며 기업이윤을 주주에게 배당할 경우 배당소득세가 발생한다.
정당한 사유나 일정한 지급기준없이 임원에게 지급하는 상여금은 법인세법상 손금불산입의 제한을 받고, 법인의 세율은 1억원 이하는 13%이고, 1억원 초과시 1,300만원+1억원 초과금액의 25%가 된다.
2) 개인사업자의 경우는 기업이윤의 전부가 사업주에게 귀속되며, 법인보다 기업활동상 의사결정과 집행 등이 자유롭고 신속하다. 그러나 사업주가 기업 경영상 발생한 채무에 무한책임을 져야 하며 기업규모가 커질 경우 법인기업보다 세금부담이 커진다.
개인의 세율은 1,000만원 이하 : 과세표준×8%이고,

4,000만원 이하 : 과세표준×17% - 90만원이며,
8,000만원 이하 : 과세표준×26% - 450만원이다. 그리고
8,000만원 초과 : 과세표준×35% - 1,170만원이다.

은퇴자금 설계시 고려사항

은퇴시 고려해야 될 사항은 크게 세 가지가 있다.
1) 위험분산과 노후 소득 확보를 위한 분산 투자를 한다. 즉 고위험 사업과 은퇴설계를 위한 정기적 저축간의 균형 감각을 유지해야 한다. 법인 사업자는 대부분의 수입이나 여유자금 전액을 현재 벌려 놓은 사업에 투자하려는 경향이 강하다. 그러므로 사업가들은 현재 사업이 충분하게 성장할 것으로 믿지만, 이들 사업은 대부분 고위험 벤처의 성격을 띤다는 사실을 염두에 둘 필요가 있다. 따라서 사업투자와 은퇴설계를 위한 정기적 투자간에 균형감각이 요구된다.
2) 공동사업자인 경우 동업자에게 사업지분 매각을 고려해야 한다(Buy-sell Agreement) CEO들은 대부분 자식들에게 사업을 상속하려고 하지만 동업자가 있거나 자녀에게 상속이 곤란한 경우, 언제 어떤 가치로 누구에게 회사 지분을 매각할 것인가에 대한 계획이 필요하다.
3) 노후 생활자금과 적정 퇴직금에 대한 고려를 해야 한다. 은퇴 후 노후생활에 필요한 자금과 퇴직시 법인에서 얼마의 퇴직금을 받을지에 대한 고려가 필요하다.

사업승계와 상속세

중소기업의 사업승계는 대개의 경우 사장의 권한인 소유권과 주식을 보유하는 소유권 두 가지 모두를 승계하는 것이라 할 수 있다. 그러나 다음의 경우로 구분할 수가 있다.

1) 경영권과 소유권을 동일인에게 승계할 경우

민법의 상속제도는 '균분 상속'을 전제하고 있기 때문에, 가령 경영후계자가 장남으로 결정되었다고 하더라도 장남에게 회사 주식의 전부가 상속된다고 보장할 수 없다. 따라서 사업승계를 원활하게 하기 위해서 현재 소유경영자가 후계자에게 생전에 소유주식의 상당부분을 사전에 이전해야 한다.

2) 경영권과 소유권을 분리 승계할 경우

가족 중에 사업을 물려받을 사람이 없거나 자녀들이 사업에 전혀 관심이 없는 경우이며, 기업 내부의 사람을 훈련시키거나 조직 외부에서 사람을 영입하여 경영하게 하고 자녀들은 회사의 소유권만 가지게 할 수 있다. 이때 생전에 사업을 승계할 경우 경영주 본인의 퇴직금과 은퇴 후 필요자금에 대한 고려가 필요하다.

3) 상속·증여세 및 납부 재원에 대한 고려

고액 재산가의 재산 현황과 변동상태는 국세청 전산망에 의해 일목요연하게 정리·관리되고 있다. 자산의 대부분을 경영하고 있는 중소기업에 투자한 소유경영자가 계획 없이 사업을 승계하는 경우에는 상속세 및 증여세 부담이 많아 기존 사업을 매각하거나 대출을 받아야 하는 경우가 발생할 수 있다. 뿐만 아니라 비상장 기업의 주식 역시 상속증여세법상의 자산 평가를 거쳐 상속재산에 포함되므로, 기업의 순자산가치 및 순손익가치가 클 경우 고액의 상속세를 납부해야 하는 위험이 있다. 그러나 비상장 기업의 경우 상속세를 납부하기 위해 보유주식을 매각할 경우 경영권에 위협을 받을 수 있고, 주식의 유동성 및 시장성이 떨어져 쉽게 매각을 할 수도 없는 경우가 많다. 따라서 상속·증여세 납부 재원을 마련하기 용이하지 않으므로 상속세 납부를 위한 대책마련이 절실하다.

II. 법인 소득의 분배

법인소득과 과세

법인 소득이 사외로 유출되었으나 귀속자가 불분명한 경우에는 그 소득이 대표자에게 귀속된 것으로 보아 대표자에 대한 상여로 처분한다.(법인세 시행령 106조 ① 1) 그러나 법인의 익금에 산입한 금액이 주주 또는 임직원에게 유출된 경우에는 배당 또는 상여로 처리하고 소득 귀속자에게 과세한다.

법인소득에 대해 법인세가 부과되고, 법인의 자금을 대표이사가 사용할 경우는 종합소득세 납부 대상이다. 이때 대표이사의 소득세율 구간이 이미 다른 소득으로 인해 최고소득 세율(35%)에 해당한 경우, 법인에서 수령한 배당소득(인별 금융소득 합계액 4,000만원 초과분)과 상여금 등은 최고세율(35%)로 부담하게 되어 있다.

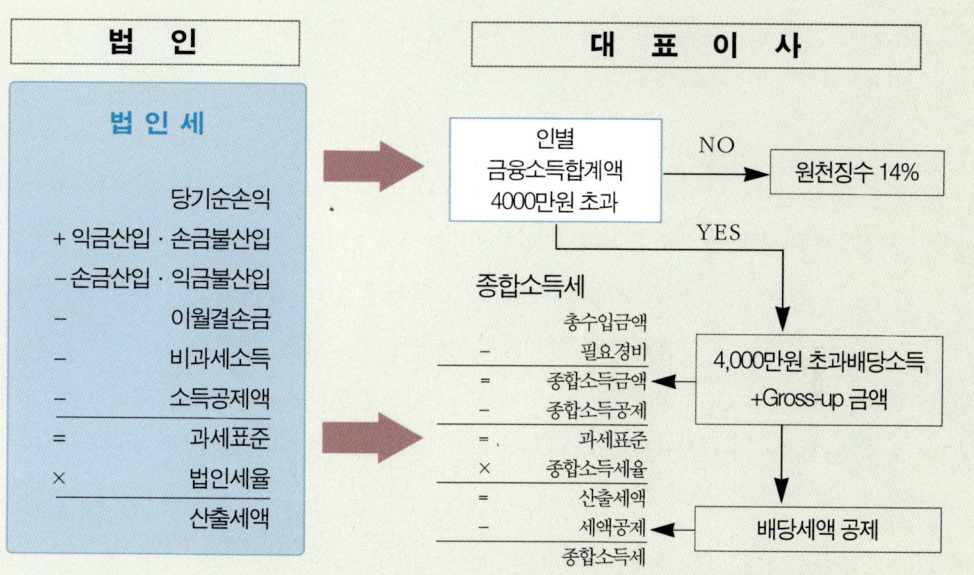

임원 인건비와 과세

급여

급여(임원보수·급여·임금 및 제수당)는 근로제공에 대한 대가로 정기적으로 지급하는 금품을 말하며 법인세법은 일반급여를 손금에 산입함을 원칙으로 하나 다음의 경우에는 예외로 한다.

1) 비상근 임원 보수 중 부당행위 계산 부인 해당액

비상근 임원의 보수 중 부당행위 계산의 부인에 해당하는 과다지급금액은 손금불산입한다.(법령 43 ④)

이 경우 과다지급금액인지 여부는 그 임원이 수행하는 직무의 내용, 동일 규모의 사업을 영위하는 법인의 지급수준 등을 감안하여 판단하여야 한다.

2) 지배주주 및 그와 특수관계에 있는 임직원에게 초과 지급한 인건비

법인이 지배주주와 그와 특수관계에 있는 임직원에게 정당한 사유없이 과다지급한 인건비는 손금에 산입하지 않는다(법령 43 ③).

과다지급 여부는 동일 직위에 있는 지배주주 등이 아닌 임직원의 인건비 지급액과 비교하여 판단한다.

- 지배주주의 범위 : 지배주주란 당해 법인의 총발행주식의 1% 이상을 소유한 주주로서 그와 특수관계에 있는 자와의 소유 주식의 합계가 당해 법인의 주주 중 가장 많은 경우의 당해 주주를 말한다(법령 87 ③).

상여금

상여금은 임직원에게 급여 외에 별도로 지급하는 금품을 말하며 세금은 다음에 근거한다.

1) 임원 상여금 한도 초과액에 대한 처리

상여금은 인건비로서 손금 산입을 원칙으로 한다. 임원에 대한 상여금 중 정관·주주총회·사원총회·이사회에서 정한 지급규정에 의한 금액을 초과하여 지급된 금액은 손금에 산입하지 아니한다(법인세법령 43 ②). 따라서 임원 상여금 중 지급규정 없이 지급한 금액이나 지급규정상 한도액을 초과하여 지급한 금액은 손금에 산입하지 아니한다(서이 46012-10090, 2001.9.3.).

2) 잉여금처분에 의한 금액에 대한 처리

잉여금 처분에 의한 금액은 손금에 인정되지 아니하나 다음의 성과급은 예외로 한다(법인세법령 20 ①).

주식매수선택권의 평가보상액 : 주식매수선택권의 평가보상액이란 주식매수선택권을 부여

받은 임직원이 약정된 주식의 매입시기에 주식을 실제로 매입하지 아니함에 따라 약정된 주식의 매입가액과 시가와의 차액을 현금 또는 발행한 차액으로 지급하는 것을 말한다(조특법 15 ④).

퇴직금

법인의 임원이 퇴직할 경우 일반 사용인과 같이 퇴직금이 지급된다. 퇴직금에 대해서 세법상으로 명확한 정의는 없지만, 일반적으로 퇴직으로 인해 지급되는 일체의 급여로 해석되고 있다.

법인세법상 임원에 대한 퇴직금은 손금 산입에 제한이 있다(법인세법령 44 ③).

임원에 대한 퇴직금은 다분히 이익처분의 성격을 갖고 있어, 임원에 대한 퇴직금은 다음의 범위 내에서만 손금으로 인정된다.

임원 퇴직금의 손비 인정 범위

정관 또는 정관에서 위임된 규정에 퇴직금으로 지급할 금액이 정해진 경우에는 규정상 정해진 금액(퇴직위로금 포함)으로 한다. 그러나 그외의 경우에는 퇴직 직전 1년간 총급여액 × 10% × 근속연수로 산정한다. 다만 정관에서 위임하더라도 퇴직금 지급규정을 이사회에서 정하거나, 임원의 퇴직 시마다 주주총회의 결의에 의하여 지급할 수 있도록 하는 경우에는 자의성이 게제될 가능성이 있으므로 손금으로 인정되지 않는다. 따라서 세무상 혼란을 방지하기 위해서는 정관에 미리 "임원퇴직금에 대하여는 주주총회에서 승인된 퇴직금 지급규정에 의한다"고 규정한 뒤, 임원퇴직급여규정을 작성해 두는 것이 바람직하다. 다시 말해서 임원퇴직금 규정에 의해 적어도 지급액이 자의적으로 결정된 것이 아니라는 것을 입증해야 한다.

참고자료

임원 퇴직금의 손비 인정 범위와 관련된 법령

법령_ 법인세법시행령 제44조 (퇴직금의 손금 불산입)

① 법인이 임원 또는 사용인에게 지급하는 퇴직금은 임원 또는 사용인이 현실적으로 퇴직(이하 이 조에서 "현실적인 퇴직"이라 한다)하는 경우에 지급하는 것에 한하여 이를 손금에 산입한다(98.12.31.개정).

② 현실적인 퇴직에는 법인이 퇴직금을 실제로 지급한 경우로서 다음 각호의 1에 해당하는 경우를 포함하는 것으로 한다.
  1. 법인의 사용인이 당해 법인의 임원으로 취임한 때
  2. 법인의 임원 또는 사용인이 그 법인의 조직변경·합병·분할 또는 사업양도로 인해 퇴직한 때
  3. 근로기준법 제34조 제3항의 규정에 의하여 퇴직금을 중간정산하여 지급한 때
  4. 법인의 임원에 대한 급여를 연봉제로 전환함에 따라 향후 퇴직금을 지급하지 아니하는 조건으로 그때까지의 퇴직금을 정산하여 지급한 때

③ 법인이 임원에게 지급한 퇴직금 중 다음 각 호의 1에 해당하는 금액을 초과하는 금액은 손금에 산입하지 아니한다.
  1. 정관에 퇴직금(퇴직위로금 등을 포함한다)으로 지급할 금액이 정하여진 경우에는 정관에 정하여진 금액
  2. 제1호 외의 경우에는 그 임원이 퇴직한 날부터 소급하여 1년 동안 당해 임원에게 지급한 총급여액(소득세법 제20조 제1항 제1호 가목 및 나목의 규정에 의한 금액으로 하되, 제43조의 규정에 의하여 손금에 산입하지 아니하는 금액은 제외한다)의 10분의 1

에 상당하는 금액에 재정경제부령이 정하는 방법에 의하여 계산한 근속연수를 곱한 금액(05.2.19. 개정).

④ 제3항 제1호의 규정은 정관에 임원의 퇴직금을 계산할 수 있는 기준이 기재된 경우를 포함하며, 정관에서 위임된 퇴직금 지급규정이 따로 있는 경우에는 당해 규정에 의한 금액에 의한다(98.12.31. 개정).

임원 퇴직금의 손비 인정 범위와 관련된 판례

판례① _ 법인세법시행령 제44조 ③ 임원퇴직금: 정관에서 정한 퇴직금 지급규정의 범위

① 퇴직금 지급규정 없이 주주총회의 결의만으로 지급하는 임원 퇴직금 및 정관의 위임 없이 이사회 결의로 정한 퇴직급여 지급규정에 의하여 지급하는 임원퇴직금은 법인세법 시행령 제44조 제④항에 해당하지 아니하며 법인세법 시행령 제44조 ③항 2호(정관에 정해진 규정 등이 없는 경우)에서 규정하는 금액을 손금 산입함.
(법인 46012-2475, 1997.9.25; 법인 46012-1043, 1997.4.14.)

② 정관에 퇴직금을 계산할 수 있는 기준을 정한 후 동 기준과 함께 정관에 위임을 받아 정한 퇴직금 지급규정에 의해 지급한 경우도 정관에서 위임된 퇴직금 지급규정으로 봄(재경원 법인 46012-130, 1996.9.25.).

③ 정관에는 주총에서 정한 "퇴직급여규정"임에도 이사회에서 정한 "퇴직급여규정"에 의하여 지급되었다면 법인세법 시행령 제44조 제3항 제2호의 한도로 퇴직소득 계산함(법인 46012-3548, 1998.11.19.).

④ 정관상에는 포괄적으로 위임된 경우라도 실제 지급시 구체적인 기준에 의하여 일반적으로 지급되었다면 퇴직소득으로 봄(국심 95부3119, 1996.5.27.).

판례② _ 임원 퇴직금의 산정 기준에 자의성 및 임원간 형평성 문제
① 법인의 퇴직금 지급규정이 불특정 다수를 상대로 지급 배율을 정하지 아니하고 개인별로 지급배율을 정하는 경우에는 법인세법 시행령 제44조 4항이 규정하는 정관에 위임한 퇴직금 지급규정으로 볼 수 없으며, 특수관계자인 특정 임원에게만 정당한 사유 없이 지급배율을 차별적으로 높게 정하는 경우에는 법인세법 제52조 부당행위 계산 부인규정이 적용(서이 46012-11540, 2003.8.25.)

② 법인이 임원에게 퇴직금을 지급함에 있어 정관에 퇴직금 지급규정에 관한 구체적인 사항을 위임하지 아니하고 별도의 퇴직금 지급규정에 의한다라고만 규정하여 동 규정을 특정 임원의 퇴직시 임의로 변경, 지급할 수 있는 경우에는 정관 등에 그 지급규정이 있는 것으로 보지 않음(법인 46012-405, 2001.2.21.).

III. CEO Plan 설계

임원 퇴직금 설계 Flow

1. 정관 내용 검토
- 정관 또는 정관에서 위임한 임원퇴직금지급규정이 있는가?
- 임원퇴직금지급규정이 법인세법상 손비를 인정 받기에 적정한가?

2. 임원퇴직금 지급규정 마련
- 정관에 주주총회에서 승인 받은 '퇴직금지급규정'을 마련한다.
- 임원퇴직금지급규정은 임원간의 형평성이 있어야 한다.

3. 적정한 임원 보수월액 검토
- 임원보수월액은 퇴직금에 직접 영향을 미치므로 적정보수월액 산정
- 지배주주 및 특수관계인에게 과다한 급여지급은 손비 불인정

4. 정관 변경
- 주주총회에서 임원퇴직금 지급규정과 관련한 정관변경을 결의
- 정관에서 퇴직금 지급규정을 위임한 경우에도 주주총회 승인을 받는다.

5. 예상 퇴직금 계산
- 임원의 예상 퇴직 연령 및 임원퇴직금 지급규정에 의한 예상 퇴직금 산출
- 예상 퇴직소득세 검토

6. 임원 퇴직금 재원 마련 방안
- 거액의 퇴직금을 일시에 지급할 경우 기업의 유동성 문제 발생
- 예상 퇴직금 지급재원 마련을 위한 자금 적립 계획 필요

7. 금융상품 선택 및 회계처리
- 퇴직금 성격에 맞는 장기 적립 가능한 상품 선택
- 상품 가입에 따른 세무 회계처리 문제

정관의 변경

CEO Plan의 법적 근거를 마련해 두는 아주 중요한 부분입니다.
정관 개정을 통하여 CEO를 포함한 임원들의 퇴직 연금 플랜을 어떻게 준비하겠다는 구체적인 플랜을 마련하여 이사회의 결의를 거쳐 주주총회의 특별 결의로 정관 변경안을 결의할 수 있다.

1. 임원 퇴직금 지급규정은 정관에 미리 "임원퇴직금에 대하여는 주주총회에서 승인된 퇴직금 지급규정에 의한다"고 규정한 뒤, 임원퇴직급여규정을 작성해 두어야 한다, 즉 임원퇴직금 규정에 의해 지급액이 자의적으로 결정된 것이 아니라는 것을 입증하는 것이 중요하다. 그리고 퇴직금 산정기준은 임원간에 형평성이 있어야 한다.

2. 임원 보수 인상시 고려사항에는 퇴직금 산정방식으로 볼 때 보수월액이 적으면 당연히 퇴직금액도 적게 되므로, 적정 보수월액을 책정하는 것도 중요하다. 법인이 지배주주와 그와 특수관계에 있는 임직원에게 정당한 사유 없이 과다 지급한 인건비는 손금에 산입하지 않는다(법인세법령 43 ③)는 규정이 있으므로 이를 염두에 두어야 한다. 또한 과다 지급 여

부는 동일 직위에 있는 지배주주 등이 아닌 임직원의 인건비 지급액과 비교하여 판단한다는 사실도 염두에 둘 필요가 있다.

3. 정관 변경 절차는 첫째, 정관을 변경할 만한 사항이 있는지 여부를 확인한다. 즉, 관련법률의 개정여부, 사업목적의 추가, 상호변경 여부, 발행예정주식총수의 증가여부, 우선주 발행근거, 특수사채 발행근거 신설 여부 등 정관을 변경할 사항을 검토한다.

둘째, 개정할 내용이 절대적 기재사항, 상대적 기재사항, 임의적 기재사항 중 어느 것에 해당되는지 확인한다. 절대적 기재사항에 해당되는 경우 어느 하나라도 빠지거나 위법하면 그 정관은 효력을 갖지 못한다.

반드시 기재해야 될 사항

가. 목적

나. 상호

다. 회사가 발행할 주식의 총수

라. 1주의 금액(100원 이상)

마. 회사가 설립시에 발생할 주식의 총수

바. 본점의 소재지

사. 회사가 공고를 하는 방법

아. 발기인의 성명과 주소

셋째, 회사의 실정에 맞는지 여부를 확인한다.

넷째, 현행 정관을 위주로 개정할 내용을 대비표 작성하고, 정관개정의 이유, 주요 골자 등을 요약 설명하는 것도 이해를 도울 수 있다.

다섯째, 정관 변경안을 주주총회 안건으로 상정할 것과 개정할 내용을 이사회에 부의하여 결의한다.

여섯째, 주주총회의 특별결의로 정관 변경안을 결의할 수 있다.

예상 퇴직금 및 퇴직소득세

퇴직소득과 근로소득의 구분

1) 퇴직급여 지급규정이 있는 경우

퇴직소득은 퇴직금 지급규정에 의한 지급액을 말하며 퇴직공로금 · 퇴직위로금 · 명예퇴직 수당도 퇴직소득에 해당한다. 근로소득은 퇴직금 규정상 한도액을 초과한 금액이다.

2) 퇴직급여지급규정이 없는 경우

퇴직소득은 사용인은 근로기준법상의 한도액까지이고, 임원은 법인세법상 한도액까지(퇴직 직전 1년간 총급여액×10%×근속연수)이다. 근로소득은 해당 한도 초과금액이다.

퇴직소득세의 특징

퇴직금은 퇴직 후 노후생활의 기초가 되는 것이므로 다른 소득보다 세금부담이 적다. 그리고 근무기간 중 매년 발생되어 누적된 소득이 퇴직시 일시 실현된다. 이때, 실현시점에서 기본세율을 적용할 경우 부당하게 높은 세율이 적용되어 조세부담이 늘어나는 결집효과가 발생하므로 반드시 조세부담 경감을 위해 퇴직소득 공제와 퇴직소득 세액공제, 연분연승법에 의한 세액계산을 한다.

퇴직소득세 계산 구조(규정에 의한 퇴직금 계산 방식)

① 퇴직소득공제

퇴직소득공제는 퇴직소득에 대한 필요경비의 성격과 세부담 경감을 위한 특별공제적 성격을 띠며, 퇴직소득금액을 한도로 공제하며, 다음과 같이 정률공제와 근속연수 공제, 두 가지가 있다.

- 정률공제 : 퇴직소득금액에 일정한 비율(현재 50%)을 곱한 금액을 공제하는 것(소법 48 ① 1).

 정률공제 = 퇴직소득금액 × 50%

- 근속연수공제 : 장기근속을 유도하기 위해 근속연수에 따라 다음과 같이 누진공제한다. (소법 48 ② 2)

 공제액은 근속연수 5년 이하는 30만원×근속연수

 5년 초과 10년 이하는 150만원+50만원×(근속연수 - 5년)

 10년 초과 20년 이하는 400만원+80만원×(근속연수 - 10년)

 20년 초과는 1,200만원+120만원×(근속연수 - 20년)이다.

② 연분연승법에 의한 산출세액 계산

퇴직소득은 장기간에 걸쳐 형성된 소득으로 일시에 기본세율을 적용할 경우 결집효과가 발생하므로 다음과 같이 연분연승법에 의하여 산출세액을 계산한다.

산출세액 = 과세표준×(1/근속연수)×세율×근속연수

참고자료

예상 퇴직금 및 퇴직소득세 산출 사례(예시)

■ 퇴직금 = (퇴직시의 월보수액) × (임원재임연수) × (지급월수)

직위	퇴직시 보수월액	임원재임연수	지급월수
대표이사	15,000,000	25년	3개월분
부사장	12,000,000	20년	2개월분
전무이사	10,000,000	15년	1.5개월분
상무이사	9,000,000	10년	1.5개월분
상근이사	8,000,000	5년	1개월분

■ 예상퇴직금 및 산출세액

	대표이사	부사장	전무이사	상무이사	상근이사
보수월액	15,000,000원	12,000,000원	10,000,000원	9,000,000원	8,000,000원
근무기간	25년	20년	15년	10년	5년
지급월수	3개월분	2개월분	1.5개월분	1.5개월분	1개월분
예상퇴직금	1,125,000,000원	480,000,000원	225,000,000원	135,000,000원	40,000,000원
정률공제	562,500,000원	240,000,000원	112,500,000원	67,500,000원	20,000,000원
근속연수공제	18,000,000원	12,000,000원	8,000,000원	4,000,000원	1,500,000원
과세표준	544,500,000원	228,000,000원	104,500,000원	63,500,000원	18,500,000원
산출세액	70,065,000원	20,760,000원	8,360,000원	5,080,000원	1,480,000원

※ 위의 내용은 법인의 정관에 정해진 임원퇴직금 지급규정에 준거하여 퇴직금을 산출 예시한 것으로, 퇴직금 전액을 퇴직소득으로 인정 받을 경우를 가정한 것입니다. 따라서 법인의 정관 내용 및 퇴직소득 인정 여부에 따라 퇴직금 산출액 및 퇴직소득세액이 달라질 수 있습니다.

금융상품 선택

금융상품 선택시 고려해야 할 사항

법인 측면에서 퇴직금은 거액의 자금이 한꺼번에 지출되므로 장기간에 걸친 자금 축적 계획이 필요하며, 실질금리가 마이너스인 장기 저금리 상황에서 예금상품보다는 투자상품 편입 비중 확대가 필요하다. 또한 퇴직금의 성격상 소득이 없는 기간의 노후생활비의 재원이 되므로 최소한의 안정 장치가 필요하다.

저금리와 투자상품의 필요성

소비자 물가상승률을 감안하면 실질금리는 마이너스가 될 수도 있다. 전례에 의하면 선진국의 경우 저금리 정착단계에서 주가는 상승국면으로 진입하였다.

펀드에 투자하는 방법 : 일시금 투자 vs 기간 분산투자

일시금 투자는 목돈을 한꺼번에 투자하여 일정기간 경과 후 그 수익을 얻는 방법으로 시장이 상승할 경우 큰 수익을 볼 수 있지만 시장이 하락할 경우 큰 손실을 볼 수 있는 방법이다.
기간분산 투자는 매월, 분기별, 반기별로 일정한 금액을 나누어 투자하는 방법으로 시장상황의 변화에 따라 계획을 벗어나 투자하지 않고 정해진 규칙에 따라 꾸준하게 투자하는 방법이다. 이 경우, 목돈을 일시에 투자하는 것에 비해 장기적립식 투자 방법은 위험을 줄일 수 있다.

Appendix _ CEO Plan

기간분산 투자의 효과(시뮬레이션)

목돈을 일시에 투자한 것과 해당 기간 동안 5번에 걸쳐 나누어 투자(기간분산투자)한 결과를 비교한 것입니다.

(1) 상승장에서 분산투자효과

시기	기준가격	기간분산투자		일시투자	
		투자액	구입좌수	투자액	구입좌수
1	10,000	1,000,000	100	5,000,000	500
2	12,000	1,000,000	83	-	-
3	14,000	1,000,000	71	-	-
4	16,000	1,000,000	63	-	-
5	18,000	1,000,000	56	-	-
총투자금액			5,000,000		5,000,000
구입좌수			373		500
구입기준가격			13,411		10,000
현재기준가격			20,000		20,000
단순 수익률			49.13%		100.00%

(2) 폭락장에서의 분산투자효과

시기	기준가격	기간분산투자		일시투자	
		투자액	구입좌수	투자액	구입좌수
1	20,000	1,000,000	50	5,000,000	250
2	18,000	1,000,000	56	-	-
3	16,000	1,000,000	63	-	-
4	14,000	1,000,000	71	-	-
5	12,000	1,000,000	83	-	-
총투자금액			5,000,000		5,000,000
구입좌수			323		250
구입기준가격			15,489		20,000
현재기준가격			12,000		12,000
단순 수익률			-22.52%		-40.00%

(3) 보합장에서 분산투자효과

시기	기준가격	기간분산투자		일시투자	
		투자액	구입좌수	투자액	구입좌수
1	20,000	1,000,000	50	5,000,000	250
2	18,000	1,000,000	56	-	-
3	16,000	1,000,000	63	-	-
4	18,000	1,000,000	56	-	-
5	20,000	1,000,000	50	-	-
총투자금액			5,000,000		5,000,000
구입좌수			274		250
구입기준가격			18,274		20,000
현재기준가격			20,000		20,000
단순 수익률			9.44%		0.00%

(4) 하락장에서의 분산투자효과

시기	기준가격	기간분산투자		일시투자	
		투자액	구입좌수	투자액	구입좌수
1	20,000	1,000,000	50	5,000,000	250
2	18,000	1,000,000	56	-	-
3	17,000	1,000,000	59	-	-
4	16,500	1,000,000	61	-	-
5	17,000	1,000,000	59	-	-
총투자금액			5,000,000		5,000,000
구입좌수			284		250
구입기준가격			17,618		20,000
현재기준가격			17,000		17,000
단순 수익률			-3.51%		-15.00%

(5) 결과 분석

기간 분산투자가 항상 고수익을 보장해 주는 것은 아니지만, 일정기간에 걸쳐 돈을 나누어 투자하기 때문에, 자연스럽게 주가가 낮을 때 더 많이 사게 되고, 주가가 높을 때 더 적게 사게 되어 평균 매입단가를 낮추어 수익을 높여 주는 효과가 있습니다.(Dollar Cost Average) 분석결과에서 보듯, 지속적으로 주가가 상승하는 경우를 제외하고는 기간분산 투자가 일시 투자보다 투자위험을 줄여주고, 안정적인 수익을 나타내는 것을 알 수 있습니다.

구분	① 기간분산 투자	② 일시 투자	차이(①-②)
(1)상승장	49.13%	100.00%	-50.87%
(2)폭락장	-22.52%	-40.00%	17.48%
(3)보합장	9.44%	0.00%	9.44%
(4)하락장	-3.51%	-15.00%	11.49%

적립형 투자 상품 안내

(1) **적립식 펀드** : 적금식 투자 상품으로 은행, 투신사, 증권사에서 주로 취급하고 있다. 은행의 정기예금과 마찬가지로 매월 일정금액을 불입하여 투자하는 상품으로 일정기간에 걸쳐 돈을 나누어 투자하는 상품이기 때문에, 자연스럽게 주가가 낮을 때 더 많이 사고 주가가 높을 때 더 적게 사게 되어 평균 매입단가를 낮추는 효과가 발생한다.

(2) **변액연금보험**

① **실적 배당상품이면서도 기납입 주계약 보험료 보장 기능이 있다.**

연금개시시점까지 유지시 투자수익률이 아무리 악화되더라도 기납입 주계약 보험료는 보증하는 보험이다. 단, 연금개시 이전 해약시 최저보증이 없으며, 보험료 감액 또는 중도인출이 있는 경우 기납입 주계약 보험료는 약관이 정한 방법에 따라 계산하게 되어 있다.

② **보험료 추가납입제도를 활용할 여유 자금 추가 적립이 가능하다.**

가입 1개월 후부터 보험료 납입기간 중 연간 주계약 기본보험료의 2배 이내에서 추가 납입이 가능하며, 최저사망보험금 및 최저연금적립금 보증에도 적용된다.

③ **중도인출을 통한 자금의 유동성 확보가 가능하다.**

가입 1개월 경과 후부터 연금개시 이전까지 연 12회, 해약환급금의 50%내 인출이 가능하다. 다만 인출이 제한되어 있으므로 적립형은 1구좌당 500만 이상, 거치형은 일시납 보험료의 30% 이상 유지가 필요하다.

법인의 연금보험 관련 세무

1. 계약 관계

계약자 (보험료 불입자)	수익자		피보험자	만기환급금
	(만기)수익자	(피보험자의 사망시) 수익자		
법인	법인	피보험자의 유가족 또는 법인 중 선택	대표이사(or 직원)	有 (저축성/연금보험)

2. 보험 계약시 및 보험료 수령시 회계처리

만기 환급금이 있는 경우	
보험료 불입시	자산 계상
보험금수령시/중도 해지시	차액부분(＝수령보험금－자산계산금액) 수익처리함

보험료 납입시 만기환급금에 해당하는 보험료는 '자산' 계상, 기타 부분 '손비' 처리한다. 즉 만기환급금이 있는 저축성 연금보험의 경우 '만기'는 확정 가능하므로 만기환급금에 상당하는 보험료 상당액을 자산으로 계상하고 기타의 부분은 손비처리해야 하는 것이다.

피보험자의 사망으로 유족에게 보험금 지급시 인건비(근로소득) 처리한다.

'소득세법 제12조 제4호 다목'에 의하여 당해 법인의 임직원이 근로 제공과 관련하여 부상·질병·사망하는 경우 지급받는 위자료 성격이 있는 급여는 "비과세 근로소득"으로 본다.

3. 법인의 보험 계약시 계약 관련자 및 피보험자 선택

피보험자의 사망시 수익자는 피보험자의 유가족 또는 법인 중에서 선택할 수 있다.
생명보험의 특성상 피보험자를 법인이 아닌 개인(대표/종업원 등 소속원)으로 가입할 수밖에 없으므로, 보험계약시 별도로 피보험자의 사망시 수익자를 지정하지 않을 경우, 피보험자 사망시 피보험자의 유족에게 보험금이 지급된다. 이때 보험금은 근로소득에 해당한다.

이 경우 법인이 원하지 않는 시기에 자금유출이 발생할 수 있어 회계처리상 문제가 생길 수 있으므로, 사망시 수익자는 '법인'으로 지정해 두는 것이 좋다. '법인'으로 지정할 경우 피보험자의 인감증명, 사망시 수익자 지정 동의서를 가입전에 미리 받아두어야 한다.

참고자료

판례(국심2003서 0792 2003.08.21.) 대표자 개인명의 보험 납부액의 업무무관 가지급금 해당 여부

1. 판결 요지

피보험자를 대표이사 개인 명의로 인(人)보험(저축성보험)에 가입하고 법인이 보험료를 납입한 경우 쟁점 보험료 납부액을 청구법인의 자산(장기성 예금)으로 회계처리하고 보험 약정 기간 중 보험사고 발생 사실이 없어 피보험자인 대표이사가 실질적인 경제적 이익을 받은 것이 없으므로 쟁점보험료 부담액을 업무무관 가지급금으로 보아 인정이자를 계산하여 익금에 산입 처분은 잘못임.

2. 이유

청구법인은 대표이사를 피보험자 및 수익자로 한 보험에 가입하고 1998년~2000년까지 보험료 275백만원을 납부하였고, 처분청은 청구법인이 개인의 보험료를 대납하여 준 것으로 보아 인정이자를 계산하여 익금산입하는 처분을 하였는바, 쟁점보험상품이 인(人)보험인 관계로 피보험자를 법인이 아닌 개인으로 가입할 수 없는 불가피한 점이 인정되고, 보험기간 중 보험사고 발생이 없어 피보험자인 대표이사 개인이 실질적인 경제적 이익을 받은 것이 없으며, 쟁점보험료 납부액을 청구법인의 자산으로 계상하여 관리하고 있고, 쟁점 보험상품이 보험기간 만기시 적정이자와 원금이 보장되는 저축성 보험인 점을 볼 때 청구법인이 납부한 쟁점보험료는 업무와 관련된 것으로 보는 것이 타당하므로 처분청이 쟁점보험료 납부액을 업무무관 가지급금으로 보아 인정이자를 계산하여 익금에 산입한 처분은 잘못임.

Appendix _ CEO Plan

※ CEO플랜 vs 퇴직연금 vs 일반펀드의 비교

구분	CEO퇴직플랜	퇴직연금	일반펀드
법인세 절세	YES	YES	NO
소득세 절세	YES	YES	NO
중도인출가능	YES	NO	NO
대출가능	YES	NO	YES
일시금 수령	YES	NO	YES
연금전환	YES	YES	NO
비과세기능	YES	YES	YES(주식형)
상속/증여	YES	NO	NO

※ 보험가입은 어떻게 해야 하는가?

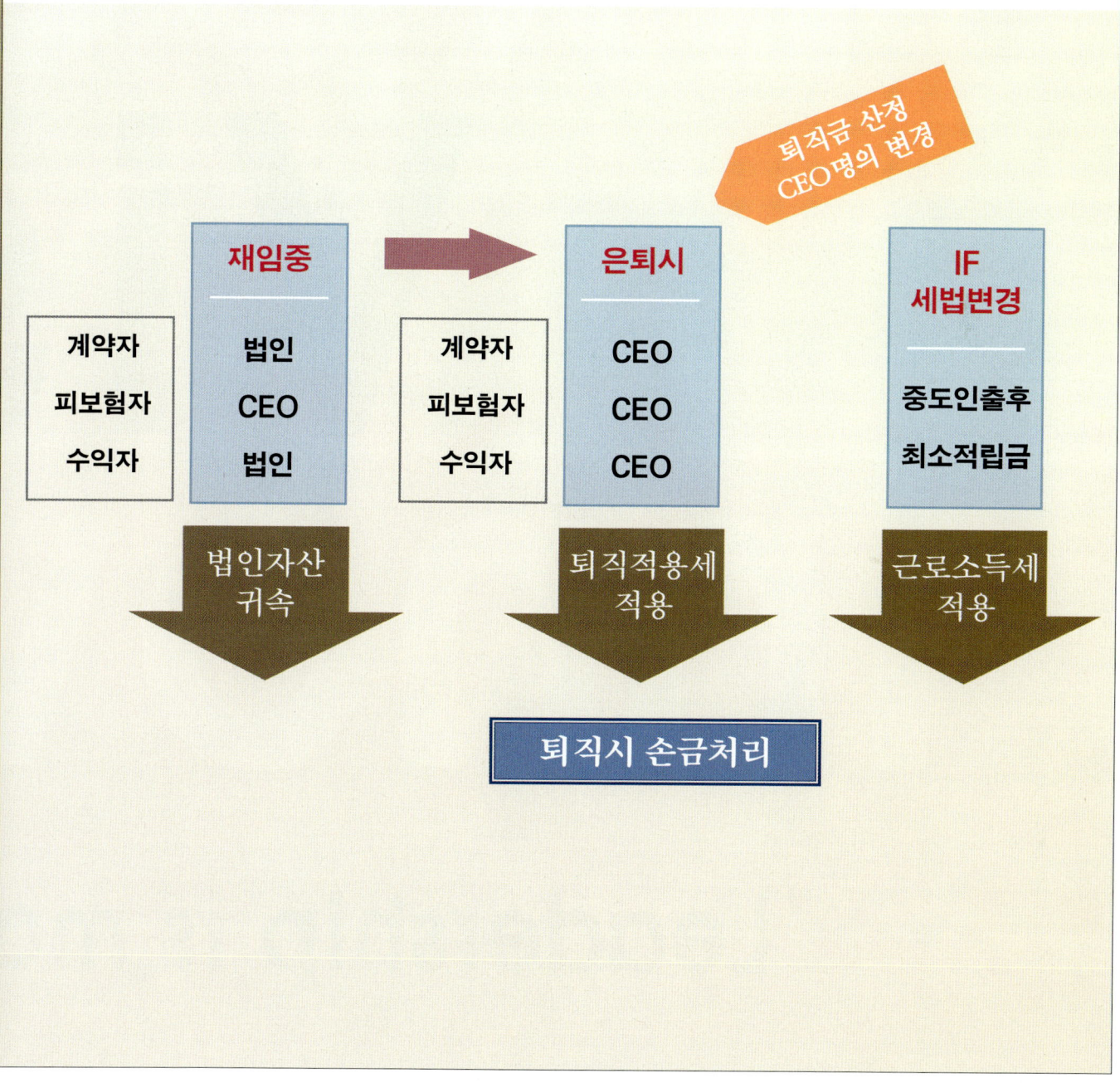

Expe
Vis
Innov

Leadership is more

rtise,
on,
ation.

han numbers.